Britta Heidemann
Willkommen im Reich der Gegensätze

Britta Heidemann
Gerrit Heidemann, Oliver Harms

Willkommen im Reich der Gegensätze

China hautnah

Lübbe

MIX
Papier aus verantwortungsvollen Quellen
FSC® C006701

Dieser Titel ist auch als E-Book erschienen.

Originalausgabe

Fotos im Tafelteil: Alle Bilder © Privatarchiv Heidemann,
außer Bilder 34, 35: © Markus Gilliar/GES-Sportfoto
Textredaktion: Regina Carstensen, München
Umschlaggestaltung: Guter Punkt, München
Einband-/Umschlagmotiv: © shutterstock/Saruri, © laif/Jan Siefke,
© awl-images.com
Satz: Greiner & Reichel, Köln
Gesetzt aus der Adobe Garamond Pro und Univers LT Std
Druck und Einband: CPI books GmbH, Leck – Germany

Printed in Germany
ISBN 978-3-7857-2517-7

5 4 3 2

Sie finden uns im Internet unter: www.luebbe.de
Bitte beachten Sie auch: www.lesejury.de

Unseren Eltern

Inhalt

1 Peking, ich komme! 9
Vom Eselsfuhrwerk zum Transrapid – Freddy Quinn und Hongkong – Smileys bei der Einreise – Der große Sprung nach vorn – Hauptsache, eine Katze fängt Mäuse

2 Konfuzius lässt grüßen 27
Schunkeln mit der kölschen Kultband Höhner in Shanghai – Neun Millionen Fahrräder – Gasteltern in Peking – Die Sache mit der harmonischen Gesellschaft – Familienbande – Der dynastische Zyklus

3 Rikschafahrt in die Zukunft 65
Verkehrssünder sind keine Polizisten – Bildung ist alles – Glückwunsch zur »Asiaten-Hocke« – Starbucks und Hello-Kitty-Design – Das *Hukou*-System und die soziale Mobilität

4 Wunder der Zeichen 98
Ringkampf auf der Straße – In Hochgeschwindigkeit durch China – Das fiktive Shangri-La – Die App »WeChat« oder auf der Suche nach einem Wort – Fitnessstepper für Rentner

5 Hund, Katze, Tee 130
Wärmeableitende Freilassung des Bauchs – Den Fisch an der Angel – Ein Kleintierzoo im Restaurant – Bio per Mausklick – Freundschaften und tausend getrunkene Gläser

6 Grüne Taxifahrt 162
Staus und TaxiApps – Die Himmelsrichtungen muss man schon kennen – Wer will denn eine Atemmaske? – Metallstäbchen für die Umwelt – Eine Kläranlage unter chinesischen Pavillons

7 Im Olymp der Fußmassage 187
Goldmedaille in meiner zweiten Heimat Peking – Die Macht der Symbole – *Wan shou*: das Konzept der Langlebigkeit – Von Lichthupen und Rückspiegeln – Marktwirtschaft im Labor

8 Auf die Freundschaft! 220
Mohiwas oder Mojitos? – Mit Jogi Löw und seinem Team in Shanghai – Geschäftemachen mit einer gehörigen Portion Emotionalität – André Rieu und seine chinesischen Fans – Wohlfühlen zwischen Welten

1
Peking, ich komme!

Vom Eselsfuhrwerk zum Transrapid – Freddy Quinn und Hongkong – Smileys bei der Einreise – Der große Sprung nach vorn – Hauptsache, eine Katze fängt Mäuse

Gelandet. Der Flieger wirft beim Abbremsen der Maschine die Schubumkehr an, und ich halte meine Unterlagen fest, die ich gerade als letzte Vorbereitung auf meine anstehenden Termine in Peking noch einmal durchgeschaut habe. Richtig intensiv habe ich mich allerdings nicht mit ihnen beschäftigen können, es war kaum möglich, sich zu konzentrieren. Mein links von mir sitzender chinesischer Nachbar hatte unüberhörbar sein Frühstück genossen, und die beiden Deutschen rechts von mir waren nicht eben leiser gewesen. Sie hatten sich heftig und ausgiebig über den ihnen ungewohnten chinesischen Verhandlungsstil ausgelassen. Gut, denke ich, dass ich zu Hause in Köln schon alles sorgfältig vorbereitet habe.

Ich schaue auf die Uhr. Es ist genau 8:30 Uhr, eine Punktlandung. Ich freue mich, dass ich heute noch den ganzen Tag frei habe, bevor morgen für mich die Arbeit losgeht – ein weiteres deutsches mittelständisches Unternehmen geht das Abenteuer China ein und hat mich als Moderatorin zur Einweihung seines ersten Unternehmensstandorts in Peking eingeplant.

An meinem chinesischen Nachbarn vorbei schaue ich aus dem Fenster in den diesigen Morgen und rätsle, ob das nun Smog oder Morgennebel ist, der sich während des Tages verzieht. Ich beschließe, einfach abzuwarten, ob sich tagsüber die Sonne zeigen wird oder nicht.

Wir rollen in Richtung Terminal 3, dem neuesten des mächtigen Hauptstadtflughafens, der mittlerweile nach dem internationalen Flughafen von Atlanta in den USA der zweitgrößte Passagierflughafen der Welt ist. Sicherlich kein bleibender Zustand. Vor kurzem erst konnte man in der *China Daily*, Chinas bekanntester englischsprachiger Tageszeitung, lesen, dass im Süden Pekings bis 2018 ein noch größerer Flughafen mit sieben Start- und Landebahnen fertiggestellt werden soll, da der jetzige den weiter stark anwachsenden Flugverkehr in der Metropolregion Peking langfristig nicht mehr bewältigen kann. Ein für China typisches Megaprojekt: Der vom Staatsrat bereits genehmigte Flughafen erwartet ein Passagieraufkommen von rund 120 Millionen pro Jahr und wird damit der größte Flughafen der Welt werden. Für uns Deutsche hört sich nach dem Debakel um den Berliner Flughafen die hierfür veranschlagte Bauzeit von fünf Jahren wie eine wundervolle Verheißung an. Doch China hat in den letzten Jahren immer wieder eindrucksvoll bewiesen, dass es Projekte dieser Größenordnung sehr gut und zielstrebig umsetzen kann.

Ich seufze laut. Es ist immer wieder schön, zurück in Peking zu sein. Denn langweilig wird es hier bestimmt nie: China hat den Quantensprung vom Eselsfuhrwerk zum Transrapid in nur einer Generation vollzogen. Man findet sich bei Reisen ins Reich der Mitte daher ständig mit teilweise ziemlich krassen Gegensätzen konfrontiert. In den Metropolen Peking und Shanghai wechseln sich etwa hippe Bars und modernste Wolkenkratzer in rascher Folge mit Schuhputzern in Mao-Anzügen und Rikschafahrern in Mandschu-Trachten ab. Kinder neureicher Chinesen, zwischen Tradition und Moderne pendelnd und von den Werten ihrer Eltern geprägt, sitzen in einem Starbucks und trinken dort einen Kaffee, dessen Preis dem Tageslohn in einem anderen entfernten Landesteil entspricht. In der unmittelbaren Nähe eines ultramodernen Fitnessstudios, das mit dem Konterfei des Hongkonger Actionstars Jackie Chan wirbt, sieht man, wie ältere Menschen noch immer der im Kaiserreich entwickelten Kunst des Schattenboxens, dem Tai-Chi, nachgehen.

Fährt man nur eine Stunde aus den riesigen Stadtzentren hinaus, so ändern sich der Lebensstandard und die Gewohnheiten erheblich, denn zwischen Stadt und Land verläuft ein gewaltiger Graben. Hier findet man eine komplett andere Welt vor, in der vor allem die jungen Menschen vom Leben in der Großstadt träumen. Es gibt aber auch die, die vielleicht gar nichts von der anderen Welt wissen wollen, und solche, deren Träume vom Leben in der Stadt bereits enttäuscht wurden und die als Verlierer der Reformen wieder aufs Land in den Kreis der Familie zurückkehrten. Dann, auf einer ganz anderen Ebene, gibt es noch die Welt der Regierungsvertreter, Parteikader und des Militärs, die im Alltag der »normalen« Chinesen kaum eine Rolle spielt. Das betrifft sowohl die mächtige Zentralregierung als auch die Regierungen in den Provinzen, die autonomen Regionen, die regierungsunmittelbaren Städte und die Sonderverwaltungszonen.

Immer wieder erstaunt mich auch der Vielvölkerstaat China mit seinen sechsundfünfzig nationalen Minderheiten, zu denen neben Tibetern und Mongolen ebenso Uiguren, Hui, Dai, Zhuang und andere Minoritäten zählen, die auf einer Fläche von sechzig Prozent des Staatsgebiets leben und von denen die meisten Menschen in Deutschland kaum etwas gehört haben. So entsteht aus all diesen verschiedenen Perspektiven ein kaleidoskopisches Bild, das sich mit jeder Veränderung, mit jeder Bewegung neu zusammensetzt. Wie oft schon habe ich gedacht: Diese Vielschichtigkeit Chinas ist nicht immer leicht nachzuvollziehen.

Hinter mir klappert es laut. Ich drehe mich um und sehe, wie die ersten chinesischen Fluggäste bereits vor Erreichen der endgültigen Parkposition unruhig ihre Habseligkeiten zusammensuchen und sogar über die am Gang sitzenden Passagiere steigen, um schnellstmöglich aussteigen zu können. Trotz meiner Müdigkeit muss ich grinsen. Mich amüsiert der vorhersehbare echauffierte Blick deutscher Fluggäste, während sich Chinesen aller Altersklassen mit einem netten Lächeln an ihnen vorbeizuquetschen versuchen und die unfreundlichen Reaktionen offenbar gar nicht einordnen können. Sie wollen doch nur an ihr Gepäck. Culture Clash pur! In China bewegt man sich ständig zwischen Verständnis und Missverständnis, erstaunlichen Parallelen und kulturellen Gegensätzen. Der ganz normale Beginn einer Chinareise.

Die deutschen Passagiere in dieser Maschine haben mit Sicherheit die unterschiedlichsten Erfahrungen mit diesem Land gemacht. Neben den zumeist erwartungsfrohen und teilweise skeptischen Touristen befinden sich, wie meine beiden rechten Sitznachbarn, einige Geschäftsleute an Bord. Von denen leben manche bestimmt als sogenannte »Expatriates«, kurz »Expats«, also als von deutschen Unternehmen nach China Entsandte, in Peking. Ihr Erfahrungsschatz basiert auf den Erlebnissen vor Ort und darauf, welche Facetten sie von diesem vielfältigen Land kennengelernt haben.

Mein Blick fällt auf ein älteres deutsches Paar schräg vor mir, der Mann hält einen Peking-Reiseführer in der Hand, die Frau nestelt nervös an ihrem Rucksack – es ist sicherlich ihre erste Reise ins Reich der Mitte. Selbst wenn man sich auf die neuen Eindrücke und die unbekannte Welt freut und bereit ist, alles vorbehaltlos aufzusaugen, so bleibt eine unbestimmte Aufregung oder auch ein gewisser Respekt vor dem Unbekannten. Ich kann das gut nachvollziehen und die Aufregung oder das mulmige Gefühl verstehen, das man verspürt, wenn man als Mitteleuropäer zum ersten Mal in exotisch erscheinende Länder reist.

Während ich weiter das ältere Paar betrachte, denke ich an meine ersten Tage in China, als ich mit meinen Eltern und meinem anderthalb Jahre jüngeren Bruder Gerrit in dieses Land kam, im Jahr 1997. Dabei war es ein absoluter Zufall gewesen, dass wir überhaupt nach China gereist sind.

Alles begann mit einem Ohrwurm: Ende 1996 wurde bei uns in der Familie der Osterurlaub für das nächste Jahr geplant, und zufällig hörte unsere Mutter im Radio den alten Freddy-Quinn-Schlager »Unter fremden Sternen«. Der beginnt mit den Zeilen: »Fährt ein weißes Schiff nach Hongkong, hab ich Sehnsucht nach der Ferne …« Danach war klar, wohin es gehen sollte, zumal der langjährige neuseeländische Freund unserer Eltern, Ken Robbie, den sie während ihrer Hochzeitsreise 1978 in Neuseeland kennengelernt hatten, damals mit seiner Familie in Hongkong wohnte.

Und so bekamen wir im April 1997 einen der letzten Anflüge auf den alten Flughafen Kai Tak von Hongkong mit, ein einzigartiges Erlebnis und kein Vergleich zu dem recht ruhigen Landeanflug gerade eben in Peking! Man hatte nach der scharfen Rechtskurve, nach der es im steilen Sinkflug hinter den Bergen Hongkong Islands auf die im Stadtviertel Kowloon gelegene Landepiste ging, das Gefühl, dass man die Wäsche von den Leinen abgreifen konnte, so nah waren wir den Hochhäusern beim Anflug – kein Wunder, dass ein Pilot unzählige Simulatorflüge hinter sich gebracht haben musste, um dort einschwenken zu dürfen.

Die Erinnerung daran beeindruckt mich bis heute: Ich war dreizehn, und zum ersten Mal in meinem Leben betrat ich den asiatischen Kontinent. Es war faszinierend zu sehen, wie sich Hochhäuser scheinbar mitten aus dem subtropischen »Dschungel« emporhoben und wie schnell man aus dem überfüllten Zentrum auf unberührte Inseln direkt vor der Küste Hongkongs gelangte.

Als wir im April dort ankamen, war Hongkong noch britische Kronkolonie. Erst am 30. Juni 1997, knapp drei Monate später, um Mitternacht, sollte sie wieder unter chinesische Verwaltung und Souveränität gestellt werden, aber eine Sonderverwaltungszone mit besonderem Rang bleiben. Für meine Eltern waren Hongkong und die Volksrepublik China allein schon psychologisch etwas völlig anderes. In die Volksrepublik wollten sie auf keinen Fall, dafür hatten sie zu viel Schlechtes gehört: Armut, Menschenrechtsverletzungen, Kindesentführungen, Speisen aus Hunde-, Affen- und Rattenfleisch. Das von den deutschen Medien gezeichnete Chinabild und die dadurch geschürten Ängste hatten sie voll im Griff.

Doch dann kam es anders. Unsere nach Hongkong geplante Reise nahm eine unvorhergesehene Wendung. Ken Robbie, der neuseeländische Freund, überredete unsere Eltern, trotz aller Bedenken einen kleinen Abstecher nach Südchina zu unternehmen. Er ließ Modewaren in China produzieren, um sie dann an bekannte Großabnehmer in Europa und den USA zu verkaufen. Um sein Büro und seine Textilfabriken zu besuchen, plante er eine Tour zunächst in die damalige chinesische Grenzstadt Shenzhen und dann nach Kanton – und wir sollten ihn begleiten. Meine Eltern beschlossen schließlich, ihre Furcht zu überwinden, und so reisten wir – nach einigen Tagen in Hongkong – in China ein, blieben erst in Shenzhen, fuhren dann mit dem Zug weiter nach Kanton und Guilin, und von Guilin aus flogen wir zurück nach Shenzhen. Eine Reise mit großen Folgen.

Tatsächlich überwältigte uns das damalige Südchina. Hinter der Grenze nahm uns die boomende Wirtschaftssonderzone Shenzhen mit seinen zu der Zeit zwei Millionen Einwohnern in Empfang. Vor dem Bahnhof bekamen wir einen ersten Eindruck von dem lauten, hektischen Leben in China, dessen Alltag bis heute auf der Straße stattfindet und nicht wie bei uns in den eigenen vier Wänden: lebhaft ausgetragene Diskussionen, die Luft voller unbekannter Gerüche, ständiges Hupen und Geklingel, alles um ein Vielfaches intensiver, lauter und lebendiger als in Deutschland. Wir sahen Friseure, die Haare auf der Straße schnitten, erblickten unter freiem Himmel aufgebaute Garküchen oder draußen arbeitende Handwerker. Unsere Eltern waren erschlagen von den vielen Menschen, wir Kinder hingegen fanden es einfach nur aufregend.

Unsere Mutter erinnert sich, dass ihr besonders das Gefühl unheimlich war, sich nicht mehr verständigen zu können und dies speziell deutlich wurde. Fuhren wir gerade noch im modernen und englisch beschilderten Schnellzug MTR bis zur im Norden von Hongkong gelegenen Grenzstation LoWu, wir Kinder fröhlich aufgeregt, unsere Eltern angespannt, überquerten wir im nächsten Moment den winzigen Grenzfluss, der Hongkong und China trennte. Die hohen Stacheldrahtzäune und vielen Wachtürme, die noch heute an die ehemalige Grenze erinnern, ließen den

Schritt in Richtung Festlandchina damals noch dramatischer erscheinen. Als wir uns plötzlich auf der anderen Seite des sogenannten »tiefen Grabens« befanden, was auch die wörtliche Übersetzung des Städtenamens Shenzhen ist, waren überall nur noch chinesische Schriftzeichen zu sehen. Heute noch können sich unsere Eltern sehr genau daran erinnern, wie es ihnen dabei die Kehle zuschnürte.

Danach besuchten wir einige Fabriken, bekamen einen völlig anderen, ziemlich betriebsamen Arbeitsalltag mit einem scheinbar krassen Hierarchiegefälle mit und aßen unser erstes chinesisches Essen, das unglaublich opulent war, mit für uns völlig unbekannten Gerichten und den vielfältigsten Gewürzen. Kein Wunder, dass nach diesem überwältigenden Tag unseren Vater nachts eine solche Panik befiel, dass wir den Urlaub beinahe abgebrochen hätten. Mitten in der Nacht wachte er schweißgebadet auf und erklärte unserer Mutter, er würde am liebsten wieder umkehren. Die schiere Masse an Menschen, die vielen unbekannten Eindrücke und die potenziellen Gefahren, die hier vermeintlich zu lauern drohten, hatten ihn einfach umgehauen – ein klassischer Kulturschock. Mittlerweile kann unser Vater über diese Episode lachen, und er reist immer wieder gerne hierher.

Am liebsten würde ich das nervös wirkende Ehepaar beruhigen, das sich innerlich bestimmt auf einen ähnlichen Kulturschock vorbereitet – den es aber in Peking zumindest nicht wegen fehlender lateinischer Buchstaben erleiden wird! Denn in den größeren Städten Chinas ist die latinisierte Umschrift auf beinahe jedem Straßen- und Hinweisschild zu finden. Vielmehr wird es sich an seinen Abflugort Frankfurt erinnert fühlen, wenn es die Skyline von Peking sieht, nur in viel größerer Dimension. Wer hier ein China erwartet wie aus den Reiseberichten Marco Polos – der Sohn eines venezianischen Kaufmanns war 1271 siebzehnjährig nach Fernost aufgebrochen und ließ später, in einem Genueser Gefängnis, seine Erfahrungen, die er angeblich im China der Yuan-Dynastie gemacht hatte, von einem Mitgefangenen aufschreiben –, wird eines Besseren belehrt oder vielleicht auch enttäuscht: Bereits der in Form eines Drachens gestaltete Flughafen ist einer der modernsten der Welt und unterstreicht Chinas Anspruch, ein aufstrebendes Land zu sein. Diese »Visitenkarte«, die Peking jedem Besucher, der das Terminal betritt, übergibt, ist sehenswert und ein eindrucksvoller Willkommensgruß.

Am Pekinger Flughafen angekommen, muss man lange hochglanzbefliestе und mit Rollbändern ausgestattete Gänge entlanglaufen, bevor man zur Passkontrolle gelangt. Die meisten chinesischen Passagiere »joggen« diese Strecke bis dorthin eher, um mögliche Wartezeiten zu vermeiden. Ich lasse mich nach einem knapp neunstündigen Flug von der übersteigerten Geschwindigkeit wie in einem Rausch mitziehen, wodurch ich das ältere deutsche Paar aus den Augen verliere. Ich wünsche ihnen in Gedanken eine schöne Zeit im Reich der Mitte – und zwar ganz ohne Panik.

Irgendwann drossle ich mein Tempo und lasse mich von den Rollbändern tragen, ohne selbst einen Schritt zu tun. Mir fällt ein Erlebnis aus meiner ersten Chinareise ein, das sich mir seinerzeit besonders ins Gedächtnis einbrannte: Von Kanton aus fuhren wir mit dem Nachtzug knapp neunhundert Kilometer nach Norden in Richtung Guilin. Damals war diese Gegend mit ihrer atemberaubenden Natur noch nicht so touristisch überlaufen wie heute. Wir hatten einen sogenannten »harten Schlafwagen« gebucht, in dem sechs Personen in dreistöckigen Etagenbetten links und rechts von einem schmalen Gang schlafen konnten.

Das war nicht ganz so komfortabel wie in einem »weichen Schlafwagen« mit richtigen Betten, aber deutlich besser als die gewöhnlichen Sitzplätze, die es auch im Angebot gab. Überrascht stellten wir fest, dass die Abteile der Schlafwagen keine Kabinentüren besaßen. Man kletterte einfach von dem Mittelgang aus direkt in seine Koje. Selbst beim Schlafen konnte man sich nie den Blicken der anderen entziehen. Das Fehlen einer Mindestdistanz, diese in unseren Augen drangvolle Enge, das Sich-nie-zurückziehen-Können schien uns damals typisch chinesisch zu sein. Als Kind habe ich es nur intuitiv gespürt, heute ist es mir bewusst: Chinas 1,4 Milliarden Menschen sind *das* Charakteristikum des Riesenreiches. So gibt auch jeder chinesische Taxifahrer, wenn man mit ihm die großen Entwicklungsfragen seines Landes beredet, die Weisheit *»Zhongguoren tai duo!«* – »In China gibt es einfach zu viele Menschen!« zum Besten.

Achtzehn Stunden Fahrt lagen vor uns. In den hypermodernen Hochgeschwindigkeitszügen, die heute das ganze Land durchziehen, ist selbst die mehr als doppelt so lange Strecke von Kanton bis nach Peking in unglaublichen acht Stunden zu schaffen. Aber 1997 gab es diese schnellen Züge noch nicht. Und so waren unsere Eltern besorgt, uns Kinder mit der langen Fahrt und der Enge zu überfordern. Wir allerdings waren begeistert und kletterten stundenlang auf den Dreietagenbetten um die Wette und spielten Karten, bis wir irgendwann erschöpft einschliefen.

Ich kann mich noch jetzt gut daran erinnern, wie überwältigend das Gefühl war, nach dem Aufstehen das erste Mal aus dem Fenster zu schauen und echte Reisfelder zu sehen, die ich bis dahin nur aus dem Fernsehen kannte. Als Erste wach, betrachtete ich auf dem einzelnen Fenstersitz im Gang minutenlang die vorbeifliegenden Felder und konnte nicht glauben, dass ich wirklich die Wasserbüffel sah, die von sonnengebräunten Bauern in blauen Mao-Anzügen – deren Bedeutung ich zu dieser Zeit noch nicht verstand – angetrieben wurden. Ich muss sagen, dass mir dieser Anblick – die vorbeirauschenden Reisfelder mit den im Nebel versinkenden, die südchinesische Region um Guilin prägenden, Karstkegelbergen – aus unserer ersten Chinareise am stärksten im Gedächtnis geblieben ist. Nicht von ungefähr ist diese außergewöhnliche Naturszenerie eines der häufigsten Motive der klassischen chinesischen Landschaftsmalerei.

Diese beeindruckende Reise mit dem lebendigen Treiben, der wundervollen Natur, dem schmackhaften Essen und dem schönen melodischen Klang der chinesischen Sprache war jedenfalls der Auslöser und Ausgangspunkt für alle meine weiteren Aktivitäten in Richtung China: der Besuch einer privaten chinesischen Sprachschule in der Nähe von Köln bald nach unserer Rückkehr (ein entsprechender Aushang in unserem damaligen Lieblings-Chinarestaurant machte uns auf diese aufmerksam), mein dreimonatiger Schulaufenthalt in Peking ein Jahr später, mehrere Praktika bei deutschen Unternehmen in der chinesischen Hauptstadt oder das Studium der Regionalwissenschaften Chinas an der Universität zu Köln, das neben betriebswirtschaftlichen Studienfächern noch die chinesische Sprache, Geschichte, Politik und Rechtskultur des Landes beinhaltete. Insbesondere seit meinem Olympiasieg in Peking 2008 begleite ich immer wieder Delegationen aus Politik, Wirtschaft, Kultur und Sport ins Reich der Mitte, habe diverse Einsätze in China als Markenbotschafterin für deutsche Unternehmen, bin Botschafterin der Deutsch-Chinesischen Wirtschaftsvereinigung und Mitglied des Deutsch-Chinesischen Dialogforums, das zu den zivilgesellschaftlichen Beratungsgruppen der Bundesregierung gehört.

Auch Gerrit hatte nach dieser Reise das Chinafieber gepackt. Er war derjenige, der unseren Eltern als gerade Dreizehnjähriger wochenlang in den Ohren lag, dass er unbedingt Chinesisch lernen wolle. So ging auch er in der elften Klasse für einige Monate nach Peking, studierte genauso wie ich Regionalwissenschaften Chinas, absolvierte diverse Praktika in China und lebt mittlerweile mit seiner chinesischen Ehefrau als Strategieberater in Peking. Während Gerrit dadurch zumeist längere Perioden in China ist, reise ich jährlich häufiger für kurze Zeit dorthin und war inzwischen schon unzählige Male im Reich der Mitte.

Ich nähere mich der Passkontrolle und schließe zu einer chinesischen Seniorenreisegruppe auf. Alle tragen rote Kappen auf dem Kopf und folgen einer Dame, die ein Megafon in der Hand hält und in voller Lautstärke Anweisungen gibt. Mir platzt gleich der Kopf. Ich zwänge mich durch die Gruppe der älteren Herrschaften hindurch, die stehen geblieben sind und gerade begonnen haben, sich selbst durchzuzählen, indem jeder eine Zahl aufruft. Nachdem ich die rüstigen Rentner passiert habe, stelle ich mich, um den lauten Stimmen zu entkommen, möglichst weit entfernt von ihnen in einer der vielen Warteschlangen an und bemerke, dass ich nun direkt hinter dem nervösen deutschen Paar stehe. So schnell verliert man sich also doch nicht, denke ich.

Die beiden gehen gemeinsam zum Schalter vor, geben ihre Pässe ab und schauen ziemlich verdutzt drein, dass sie ihren Pass ohne langes Warten, verhörgleiche Nachfragen nach dem Zweck ihrer Reise oder einschüchternde Blicke mit einem Einreisestempel versehen wiederbekommen. So schnell und unaufgeregt verläuft die Einreiseprozedur nicht überall auf der Welt, geht es mir durch den Kopf, während ich beobachte, wie das Paar mit verwundertem Gesichtsausdruck voranschreitet, ohne eines der vier zur Bewertung der Servicequalität dienenden blinkenden Smileys zu drücken, die von »sehr zufrieden« bis »unzufrieden« reichen. Solche Bewertungsmöglichkeiten zur Verbesserung der Servicequalität in Ämtern und Behörden sieht man heutzutage in China immer häufiger.

Jetzt bin ich an der Reihe und überreiche meinen Ausweis dem Beamten, der sofort nach dem aktuell gültigen Visum sucht. Lange Zeit konnten deutsche Chinareisende ihre Visa bequem per Postversand über die Chinesische Botschaft in Berlin oder das zuständige Generalkonsulat in ihrer Region beantragen, ohne dort persönlich vorstellig werden zu müssen. Chinesische Antragsteller mussten hingegen mit langem zeitlichen Vorlauf Termine in der Deutschen Botschaft in Peking beantragen, dort persönlich vorsprechen und dabei unangenehme Wartezeiten in Kauf nehmen. Inzwischen haben auch die chinesischen Behörden nachgezogen und fordern vom deutschen Antragsteller unterschiedliche Dokumente. Besonders seit den Olympischen Spielen 2008 wurden die Visumsbestimmungen im Gegensatz zur vormals relativ laxen Handhabung wieder angezogen.

Der chinesische Beamte muss ein wenig in meinem Pass blättern, bis er mein Jahresvisum entdeckt. Da ich erst seit kurzem über ein solches verfüge, »stolpert« er über die stolze Anzahl von eingeklebten Chinavisa, die sich in meinem Dokument befinden. Der Beamte schmunzelt kurz und schaut mich an. Als ich den Pass ohne weitere Fragen und mit einem »Bye-bye« zurückbekomme, drücke ich auf das »Zufrieden«-Smiley.

Anschließend fahre ich eine der vier Rolltreppen hinab, um auf den Pendelzug zu warten, der uns Passagiere zur Gepäckausgabe fährt. Ich denke an den Tag, der vor mir liegt. Ich werde ihn mit Gerrit verbringen sowie unserem gemeinsamen Freund Oliver Harms, ein Banker, der seit zwölf Jahren in China lebt und im hiesigen Geschäft sehr versiert ist. Da es Samstag ist, haben die beiden frei. Auch in China hat sich in vielen kaufmännischen Berufen und Bürojobs mittlerweile das Wochenende durchgesetzt, das war vor wenigen Jahren noch ganz anders. Wir sind für einen Ausflug durch »unser« Peking verabredet und wollen den Abend in einer unserer Lieblingsbars verbringen.

Nachdem ich mich mit vielen anderen wartenden Fluggästen in den Zug gedrängelt und einen der wenigen begehrten Sitzplätze ergattert habe, wird meine Vorfreude immer größer, endlich wieder durch die wunderschönen Parks und die engen Gassen der ruhigeren Stadtteile Pekings zu schlendern, vielleicht eine Fußmassage zu genießen oder den geschäftigen Pulsschlag in den modernen Vierteln der Millionenmetropole aufzusaugen. Außerdem knurrt mein Magen schon bei dem Gedanken an die vorzüglichen chinesischen Gerichte, die man authentisch nur selten in deutschen Chinarestaurants findet und auf die ich mich immer besonders freue. Nach ein paar Minuten Fahrt hält der Zug, ich steige aus und gehe in Richtung Gepäckband, wo mich das übliche hektische Chaos erwartet. Viele chinesische Passagiere haben ihre Gepäckwagen bis an das Gepäckband geschoben, sodass es wieder einmal nur unter Einsatz der Ellenbogen möglich sein wird, überhaupt an seinen Koffer zu gelangen. Daher setze ich mich entspannt auf eine freie Bank und schaue auf ein Wandplakat mit dem Olympia-Slogan von 2008, der noch immer seine Gültigkeit hat: »Peking heißt dich willkommen!«

Ich lasse meine Gedanken schweifen, denn ich werde erst das Gepäckband inspizieren, wenn keine Gefahr mehr droht, hin und her geschubst zu werden. China, dieses riesige, den meisten Deutschen so fremd erscheinende Land, schaut auf eine einzigartige und reiche Geschichte zurück. Den Stolz auf diese Geschichte kann man heute fast überall in der chinesischen Gesellschaft spüren. Fragt man ein Schulkind, was China so besonders mache, so würde es einem sicherlich ohne große Überlegung antworten: »Die lange Geschichte!«

Das kaiserliche China, das im Jahr 221 v. Chr. vom ersten Kaiser Qin Shi Huangdi begründet wurde, war über große Teile der letzten zweitausend Jahre nicht nur das bevölkerungsreichste Land, sondern auch die größte Volkswirtschaft und die fortschrittlichste Zivilisation der Erde. Die Erfahrung, dass China seinen umliegenden Völkern gegenüber zivilisatorisch überlegen war und sich auch Fremdherrscher über die Zeit stets assimilierten, führte in der Folge dazu, dass China bis Ende der letzten kaiserlichen Dynastie, der mandschurischen Qing-Dynastie (1644 bis 1911), zu einer nach innen orientierten, hochentwickelten und sich selbst genügenden Weltmacht heranwuchs, die Aufrüstung und aktive militärische Maßnahmen für unnötig hielt. Bereits die chinesische Namensgebung des Landes drückt dieses Selbstverständnis der Überlegenheit aus: *Zhongguo* bedeutet schlichtweg »Reich der Mitte«, also das Land im Zentrum (der Kultur) – man sah sich einfach als die Zivilisation schlechthin, die sich gegen die umliegenden Nomadenstämme kulturell abhob. Lediglich zur Verteidigung gegen potenzielle Angreifer wurde die berühmte, Tausende Kilometer lange Große Mauer gebaut.

Diese generelle Vernachlässigung militärischer Stärkung lässt sich zusätzlich auf die weitgehend pazifistische Philosophie des Konfuzianismus zurückführen, der sich während der Han-Dynastie gegenüber dem auf einer strengen Anwendung von Gesetzen basierenden Legalismus durchsetzen konnte und als Staatsdoktrin institutionalisiert wurde. In den folgenden Herrscherdynastien behauptete sich die Vorstellung einer konfuzianischen pax sinica, auf Basis derer eine politisch-kulturelle und sozioökonomische Hegemonie über die umgrenzenden Völker im ostasiatischen Raum angestrebt wurde.

Das Aufeinandertreffen mit dem expandierenden britischen Empire und anderen imperialistischen Kräften der westlichen Welt setzten diesem sinozentrischen Weltbild Mitte des 19. Jahrhunderts allerdings ein jähes Ende: Mit zwei Opiumkriegen zwangen die Briten China dazu, das Land für den Handel zu öffnen. Es begann ein wahrer Wettlauf um Handelsrechte, Einflusssphären und Gebietsansprüche. Für China begann ein Jahrhundert des Niedergangs und der Demütigungen, das 1911 zunächst zur endgültigen Auflösung des Kaiserreichs führte. Doch auch nach der Gründung der Republik China, die von Anfang an innenpolitisch geschwächt war, konnte weder äußere Einheit noch innere Stabilität wiederhergestellt werden. Insbesondere die japanische Aggression in China, die zwischen 1937 und 1945 ihren Höhepunkt fand, brachte China an den Rand eines Kollapses.

Erst mit der Machtübernahme der Kommunistischen Partei um Mao Zedong erlangte das Land 1949 seine volle Integrität und Souveränität zurück, was bis heute als Maos größte politische Leistung angesehen wird.

In den Folgejahren stürzte er die neu gegründete Volksrepublik mit einer Reihe von Massenkampagnen ein ums andere Mal ins Chaos: Insbesondere der wirtschaftlich vollkommen utopische »Große Sprung nach vorn« (1958–1961), der mehrere Millionen an Todesopfern forderte, genauso wie die »Große Proletarische Kulturrevolution« (1966–1976), bei der er junge Studenten zu »Roten Garden« machte und sie zu einer Weiterführung des Klassenkampfs und der Revolution aufrief, hinterließen tiefe Narben in der chinesischen Gesellschaft, ein geistiges Vakuum und eine rückständige Volkswirtschaft.

Erst nach dem Tod Mao Zedongs kam es wieder zu einer Entideologisierung der Gesellschaft. Sein Nachfolger Deng Xiaoping wandte sich ab Dezember 1978 explizit sozioökonomischen Fragestellungen zu und begann daraufhin mit der Umsetzung einer behutsamen Reform- und Öffnungspolitik, die den erneuten Wiederaufstieg des Landes einläutete.

Die pragmatische Politik unter dem Motto: »Hauptsache, eine Katze fängt Mäuse, egal ob sie schwarz oder weiß ist!«, führte zu einem enormen wirtschaftlichen Aufschwung und machte China zu einem der großen Gewinner der Globalisierung. Mittlerweile ist das Land wieder die zweitgrößte Volkswirtschaft der Welt und erarbeitet sich seinen Platz in der ersten Reihe der Staatengemeinschaft der Welt zurück.

Während ich noch über den ob dieses geschichtlichen Hintergrunds ausgeprägten chinesischen Nationalstolz nachdenke, sehe ich aus dem Augenwinkel mein Gepäckstück vorbeifahren. Schultern straffen und durch, denke ich mir und kämpfe mich nach vorn zum Band.

Vom Flug völlig erledigt schiebe ich mein Gepäck auf einem der herumstehenden Gepäckwagen durch die automatische Schiebetür. Kaum habe ich sie passiert, überkommt mich das gleiche wehmütige Gefühl, das mich hier jedes Mal packt: Durch diese Tür kamen wir auch 2008 in froher Erwartung der Olympischen Spiele. Hunderte Menschen, die uns begrüßten, chinesische und ausländische Kameras, die uns empfingen. Es war eine wirklich aufregende Zeit – und das betraf nicht nur den Wettkampf.

Ich schüttle die Gänsehaut ab und halte Ausschau nach dem Fahrer, der mich abholen soll. Zum Glück muss ich mich nicht in die lange Taxischlange vor dem Flughafen einreihen oder den Schnellzug in die Stadt nehmen. Das Unternehmen, für das ich morgen im Einsatz sein werde, hat einen Fahrdienst geschickt.

Während ich auf ihn warte, sehe ich viele ausländische Reisende mit voll beladenen Gepäckwagen an mir vorbeiziehen, darunter auch das ältere Ehepaar aus dem Flieger. Ich freue mich, dass es mittlerweile so viele Deutsche nach China zieht – momentan sind es jährlich über eine halbe Million Touristen. Da auch wir Europäer stark vom eigenen Weltbild geprägt sind, von unseren eigenen Werten, können wir andere Sichtweisen häufig nur dann verstehen, wenn wir uns mitten in der fremden Welt befinden. So ist es immer wieder spannend, durch Reisen eigene Ansichten und vermeintlich selbstverständlich erscheinende Lebenswirklichkeiten auf den Prüfstand zu stellen. Vor allem kann man so den Alltag der Menschen kennenlernen, ihre Verhaltensweisen, ihre Vorlieben und Sorgen – und sich ihnen dadurch annähern. Kaum hier angekommen, empfinde auch ich mal wieder eine innere Vorfreude auf das, was die nächsten Tage auf mich zukommen wird. Ich fange an, etwas nervös zu werden, weil ich den Fahrer nirgends entdecken kann. Schon bin ich dabei, mein Handy hervorzukramen, als er fröhlich und mit einem Schild winkend auf mich zukommt. Ich seufze erleichtert.

Peking, ich komme!

2
Konfuzius lässt grüßen

Schunkeln mit der kölschen Kultband Höhner in Shanghai – Neun Millionen Fahrräder – Gasteltern in Peking – Die Sache mit der harmonischen Gesellschaft – Familienbande – Der dynastische Zyklus

Gähnend stehe ich vor der Aufzugstür im fünfundzwanzigsten Stock eines gerade eröffneten Luxushotels im Pekinger Central Business District und lausche der Endlosschleife klassischer chinesischer Musik, die leise aus dem Lautsprecher ertönt. Die gemäßigte Lautstärke ist nach dem Flughafentrubel heute Morgen sehr angenehm. Zugleich spüre ich, wie ich mit dem Jetlag kämpfe. Ich hatte mich zwar vorhin, direkt nach meiner Ankunft im Hotel, kurz schlafen gelegt – doch der lange Flug sowie die sechs Stunden Zeitverschiebung haben ihre Spuren hinterlassen.

»Ding!« Die Aufzugtüren öffnen sich, und ich trete zu einem chinesischen Hotelgast in den Fahrstuhl. Dieser fängt sofort an, mehrmals auf die »Tür-Schließen«-Taste zu drücken, die wohl außer in China nirgends auf der Welt so intensiv genutzt wird. Das ist auch daran zu erkennen, dass in chinesischen Fahrstühlen dieser Knopf häufig sehr stark, bis hin zur Unleserlichkeit abgenutzt ist. Dahingegen sieht die »Tür-Öffnen«-Taste auch nach Jahren noch wie neu aus.

Ich lächle meinem Gegenüber im vermeintlich stillen Einverständnis darüber zu, dass das Drücken der Schließen-Taste unsere Fahrt auch nicht signifikant beschleunigen wird. Eigentlich müsste ich es besser wissen: Dinge, die uns Europäer manchmal zum Schmunzeln bringen, sind für Chinesen normal und selbstverständlich. So lächelt mein Mitfahrer zwar höflich zurück, aber wahrscheinlich ohne meinen Hintergedanken zu teilen. Einer Eingebung folgend schweift mein Blick noch einmal über die Etagenanzeigen des Fahrstuhls – und ich werde nicht enttäuscht: Es gibt weder einen vierten noch einen vierzehnten Stock, auch der dreizehnte fehlt. Letzterer wird in Hotels häufig den ausländischen Gästen zuliebe weggelassen. Bei der Zahl Vier hingegen geht es um einen chinesischen Aberglauben. »Vier« heißt auf Chinesisch *»si«*, was, mit anderer Betonung ausgesprochen, wie das chinesische Wort für »sterben« klingt und damit für den Tod steht. Verständlich also, dass man hierzulande gerne auf alles verzichtet, das eine Vier enthält.

Unten angekommen, treffe ich in der großräumigen Lobby auf meinen bereits wartenden Bruder Gerrit, der, hochgewachsen, blond, mit blauen Augen und sportlich gebaut, an seinem freien Tag den Anzug gegen Jeans und T-Shirt eingetauscht hat. Herzlich umarmen wir uns, denn wir haben uns lange nicht gesehen. Gerade als wir anfangen, uns darüber zu wundern, wo der sonst so überpünktliche Oliver bleibt, kommt er verschwitzt und im Laufschritt durch die Hotelhalle auf uns zugestürmt. Oliver, noch ein wenig größer als Gerrit, sehr schlank, dunkelblond und Brillenträger, ist der Abenteuer- und Reiselustigste von uns dreien: Er hat an diesem Tag auf sein Auto verzichtet, um »mal wieder ein romantisches Buserlebnis« zu genießen, wie er uns mitteilt.

Seit Jahren leitet er das Chinageschäft eines deutschen Finanzinstituts und könnte sich inzwischen jeden Komfort erlauben. Aber als er Anfang der Neunziger zwei Auslandssemester im Rahmen seines Studiums der Angewandten Weltwirtschaftsstudien in China verbrachte, fuhr er fast nur Bus.

»Manchmal vermisse ich das richtig«, sagt er mit einem Seufzer und fährt fort: »Da gibt es unterwegs einfach so viel zu sehen.« Aber weil der Bus weder regelmäßig kommt noch einem genauen Zeitplan folgt, hat es natürlich etwas länger gedauert. »Wollen wir los?«, fragt er unternehmungslustig.

»Ja, klar«, sage ich.

Lachend und plaudernd treten wir durch die ausladenden Türen des Hotels hinaus in die schwüle Pekinger Augustluft.

Vor dem Ausgang werden wir von den dort wartenden Angestellten in gebrochenem, aber sichtlich bemühtem Englisch gefragt, ob wir ein Taxi bestellen möchten. Nein, wir möchten zu Fuß zum Park gehen, antworten wir auf Chinesisch und machen uns auf den Weg. Wir bekommen noch ein erstauntes »Oohhh, die können aber gut Chinesisch!« hinterhergeschickt, was mich zum Lächeln bringt.

Es ist schön, wieder in China zu sein und die Sprache zu sprechen. Wenn man länger eine Sprache nicht aktiv benutzt, dann rostet sie schnell ein – das gilt insbesondere für Chinesisch, das unseren in Europa gesprochenen Sprachen ja so überhaupt nicht ähnelt.

Gerrit und ich haben direkt nach unserer ersten Chinareise 1997 begonnen, Chinesisch zu lernen, und konnten es dann während unseres Studiums weiter ausbauen. Auch Oliver spricht gut Chinesisch, da er es nicht nur im Studium gelernt hat, sondern seit seinem ersten Studienjahr in China viel in diesem Land umhergereist ist und nun hier lebt.

Kennengelernt haben wir Oliver im September 2010, als in Shanghai die Weltausstellung »Expo« stattfand, in der *Bar Rouge*, einem Szenelokal, das an der kolonial geprägten Uferpromenade »Bund« liegt. Ich begleitete damals nicht nur Vertreter aus Wirtschaft und Politik des Landes Nordrhein-Westfalen, sondern auch Repräsentanten der deutschen Karnevals- und Musikszene. Als Chinesisch sprechende Kölnerin war ich dazu auserkoren worden, den chinesischen Besuchern der Expo unsere kölsche Kultur, die Kultband Höhner und die Roten Funken, die älteste Karnevalsgesellschaft Kölns, vorzustellen – damit der Kulturschock beim Anblick bewaffneter Generäle nicht zu groß wäre. Gerrit koordinierte und begleitete bereits damals alle meine Chinaaktivitäten und war deshalb auch mit von der Partie.

Bis jetzt frage ich mich, wie wir es mit zweihundert (wenn auch unechten) Gewehren durch die Sicherheitskontrollen aufs Expo-Gelände geschafft haben. Die Sicherheitsleute waren meiner Ansicht nach schlichtweg überfordert gewesen mit der Menge an merkwürdig rot-weiß gekleideten Männern. Nach dieser ersten, fast sprichwörtlichen Kölner »China-Offensive« war es beeindruckend zu sehen, wie es die Höhner mit Frontmann Henning Krautmacher zustande brachten, die chinesischen Zuschauer binnen weniger Minuten zu fesseln und zum Schunkeln zu bringen. Das Geheimnis lag wohl darin, dass sie im Vorfeld eines ihrer Lieder umgeschrieben hatten und dieses nun unmittelbar nach Betreten der Bühne auf Chinesisch sangen. Da ging ein großes »Aaaaah!« durch die Menge, und die Aufmerksamkeit war gesichert. Als sie dann noch das allseits bekannte »Jasmin-Lied« auf Chinesisch anstimmten, hatten sie gewonnen: Tausende Chinesen sangen begeistert eines der beliebtesten chinesischen Volkslieder mit. Musik verbindet tatsächlich!

An jenem Abend fand dann noch in besagter Bar ein weiteres Konzert der Höhner statt, zu dem die Teilnehmer der Delegation sowie chinesische und internationale Gäste eingeladen waren, darunter auch der Bremer Oliver. Er konnte sich zwar – unverständlicherweise für uns kölsche Gemüter – nicht sofort für »Viva Colonia« begeistern, aber abgesehen davon merkten wir, dass wir viel auszutauschen hatten. Im Laufe dieses Abends entwickelte sich zwischen uns ein intensives Gespräch über China. Wir sprachen über Politik und Wirtschaft, wir diskutierten über Olympia, Traditionen und persönliche Erfahrungen. Besonders Oliver hatte viel zu erzählen, da er aufgrund seiner großen Reiselust nicht nur mehr als hundertfünfzig Länder auf dem Globus kennengelernt hat, unter anderem solche Exoten wie die pazifischen Inselgruppen Papua-Neuguinea, Palau und die Salomonen, sondern auch alle zweiunddreißig Provinzen, darunter die autonomen Gebiete und die regierungsunmittelbaren Städte Chinas.

Seither treffen wir uns häufiger in dieser Dreierkonstellation, wobei sich immer wieder lebhafte Gespräche über die vielen Facetten Chinas ergeben, über die volkswirtschaftlichen Zusammenhänge, die ökonomischen Verflechtungen und Abhängigkeiten in einer globalisierten Welt, aber auch über die Mentalität von chinesischen Kellnern oder die Qualitäten hiesiger Taxifahrer.

Als wir den Hotelvorplatz passieren, überrennt mich beinahe eine vorbeieilende chinesische Passantin.

»So ist das!«, scherze ich. »Wurden wir gerade noch für unser Chinesisch bewundert, werden wir jetzt auf der Straße vollkommen übersehen.« Und tatsächlich: Insbesondere in den großen Städten Chinas ist man als Westler keine Sensation mehr. Vor allem nicht in den Augen der zahlreichen chinesischen Geschäftsleute, die täglich Umgang mit westlichen Geschäftspartnern haben. Vor ein paar Jahren noch war das ganz anders.

Von den Stadt- oder Landbewohnern angestarrt zu werden, als sei man ein Tier im Zoo, war genauso normal wie gewöhnungsbedürftig. Insbesondere bei unserer ersten Chinareise in den Süden des Landes vor über fünfzehn Jahren erschien es uns extrem: Die Passanten schauten hinter uns her, blieben stehen, zeigten auf uns; manchmal bildete sogar eine neugierige Menschenmenge einen Ring um uns, um die fremdartigen Europäer zu begutachten.

Mittlerweile kann man als westlicher Ausländer völlig inkognito durch die größeren Straßen Pekings ziehen. Vorbei sind auch die Zeiten, als man sich als »Westler« gegenseitig grüßte oder verschwörerisch zulächelte. Wer aber die vergangene Romantik des in einer anderen Welt gestrandeten Westlers aufleben lassen möchte, der muss sich lediglich ein paar Stunden ins Auto setzen, um in der ländlichen Gegend auf chinesische Bauern zu treffen, denen der Anblick einer »Langnase«, wie Chinesen westliche Ausländer auch gern nennen, nach wie vor nicht geläufig ist. Aber auch in den etwas abgelegenen Bezirken der Großstädte bleibt der Ausländer ein Highlight.

Dass der Westler zum Stadtbild der großen Metropolen Chinas mittlerweile dazugehört, liegt auch daran, dass sich im Zuge der Reform- und Öffnungspolitik seit 1978 immer mehr ausländische Unternehmen in China angesiedelt haben, die ihre Mitarbeiter ins Reich der Mitte entsandt haben. Insbesondere der Beitritt Chinas zur Welthandelsorganisation (WTO) im Jahr 2001, der die Öffnung des chinesischen Marktes weiter beschleunigte, sorgte für ein noch größeres Engagement ausländischer Firmen vor Ort und einen starken Anstieg an Expats. Abgesehen von den asiatischen Nachbarn stellen dabei die Amerikaner mit großem Abstand vor Kanada, Frankreich und Deutschland die meisten »Delegierten« westlicher Nationen in China.

Shanghai ist in diesem Zusammenhang hinter Hongkong die internationalste unter den chinesischen Städten, auch wenn der Ausländeranteil nur bei einem Prozent der Bevölkerung liegt. In Shanghai, genauso wie in Peking, machen Expats allerdings besonders in den designierten internationalen Vierteln wie hier im Stadtteil Chaoyang im Pekinger Osten, in dem wir gerade unterwegs sind, einen viel höheren Anteil aus. In diesen Stadtteilen gibt es unzählige ausländisch geführte Restaurants und Bars, viele bei Ausländern beliebte Clubs, Freizeit- und Sportmöglichkeiten, auch spezielle Wohnanlagen für Westler.

Die Deutschen sind längst in China angekommen. Allein fünftausend deutsche Unternehmen sind in den unterschiedlichen Auslandshandelskammern registriert, und die zunehmenden Chinaaktivitäten dieser Firmen spiegeln sich in der wachsenden Zahl der Auslandsdeutschen in China wieder. Ungefähr 17 000 amtlich gemeldete Deutsche leben derzeit als Expats in China, die meisten davon in den großen Metropolen. In Peking und Shanghai beispielsweise gibt es deutsche Kindergärten und Schulen, deutsche Bäckereien, Brauhäuser und Metzger. Die deutsche Expat-Community hat sich hier gut etabliert.

Das Deutschlandbild der Chinesen ist sehr positiv. Laut verschiedener Studien ist Deutschland eines der beliebtesten Länder in China – Deutsche gelten gemeinhin als gründlich und fleißig, und natürlich werden ihre technischen Errungenschaften sehr hoch geschätzt.

So ist es auch kein Zufall, dass die beiden Länder auf wirtschaftlicher und technologischer Ebene zahlreiche Kooperationen pflegen. Deutschland ist zudem Chinas wichtigster Handelspartner in Europa, andersherum ist China nicht nur Deutschlands wichtigster Partner in Asien, sondern auch einer der wichtigsten weltweit. Die wirtschaftliche Verflechtung hinsichtlich Investitionen ist bereits sehr eng. So belief sich der Bestand deutscher Direktinvestitionen in China Ende 2012 auf circa fünfundvierzig Milliarden Euro. Über ihre chinesischen Tochtergesellschaften stellen deutsche Unternehmen vor Ort hochwertige Produkte für den internationalen sowie auch den chinesischen Markt her.

Umgekehrt nehmen auch chinesische Investitionen in Deutschland in einem hohen Maße zu. So sind chinesische Unternehmen immer stärker an strategischen Partnerschaften mit deutschen Technologieführern interessiert. Sie kaufen sich insbesondere in Firmen aus dem Maschinen- und Anlagenbau ein und erwerben Anteile in der Automobilindustrie sowie in den Bereichen IT und Elektronik. Dass chinesische Unternehmen ihre geschäftlichen Aktivitäten besonders in Deutschland ausbauen wollen, zeigt auch die Eröffnung der Chinesischen Handelskammer in Berlin Anfang 2014, der ersten chinesischen Handelskammer in Europa.

Auch auf politischer Ebene zeigt sich eine fortgreifende Verzahnung bilateraler Beziehungen, was sich nicht nur an den 2011 vereinbarten und jährlich stattfindenden Regierungskonsultationen ablesen lässt, sondern auch daran, dass bei Reisen des chinesischen Staats- oder Regierungschefs nach Europa immer auch Deutschland auf der Agenda steht.

Auf gesellschaftlicher Ebene ist der Austausch noch am geringsten fortgeschritten. Zwar haben viele Deutsche ein großes Interesse an der fernöstlichen Kultur, insbesondere an der traditionellen chinesischen Medizin oder auch den großen Philosophen Chinas. Und insgesamt verstärkt sich neben bereits lange bestehenden Institutionen wie etwa dem Goethe- oder dem Konfuziusinstitut der Austausch vor allem durch das globaler werdende Bildungs- und Arbeitsumfeld: So stellen chinesische Studierende mittlerweile den größten Ausländeranteil an deutschen Universitäten, und an deutschen Schulen wird vermehrt Chinesisch unterrichtet. Auch Kooperationen zwischen chinesischen und deutschen Schulen und Hochschulen wurden in den letzten Jahren weiter ausgebaut.

Doch insgesamt bleibt dieser zwischenmenschliche Austausch gering, da sich die Medien – und daraus formt sich für einen zumeist das Bild eines Landes und seiner Menschen – zum großen Teil auf wirtschaftliche und politische Fragestellungen, weniger auf persönliche Aspekte fokussieren.

In den deutschen Medien wird regelmäßig über den wirtschaftlichen Aufschwung Chinas berichtet, der bisweilen auch als Bedrohung wahrgenommen wird. So mancher befürchtet darin gar eine Art Untergang des Abendlands.

Außerdem findet die kritische Betrachtung des politischen Systems Chinas große Beachtung. Viele erinnern sich an das gewaltsame Niederschlagen der demonstrierenden Studenten auf dem Platz des Himmlischen Friedens in Peking, den Tibet-Konflikt, Einschränkungen der Pressefreiheit, Verletzungen der Menschenrechte, die Inhaftierungen von Regimekritikern wie dem Künstler Ai Weiwei oder die des Friedensnobelpreisträgers Liu Xiabo. Zudem ist nicht immer nachzuvollziehen, wie die Regierung Großprojekte durchsetzt, so etwa den Bau von Staudämmen, der scheinbar ohne Rücksicht auf die Menschen, die in der Gegend leben, vorgenommen wird.

Durch all diese Informationen, die häufig ohne umfassendere Hintergrundberichte dargeboten werden, bleibt eine Fremdheit gegenüber diesem Land und seinen Menschen bestehen. Viele denken beim Stichwort China automatisch an das autoritäre Regierungssystem, an Menschenrechtsmissachtungen, die Wirtschaftsmacht und Billigkopien. Aber darauf darf man China nicht reduzieren, denn in diesem hochkomplexen Land passiert noch viel mehr, was man erkennen kann, sobald man genauer hinschaut. Vor allem sollte man nicht den persönlichen Kontakt mit den Chinesen selbst versäumen. Letztendlich ist die Begegnung mit den Menschen und ihrem Alltag unerlässlich, um mehr Verständnis für eine andere Lebenseinstellung und andere Ansichten zu entwickeln und China auch emotional ein Stück näherzukommen.

An all das denke ich, als wir neben dem pompösen Eingang eines im letzten Jahr fertiggestellten Luxusbaus einen älteren Herrn an einer undefinierbaren Eisenmaschine sitzen sehen. Er repariert Schuhe, näht Knöpfe an und kann anscheinend auch Schlüssel nachmachen. Das Überangebot an Arbeitskräften machen solche Dienstleistungen in China immer noch relativ billig, auch wenn Löhne und Gehälter hier derzeit stärker steigen als fast überall sonst auf der Welt.

Wir nicken dem behände arbeitenden Mann freundlich zu und fragen uns, wie er mit dem ständig steigenden Preisniveau in Peking wohl umgehen mag. Die stetig wachsende Welt der edlen Luxushotels ist nur einen Steinwurf weit weg – und bleibt dennoch für ihn in unerreichbarer Ferne.

»Es ist schon erstaunlich, wie unterschiedlich die Lebensrealitäten der Menschen hier sind«, sagt Gerrit nachdenklich, als wir weitergehen.

»In so kurzer Zeit eine solch gigantische Entwicklung

mitzuerleben – das muss erst mal verkraftet werden«, wirft Oliver ein. »Und dann gibt es noch die großen Unterschiede zwischen Land- und Stadtbevölkerung, dem Osten und dem Westen Chinas. Allein die schiere Größe des Landes, es ist immerhin fast so groß wie Europa, mit all den unterschiedlichen Sprachen, Kulturen, geografischen Begebenheiten und Klimazonen macht es schwer, China als ein Ganzes in eine einzige Schablone zu pressen.«

Mein Bruder nickt. »Allein bei einer Tour durch Peking kann man tausend Dinge entdecken, die gegensätzlicher nicht sein könnten.«

»Stimmt«, pflichtet Oliver ihm bei. »Das wäre doch ein schönes Motto für den heutigen Tag. Wir könnten im alten China anfangen und ganz gemütlich in die Zukunft spazieren.«

»Eine gute Idee«, mische ich mich wieder ein. »Am besten fangen wir damit im Ritan Park an, der ist ja ganz in der Nähe.«

Gesagt, getan. Wir überqueren die Straße und können gerade noch zur Seite springen, bevor wir von einem heranrasenden Audi TT erfasst werden. Außer uns regt sich hier über so etwas niemand auf. Der Audi wird allerdings nicht lange rasen können, denn schon von hier aus können wir die unzähligen roten Bremslichter sehen, die den nächsten Stau anzeigen.

»Als ich Anfang der neunziger Jahre das erste Mal als Student in Peking ankam, fuhr ich noch in einem der wenigen privaten Autos neben einem riesigen Strom von Fahrradfahrern über die einzige Ringstraße«, fällt Oliver beim Anblick der mehrspurigen, verstopften Straße ein. »Heute ist zwar das Straßensystem auf fünf Ringe ausgebaut, und die Anzahl der Fahrbahnen hat sich ebenfalls erhöht, aber durch die hohe Motorisierung der Gesellschaft gibt es in Peking so viele neue Autos, dass das auch nicht hilft, schneller ans Ziel zu kommen. Ich wünsche mir die neun Millionen Fahrräder aus Katie Meluas gleichnamigem Lied zurück«, fügt er lakonisch hinzu und legt zielstrebig noch einen Schritt zu, entschlossen, dem Audi-Fahrer zu zeigen, wer hier in Bezug auf die Art der Fortbewegung die klügere Wahl getroffen hat.

Nach ein paar Schritten biegen wir in eine vergleichsweise kleine Straße ab, die an beiden Seiten von Bäumen gesäumt ist. Auch wenn Peking auf den ersten Blick gegenüber den chinesischen Metropolen des Südens, deren Stadtbilder von dicht bewaldeten Hügeln geprägt sind, klimabedingt zurückliegt, ist Peking eine sehr grüne Stadt. Trotz einer immer größer und höher werdenden Skyline hat man es nicht versäumt, überall Bäume zu pflanzen sowie Blumenbeete und kleine Rasenflächen zwischen den Gebäuden anzulegen. Auch im Stadtteil Chaoyang gibt es viele Alleen wie diese.

Wir schlendern vorbei an kleinen Bänken, die links und rechts unter den Bäumen stehen. Auf ihnen sitzen einige Ruhesuchende, die sich zwischen ihren Terminen eine schnelle Pause gönnen. Sie nutzen den Moment, um kurz die Augen zu schließen, eine Zigarette zu rauchen oder um einen raschen Blick in die Tageszeitung oder eine Illustrierte zu werfen. Die Jüngeren sind zumeist in die sozialen Kommunikationsmedien auf ihren Handys vertieft oder telefonieren – eigentlich also genauso wie bei uns.

Plötzlich steigt mir ein würziger Duft in die Nase. In dieser Stadt wird man an jeder Ecke von fremdartigen Gerüchen überwältigt – manchmal auch regelrecht umgehauen. Nun riecht es jedoch köstlich. Sofort läuft mir das Wasser im Mund zusammen, hatte ich doch schon beim

Aufwachen im Hotelzimmer Hunger verspürt. Ein paar Schritte weiter erspähe ich auch einen der in diesem neuen und modernen Stadtteil seltener gewordenen kleinen Essensstände und hole mir schnell etwas auf die Hand. Ich bezahle fünf Yuan (das sind etwas mehr als sechzig Eurocent; der Yuan, wörtlich: »das Runde«, ist dabei die Zahlungseinheit des Renminbi, was übersetzt »Volkswährung« bedeutet) für mein *jidan guanbing*, also meinen Crêpe mit Ei. Ich lächle der Verkäuferin zu, wissend, dass ich als Chinese nur zwei oder drei Yuan bezahlt hätte, und beiße zu.

Beinahe verschlucke ich mich am ersten Bissen, da hinter mir eine laute Diskussion beginnt, bei der sich eine hohe Frauenstimme herauskristallisiert, die wild auf Chinesisch schimpft. Was ist denn da schon wieder los?, frage ich mich, drehe mich um und sehe meinen Bruder mitten im Geschehen. Er steht am gleichen Stand wie ich ein paar Sekunden zuvor und kämpft tatsächlich um einen Yuan Rabatt. Der chinesische »Volkssport« Feilschen ist im vollen Gange. Auch wenn mich dieses Hin und Her stresst und mich das Handeln nicht so sehr mit Glücksgefühlen erfüllt wie die meisten Chinesen oder meinen Bruder, der gerade triumphierend mit einem Ein-Yuan-Schein in der Hand wedelnd wieder zu Oliver und mir zurückkehrt, so habe ich schon vor zehn Jahren beim Besuch eines chinesischen Markts erfahren, dass es beinahe unhöflich ist, an Straßenständen und in kleinen Läden nicht zu handeln und den Preis zu drücken.

Drei Monate wohnte ich damals bei einer chinesischen Familie in Peking, und das Feilschen war nur ein Aspekt, den ich durch sie kennengelernt habe. Ich glaube, dass mir das Leben in dieser Familie damals den besten Einblick in den chinesischen Alltag ermöglicht hat, den ich je hätte bekommen können. Im Rahmen eines Austausches ging ich in der elften Klasse mit fünfzehn Jahren auf eine chinesische Mittelschule. Ende der Neunziger war ich damit ein Pionier, und bereits die private Planung meines Aufenthalts in Peking war abenteuerlich. Allein dem organisatorischen Talent unserer Mutter war es zu verdanken, dass ich schlussendlich diese Erfahrungen machen konnte. Ohne Internet, Handy oder sonstige moderne Kommunikationsmedien verlebte ich eine wirklich spannende und eindrucksvolle Zeit, in der ich viel über die traditionellen Lebensgewohnheiten, kulturelle Werte und den Schulalltag erfahren konnte.

Mein Gastvater war Direktor jener Mittelschule. Er und seine Frau sowie ihre beiden Söhne hatten mich von Beginn an wie eine Tochter beziehungsweise Schwester in ihrer Mitte aufgenommen. Damit ich mich nicht so einsam fühlte, bekam ich noch gleichaltrigen weiblichen Beistand für die Zeit meines Aufenthalts – in Gestalt der Nichte meines Gastvaters.

Am Anfang war mir alles so fremd! Chinesische Hotels kannte ich ja von meinem ersten Aufenthalt in Südchina, aber in einer chinesischen Wohnung zu leben, das war schon etwas ganz anderes. Ich kann mich noch daran erinnern, wie ich gemeinsam mit meiner Mutter und Gerrit, die mich nach China begleitet hatten und die erste Woche mit mir gemeinsam vor Ort waren, von der alten Botschaftsstraße in der Nähe vom Platz des Himmlischen Friedens in einen Hinterhof abbog, in dem meine Gastfamilie wohnte.

Mit den modernen Luxuswohnanlagen Pekings hatte diese Wohngegend trotz ihrer altehrwürdigen Lage nichts gemeinsam. Mit flauem Magen gingen wir die staubigen Stufen des dunklen Treppenhauses hinauf bis in den zweiten Stock. Ich hatte vor dem Betreten der Wohnung durchaus Bedenken, ob ich mich hier wohl eingewöhnen könne. Vor der Tür stampfte mein Gastvater, der uns vom Flughafen abgeholt hatte, mit den Füßen auf den Boden, um den Bewegungsmelder zu aktivieren, damit das Licht des Treppenhauses anging. Während er am Schlüsselbund nestelte, schlug mein Herz bis zum Hals. Was würde mich erwarten?

Zögernd ging ich im Flur über den dunkelroten Parkettboden, doch dann wurde ich schnell positiv überrascht: Die Wohnung war erstaunlich groß, und ich war zudem verwundert, keine chinesische Dekoration vorzufinden oder chinesische Möbel. Eigentlich sah vieles fast vertraut aus. Mittlerweile habe ich verschiedene chinesische Wohnungen besucht und weiß, dass deren Einrichtungen von klassisch-traditionell über den typischen IKEA-Stil bis avantgardistisch-modern reichen können. Damals jedoch hatte ich einfach eine viel traditionellere Einrichtung erwartet, etwa Möbel mit dunkel gebeiztem Holz, hochglanzlackiert, mit Ornamenten und Glückssymbolen versehen, und so staunte ich nicht schlecht. Mir hatte man ein geräumiges Zimmer mit zwei Betten, einem eigenen Schrank und einem kleinen Nachttischschrank hergerichtet, in dem die Nichte meines Gastvaters und ich gemeinsam wohnten und in dem ich mich sofort wohlfühlte.

Nach ein paar Tagen verabschiedete ich mich tapfer von meiner Mutter und Gerrit, die wieder zurück nach Deutschland flogen, und widmete mich, innerlich anfangs natürlich sehr aufgeregt, aber auch mindestens genauso neugierig, meinem Leben vor Ort. Meine jugendliche Leichtigkeit siegte schnell über die Berührungsängste mit der fremden Familie. So war ich bereits nach einer Woche voll in das Familienleben integriert, und ich hatte mich genauso an die heißen Sommernächte und frühen Sonnenaufgänge gewöhnt wie an die klimabedingt zahlreichen

Tierchen wie Geckos oder Kakerlaken, die überall herumflitzten.

Um ein echtes Familienmitglied zu werden, gehörte es selbstverständlich auch dazu, dass ich einen chinesischen Namen bekam. Zudem war der ungewohnte deutsche Name Britta für meine chinesische Gastfamilie ein wahrer Zungenbrecher. Chinesische Namen haben immer eine tiefere Bedeutung, und wenn man einen vergibt, sollte der am besten mit einer guten Geschichte verbunden sein. Die Nichte des Direktors, also meine Gastschwester, hieß »Kleine Sonne«, und wenn in Peking die Sonne scheint, sind in Deutschland Mond und Sterne zu sehen. Dies war die Erklärung meines Gastvaters, als er mir den Namen »Kleiner Mond« gab, auf Chinesisch *Xiao Yue*. Bis heute nennen mich alle meine chinesischen Freunde so.

»Ganz schön heiß heute«, reißt mich Gerrit aus meinen Gedanken. Das Wetter in Peking wird vom Kontinentalklima bestimmt. So schwitzt man hier im Sommer bei einer anfangs noch trockenen, dann schwülen Hitze bis zu über vierzig Grad und friert im Winter bei niedrigen Minusgraden. Im Juli und August ist es in der Regel sehr feucht. So gibt es in dieser Zeit immer wieder so heftige Regenfälle, dass es zu Wasserschäden in Milliardenhöhe kommt. Häufig können die gewaltigen Wassermassen nicht durch den betonierten Untergrund ablaufen – beziehungsweise die Kanalrohre aufgrund ihres geringen Durchmessers die plötzlich auftretenden Wassermassen nicht bewältigen. Stöhnend wische ich mir den Schweiß von der Stirn. Aber ich bin nicht die Einzige, die unter der Hitze leidet. Oliver nimmt gerade seine beschlagene Brille ab, um sie zu putzen. Und auch Gerrits blonde Haare sind durch den Schweiß dunkel geworden. Zum Glück ist der Park endlich in Sicht!

Durch Olivers beherzten Schritt sind wir ziemlich schnell am Eingang des Ritan-Parks angelangt. Der »Park des Sonnentempels« gehört zu den kaiserlichen Parks in Peking, die auf die chinesische Mythologie zurückgehen. In den vier Himmelsrichtungen der Stadt liegen jeweils der Park des Mondtempels *(Yuetan)* im Westen, der Park des Himmelstempels *(Tiantan)* im Süden, der Park des Erdtempels *(Ditan)* im Norden und der *Ritan* im Osten. Die ursprüngliche Funktion dieses Parks, in dem die Kaiser während der Ming- und Qing-Dynastie Rituale durchführten, die im Zusammenhang mit der Sonne standen, ist nicht mehr von aktueller Bedeutung. Heute ist der Ritan-Park, genau wie seine »Kollegen«, in erster Linie ein Ort der Ruhe im Chaos und Lärm der Großstadt und ein Ort der Freizeitgestaltung und der Muße.

Wir müssen keinen Eintritt zahlen, was eigentlich verwunderlich ist. Die meisten Parks in China sind kostenpflichtig; die Preise für eine Karte – vor allem für eine Monats- oder Jahreskarte – sind allerdings sehr niedrig und liegen bei durchschnittlich fünf Yuan. Der Eintritt ermöglicht die Einstellung von Personal und führt dazu, dass die Parks gepflegt und sauber sind.

Da die Gegend etwas touristisch ist, kommen wir direkt hinter dem Parkeingang an mehreren provisorisch auf dem Boden ausgebreiteten »Souvenirständen« vorbei, vor denen engagierte Verkäufer ihre Waren anpreisen. Nicht lange dauert es, da zerrt einer der Händler an meinem Arm, um mir einen angeblich echten Terrakottakrieger aus der ehemaligen Kaiserstadt Xi'an zu zeigen. »Lookelook«, höre ich den allen Ausländern in China geläufigen Lockruf der Verkäufer. Er sagt *»Yibai«* und tippt nebenbei auf seinem Taschenrechner die Zahl Hundert ein. Lachend wendet sich Gerrit ab, der mir zu Hilfe geeilt ist.

Der sehr hartnäckige und geschäftstüchtige Verkäufer lässt nicht locker und zieht nun an Gerrits Arm – Körperkontakt ist in China ein beliebtes Verhandlungsinstrument zur Preisbildung. »Achtzig«, bietet der Verkäufer mit einem nachdrücklichen »goode price« an, und Gerrit schimpft auf Chinesisch: *»Tai gui le!«*, was so viel heißt wie: »Zu teuer!« Aber auch dadurch lässt sich der Mann nicht entmutigen. Er gibt Gerrit den Taschenrechner, er soll seine Preisvorstellung eingeben. Gerrit tippt die Zahl Zwanzig ein, woraufhin der Verkäufer unserer Mutter irgendeine schlimme Krankheit an den Hals wünscht und vierzig Yuan vorschlägt. Schließlich besiegeln die beiden per Handschlag nach langem Hin und Her den Deal – und Gerrit bekommt die Tonfigur für dreißig Yuan!

Der Verkäufer lacht und schlägt meinem Bruder freundschaftlich auf die Schultern, als wären sie seit Jahren die besten Freunde. Der Streit und die Verwünschungen sind vergessen. Chinesischer Verhandlungsalltag eben.

Zufrieden und mit einer Plastiktüte in der Hand schlendern wir weiter, vorbei an akkurat bepflanzten bunten Blumenbeeten. Chinesen sind Meister der Gartenbaukunst. Überall in den Parks finden sich kunstvolle Blumenanordnungen.

Man legt hier viel Wert auf die Harmonie des Gesamtbildes, weshalb bei der Bepflanzung größerer Straßenzüge oder der Hauptwege von Parks oft das in Europa als »französischer Garten« bekannte durchstrukturierte Muster wiederzuerkennen ist.

»Die Chinesen lieben aber auch Topfpflanzen«, kommentiert Oliver die bunte Pracht. »Die lassen sich schnell im Park aufstellen und dienen an Nationalfeiertagen für ein paar Wochen als Zierde. Und apropos Zierde: Regelmäßig zum Ende des Winters werden große Arbeitskolonnen entsendet, um die Grünanlagen der großen Städte auf ›Sommermodus‹ zu stellen. Dafür werden sogenannte ›Instant Trees‹ in Ergänzung zum bestehenden Baumbestand gepflanzt. Diese Begrünung dauert nur ein bis zwei Wochen, danach präsentieren sich die Parks in neuer Blüte.«

Mehr als die Rekorde beim Anpflanzen neuer Bäume, die in China zur Parkverschönerung bestimmt jedes Jahr aufs Neue gebrochen werden, beeindruckt mich das rege Treiben auf den Rasenflächen zwischen den Bäumen und Pfaden. Überall können wir ältere Herrschaften beim Sport beobachten. Die einen dehnen sich an kleinen Steinmäuerchen oder an Baumstämmen – ich bewundere die Beweglichkeit der mit Sicherheit über Achtzigjährigen –, andere betreiben Ballspiele. Wer es weniger aktiv mag, findet sich in kleinen runden Pavillons zum beliebten chinesischen Brettspiel Mahjong zusammen.

Einige ältere Herren sitzen auch beisammen, die jeweils einen kleinen Käfig mit einem Singvogel neben sich stehen haben. Die Haltung dieser Tiere hat eine lange Tradition in China – der sogenannte *liu niao*, also der Spaziergang mit dem Vogel, hat sich als eigenständiger Begriff durchgesetzt. Man nimmt dabei seinen Vogel mit in den Park, um ihn gemeinsam mit anderen Vögeln singen zu lassen. Besonders begabte Vögel treten in einem Singwettbewerb gegeneinander an. Aufgrund der Platzknappheit in den Wohnungen gehören solche Singvögel neben Fischen und Schildkröten zu den beliebtesten Haustieren und Hobbys der älteren Generation.

Mit der Jahreskarte in der Jacken- oder Hosentasche treffen sich die rüstigen Rentner fast täglich im Park. Speis und Trank, vor allem aber immer frisch aufgebrühter Tee, gehören zur Standardausstattung. Allmorgendlich kann man die Älteren einzeln oder in kleinen Gruppen auch beim Frühsport beobachten. Gemäß dem chinesischen Sprichwort: »Früh schlafen und früh aufstehen sind der Schlüssel zur Gesundheit«, gehört der Frühsport bei den Älteren zum gesunden Start in den Tag wie selbstverständlich dazu – die Anregung des Kreislaufs durch sportliche Aktivitäten wird hierbei als »halbe Miete« für ein langes Leben betrachtet.

Meine Gastmutter nahm mich am Wochenende des Öfteren mit zu dem in Peking besonders beliebten Himmelstempel im Süden der Stadt. Meist weckte sie mich gegen halb sechs, wenn es draußen schon hell war. Was ich damals noch nicht wusste: In ganz China gibt es nur eine Zeitzone! Dadurch, dass die Pekinger Zeitzone maßgeblich für das ganze Land ist, kommt es dazu, dass die Menschen im äußersten Westen Chinas zu dem Zeitpunkt, wo die Pekinger schon auf den Beinen sind und Frühsport treiben, zumeist noch schlafen. Das liegt daran, dass der Westen des Landes fast dreieinhalb Sonnenstunden hinter der Ostküste liegt. Dass ganz China im Gegensatz zu den USA zum Beispiel, die von New York bis Los Angeles von vier Zeitzonen durchzogen werden (mit Alaska und den Überseegebieten sind es noch mehr), eine Zeitzone teilt, ist symbolpolitischen Gründen geschuldet. Mao Zedong wollte nach Gründung der Volksrepublik im Jahr 1949 die Einheit des Landes unterstreichen und schaffte die fünf Zeitzonen ab, die 1912 mit Gründung der Republik eingeführt wurden.

Die Uhrzeit stimmte mich damals zwar mürrisch, doch die schlechte Laune war schnell verflogen, als ich gebannt dem Spiel auf Musikinstrumenten lauschte, dem Singen von Liedern oder Arien, dem Abklopfen des eigenen Körpers mit den Händen zur Förderung der Durchblutung zusah, dem Tai-Chi oder auch dem Rückwärtslaufen.

»Schaut mal, da vorn!«, rufe ich und mache Gerrit und Oliver auf zwei ältere Herren aufmerksam, die sich inmitten einer interessanten Sportart befinden, dem Tennisspielen ohne Netz. Die beiden schlagen sich fröhlich die Bälle hin und her – auf Spaß reduzierende Begrenzungen wie Linien oder ein Netz haben sie einfach verzichtet. Beides würde wohl nur den Spielfluss stören.

Die Art der sportlichen Betätigung spielt keine Rolle. Hauptsache, man sitzt nicht nur ruhig herum, denn Bewegung ist gesund, und Gesundheit ist die Voraussetzung für Langlebigkeit, neben dem Streben nach materiellem Wohlstand eines der Hauptziele der meisten Chinesen. Wichtiger als das Gewinnen ist es bei den Parkaktivitäten, gemeinsam mit Freunden zu spielen.

In einem der Pavillons stehen ein gutes Dutzend älterer Männer und Frauen beisammen, sie trinken Tee, rauchen und unterhalten sich ausgiebig. Sicher über Geld, die Politik und die Gesundheit, auch die eigene. Eine Scheu, Details aus der persönlichen Krankengeschichte preiszugeben, gibt es eher nicht.

Kurz danach stoßen wir auf einen Kinderspielplatz, auf dem sich Mädchen und Jungen austoben. Gerrit lässt sich mit einem Seufzer auf eine Parkbank nieder, Oliver und ich folgen ihm prompt und wir beobachten die Kinder beim Spielen.

»Chinesische Parks können mit europäischen nur schwer verglichen werden«, meint Oliver und fügt hinzu: »Zwar dienen sie hier wie dort der Erholung, aber in China sind deutlich mehr Aktivitäten möglich als zum Beispiel in Deutschland. Man könnte sagen, dass Parkanlagen in China eine Synthese aus Grünanlagen, Sportstätten und Jahrmärkten sind. In dieser Konstellation dienen sie allen Generationen gleichzeitig. Für jeden ist etwas dabei. Für Kinder ist aber speziell der Chaoyang-Park ein Spielparadies. Er bietet wirklich alles, was das Kinderherz begehrt: Karussells, einen Streichelzoo, Reitpferde und Bootsfahrten. Mit Sophie bin ich häufig dort.«

Oliver wohnt in unmittelbarer Nähe dieses erst in den Neunzigern erbauten und damit noch sehr jungen Parks im Osten der Stadt und kann ihn mit seiner deutsch-taiwanesischen Tochter zu Fuß erreichen. »Häufig werden in Parks Attraktionen sogar von einzelnen Unternehmen gesponsert«, erzählt er weiter.

Ich werde hellhörig und frage nach: »Davon habe ich noch nie etwas gehört. Wie sieht so etwas aus?«

»Da gibt es etwa das Sony Explorer Center«, erklärt Oliver. »Die Kinder können in ihm ihre ersten Kontakte mit der Wissenschaft spielerisch erleben, während am Eingang junge Hostessen schon die ersten Sprachkurse für den Nachwuchs anbieten.«

»Das kann ich mir gut vorstellen. Gelegenheiten für Kommerz bleiben in China selten ungenutzt«, stimme ich ihm zu. Die Chinesen sind ein klassisches Händlervolk, und wo ein Geschäft gewittert wird, wird schnellstmöglich und gewitzt gehandelt und die Idee umgesetzt.

Der Anblick der Kinder, die sich mittlerweile unter der Aufsicht ihrer Großeltern am Klettergerüst versuchen, lässt meine Gedanken noch einmal zur besonderen Familienstruktur in China abschweifen.

Die Familie ist von herausragender Bedeutung im gesamten ostasiatischen Kulturkreis, und China bildet da keine Ausnahme. Familien bestehen oft aus drei, manchmal sogar mehr Generationen, die auch heute noch häufig unter einem Dach zusammenleben. Das Wort »Familie« wird im Chinesischen mit *jia* übersetzt, was gleichzeitig auch noch Heimat und Zuhause bedeutet.

Meine chinesische Gastmutter versuchte einmal, mir das chinesische Zeichen für Familie zu erklären. Sie zeichnete das Zeichen 家 *(jia)* auf und sezierte die verschiedenen Bestandteile. In seine einzelnen Bedeutungskomponenten zerlegt, bedeutet es nichts anderes als »Schwein unter dem Dach«. Lachend sagte sie, dass dies aus einer Zeit stamme, als Mensch und Tier noch gemeinsam unter einem schützenden Dach lebten. Ich verstand: In China umfasste der Begriff »Familie« also alle, die in einer »Wohngemeinschaft« zusammenlebten.

Interessiert fragte ich nach: »Wer gehört denn alles unter ein Dach?«

Meine Gastmutter antwortete geduldig: »Alle Personen, die auf Basis ihrer Blutsverwandtschaft oder ihres Ehestands dazugehören, also Großeltern, Eltern und Kinder.«

Familien sind in China seit jeher patrilinear organisiert, was bedeutet, dass die Frau nach ihrer Hochzeit ihre eigene Familie verlässt und in die des Ehemannes eintritt. Damals wie heute behalten in China die Frauen ihren eigenen Familiennamen, aber die gemeinsamen Kinder übernehmen immer den des Vaters.

Dass der Stellenwert der Familie in China so hoch ist, fiel Gerrit und mir, als ich 1998 und mein Bruder 2000 in derselben chinesischen Gastfamilie lebten, zunächst gar nicht so sehr auf. Das mag daran liegen, dass wir »Heidemänner«, wie ja so manch andere deutsche Familie auch, sehr stark zusammenhalten und bei uns der fechterische Grundsatz gilt: »Einer für alle und alle für einen.« Gesamtgesellschaftlich wird der Familie in China jedoch eine deutlich höhere Bedeutung beigemessen als bei uns.

Nicht zuletzt liegt das an einem unterschiedlichen philosophischen Wertekanon. Die europäische Ethik hat sich aus den vier Säulen des Abendlandes, der griechischen Philosophie, dem römischen Recht, dem christlichen Humanismus und den Gedanken der Aufklärung, maßgeblich entwickelt, mit der Folge, dass dem Individuum und den naturgegebenen Rechten eines Einzelnen im Laufe der Geschichte eine immer größere Rolle beigemessen wurde. Diese Fixierung auf das Individuum ist dem Konfuzianismus fremd. Der Konfuzianismus, neben dem Buddhismus und dem Daoismus eine der »Drei Lehren« Chinas, hat das traditionelle chinesische Familienmodell geprägt wie keine andere Denkschule. Der Daoismus ist übrigens eine chinesische Philosophie, die sich in der Zeit der Zhou-Dynastie (1040–256 v. Chr.) entwickelte und Vorstellungen zur Naturbetrachtung oder das Konzept von Yin und Yang beinhaltet.

Konfuzius (551 v. Chr. – 479 v. Chr.) wurde in der Stadt Qufu geboren, in der heutigen Provinz Shandong, in der damaligen östlichen Zhou-Dynastie. Bis heute gilt er als wichtigster Philosoph Chinas, und er beschäftigte sich vor allem mit der Frage nach der sozialen Ordnung. Ziel war es, eine gesellschaftliche Harmonie zu erlangen, denn laut Konfuzius würde erst die Harmonie Ordnung schaffen und die Ordnung wiederum Möglichkeiten zu Freiheiten des Menschen (Ordnung ist die Spielregel, die ein freies Spiel ermöglicht). Um aber Ordnung herstellen zu können, muss der Mensch sich bilden und seine Moral und Ethik von innen heraus kultivieren.

Aktuell wird von einigen westlichen Beobachtern kritisiert, dass die »harmonische Ordnung« heute von der Kommunistischen Partei dazu missbraucht wird, »eine stabile politische Ordnung« in Zeiten wachsender sozialer Ungerechtigkeiten durch die Wirtschaftsreformen zu propagieren – was eine argumentative Instrumentalisierung des Konfuzianismus für autoritäre Regimes wäre. Dies stehe allerdings im Kontrast zu den ursprünglichen Absichten des Philosophen, dass eben sozialer Aufstieg mit edlem Verhalten und moralischem Charakter einhergehen möge. Richtig ist: Konfuzius und Begriffe wie die der »harmonischen Gesellschaft« stehen heutzutage im offiziellen chinesischen Sprachgebrauch hoch im Kurs.

Dies war zu Zeiten der Kulturrevolution unter Mao noch anders: Mao hetzte die Studenten, »Rote Garden« genannt, zur Zerschlagung der alten Sitten und Bräuche auf. Konfuzius, der jahrhundertelang verehrt wurde, stand im Fokus dieses kulturrevolutionären Angriffs in den sechziger und siebziger Jahren. Mao, der in der ständigen Revolution und im immerwährenden Konflikt ein gesellschaftliches Ideal sowie ein Instrument zur Machtsicherung sah, stellte sich damit in direkten Gegensatz zur Ordnungs- und Harmonielehre. Die kulturellen Wunden, die hierdurch geschlagen wurden, konnten zwar temporär durch den Mao-Kult überbrückt werden, traten aber in den achtziger Jahren umso deutlicher in Erscheinung.

Wie auch immer der Konfuzianismus für unterschiedliche politische Strömungen oder Aussagen unterstützt oder bekämpft wurde, eines bleibt unbestritten: Der Einfluss, den er auf die chinesische Kultur genommen hat, ist enorm und bis heute zu spüren, insbesondere beim Verständnis von Individualismus.

Das Individuum wird laut dieser Lehre als Teil einer höheren sozialen und kosmischen Ordnung begriffen, also als Teil eines sozialen Beziehungsnetzwerks. So heißt es bei Konfuzius: »Verhalte ich mich korrekt, ist die Familie in Harmonie. Wenn die Familien in Harmonie sind, ist es auch das Dorf. Sind die Dörfer in Harmonie, ist es auch die Provinz. Sind die Provinzen in Harmonie, dann ist es auch das Reich. Sind die Reiche in Harmonie, dann ist es auch der Kosmos.« Eine harmonische Familie ist also nichts anderes als die Voraussetzung für eine allumfassende kosmische Harmonie. Somit kam in China nicht dem Individuum, sondern der Familie als der kleinsten sozialen Ordnungseinheit über die Jahrtausende hinweg eine zentrale Bedeutung zu.

»Weißt du eigentlich noch, wie du bei unserer Gastfamilie aufgenommen wurdest?«, frage ich Gerrit spontan.

Mein Bruder überlegt kurz, dann antwortet er: »Ich erinnere mich noch gut daran, dass unser Gastvater mir einen chinesischen Namen gab, mich zur Seite nahm und mir erklärte, ich sei nun Teil der Familie. Danach sollte ich ihn als *baba*, also Vater, ansprechen, seine Frau als *mama* und seine zwei Söhne als *gege*, als große Brüder. Und auch die anderen Familienmitglieder sollte ich dann, ganz nach chinesischer Sitte, mit dem jeweiligen familiären Rang und nicht mit dem Namen ansprechen.«

Interessanterweise gibt es in China für jede noch so entfernte Familienbeziehung eine spezifische Bezeichnung. Aus der jeweiligen Ansprache des anderen Familienmitglieds lässt sich also immer ablesen, in welcher genauen familiären Beziehung sie zueinander stehen. Aber auch sonst kann man meist schnell die Stellung eines Gegenübers herausfinden: So wird zum Beispiel ein Lehrer, der mit Nachnamen Li heißt, mit »Lehrer Li« angesprochen. Überhaupt wird in China – häufig für ausländische Geschäftspartner verwirrend – der Nachname dem Vornamen vorangestellt. So ist der chinesische Staatspräsident Xi Jinping als »Staatspräsident Xi« zu adressieren und nicht als »Herr Jinping«.

»Er versuchte auch, mir die fünf menschlichen Elementarbeziehungen nach Konfuzius zu erklären«, erinnert sich Gerrit schmunzelnd. »So richtig hatte ich das alles damals allerdings nicht verstanden. Begriffen habe ich die Zusammenhänge erst, nachdem ich im Studium einen Kurs über Konfuzius belegt hatte.«

Die fünf menschlichen Elementarbeziehungen sind Vater – Sohn, Herrscher – Untertan, Ehemann – Ehefrau, Älterer Bruder – Jüngerer Bruder sowie Freund – Freund. Auch heute noch sind diese Beziehungen in der chinesischen Kultur stark verwurzelt. Mein Gastvater hat mir noch versucht klarzumachen, dass es sich außer bei Herrscher – Untertan und Freund – Freund um rein familiäre Beziehungen handeln würde. Die Familie sei also sehr wichtig, sagte er, auch für ihn als neues Familienmitglied. Er erklärte mir, dass die Familie der Nabelpunkt für alle zu besprechenden Probleme sein müsse. Entsprechend wurde ich damals mit den Worten in den Schulalltag entlassen: »Wenn du irgendwelche Probleme hast, such mich sofort auf!«

Auch wenn Gerrit und ich inzwischen erfahren haben, dass der obige Satz bei oberflächlichen Bekanntschaften häufig als Floskel benutzt wird, so sind wir uns dennoch bewusst, dass unser Gastvater damals eine hohe Verantwortung getragen hat. Denn es war durchaus außergewöhnlich, zwei minderjährige ausländische Jugendliche in die Familie aufzunehmen. Für ihn war es ein großes Risiko – denn es hätte uns damals auch etwas zustoßen können. Wir sind unserer ehemaligen Gastfamilie daher umso dankbarer. Vielleicht konnten wir 2008 mit der Olympischen Goldmedaille etwas zurückgeben, als unser Gastvater mit stolz geschwellter Brust und einigen seiner Freunde am Abend meines Olympiasiegs als unser »chinesischer Vater« mitfeierte!

Dass es sich bei den fünf Beziehungen um hierarchische Über- und Unterordnungsverhältnisse handelt (außer der Beziehung Freund zu Freund, die gleichberechtigt ist), wurde Gerrit während seines Schulaufenthalts schnell klar, wie er nun erzählt, während wir weiter die fröhlich herumtollenden Kinder beobachten.

»Eines Abends kam der Gastvater früher nach Hause«, berichtet Gerrit. »Er legte seine Aktentasche weg und rief nach mir. Ich hatte gerade am Computer gespielt und hätte das gern noch weitergemacht, aber unser Gastvater erklärte, dass die Familie nun gemeinsam ins Theater gehen würde – er hatte über einen Bekannten Karten für das Stück *Antigone* bekommen.« Oliver und ich lachen. Wir können uns gut vorstellen, wie begeisternd mein Bruder damals wohl die Aussicht fand, mit in das Stück zu gehen.

»Ihr ahnt es schon. Ich dachte mir, dass das wohl aller Voraussicht nach ziemlich langweilig werden würde, zumal ich auch annahm, dass ich den Dialogen nicht folgen könnte. Also gab ich vor, Kopfschmerzen zu haben, und sagte, ich wolle lieber zu Hause bleiben. Doch mein Gastvater gab mir in einem Tonfall, der keinen Widerspruch duldete, zu verstehen, dass er diese Ausrede nicht gelten lasse. Basta. Also ging ich mit ins Theater. Es war klar, wer hier die Autoritätsperson war.«

»Aber unserer Gastmutter hatte er nichts zu befehlen gehabt«, sage ich. In Chinas Städten sind insbesondere die jüngeren Frauen sehr emanzipiert. Dass beide Ehepartner arbeiten gehen und Geld verdienen, ist sowieso üblich. Im traditionell patriarchalischen Familienkonstrukt war es noch gängig, dass der Mann arbeitete und die Frau die Organisation des Haushalts sowie das Kochen übernahm. Heutzutage ist das anders. »Mir gefällt auch, dass hier inzwischen viele Männer gut kochen können und sich auch an den Herd stellen.« Schmunzelnd betrachte ich Oliver und Gerrit, die zwar beide gut kochen können, dies aber viel zu selten tun.

Beim Weitergehen präsentiert sich uns ein altbekanntes Bild: Ein auf der Wiese stehender junger Mann im schwarzen Anzug bemüht sich, seine in Weiß gekleidete Braut möglichst fotodienlich in den Arm zu nehmen, während der zierliche Fotograf lautstark Anweisungen gibt. Sie befinden sich nahe einer schönen Trauerweide am Rand eines kleinen Sees, die beiden haben sich wirklich einen schönen Hintergrund ausgesucht. Es ist ein Anblick, den man in allen Parks beobachten kann: Frisch verheiratete Pärchen kommen in die Grünanlagen für Hochzeitsfotos.

»Die zunehmende Scheidungsrate bei jüngeren Ehepaaren zeigt, dass sich Widerstände gegenüber alten Traditionen bilden«, kommentiert Oliver den Anblick des verliebten Brautpaars in westlicher Hochzeitsgarderobe. Viele junge Chinesen heiraten mittlerweile in Weiß, so wie sie es aus Hollywoodfilmen kennen, auch wenn die traditionelle chinesische Hochzeitskleidfarbe Rot ist. »Eine Ehe, die nicht funktioniert, muss nicht mehr automatisch ›lebenslänglich‹ für beide Partner bedeuten«, schiebt Oliver hinterher.

Wie in vielen anderen Bereichen befindet sich China nämlich auch in Bezug auf das Familienbild in einem Spannungsverhältnis zwischen Tradition und Moderne. Doch das Aufbrechen herkömmlicher Familienbräuche bringt nicht nur persönliche Freiheiten mit sich, sondern auch große gesellschaftliche Herausforderungen, insbesondere hinsichtlich der sozialen Absicherung.

Die Form des familiären Zusammenlebens hängt natürlich stark davon ab, wie die jeweilige soziale Wirklichkeit aussieht, welchen Bildungshintergrund die Menschen mitbringen und aus welcher Region Chinas sie stammen. Aber vor allem das in China noch immer vorherrschende Absicherungssystem über die Familie ist nicht nur der häufig zusätzlich bestehenden finanziellen und organisatorischen Notwendigkeit geschuldet, sondern gilt seit jeher als Selbstverständlichkeit: Traditionell kümmert man sich zum Beispiel grundsätzlich selbst um seine pflegebedürftigen Eltern. Abgesehen davon, dass der Aufenthalt in einem Pflegeheim für die meisten sowieso unbezahlbar bleibt, gilt es zudem als nicht ehrenwert, seine Eltern ins Pflegeheim »abzuschieben« – selbst wenn sich auch hier die Einstellung langsam ändert. Wohnt man nicht ohnehin bereits zusammen, werden die alternden Familienmitglieder mit ins eigene Heim geholt, sei es noch so klein oder man selbst noch so arm. Die Großeltern übernehmen wiederum häufig die Aufgabe der Erziehung der Enkelkinder, da ja in der Regel beide Elternteile berufstätig sind. Dieses Familienmodell sorgt für eine gegenseitige Absicherung, bei der die verschiedenen Generationen unterschiedlich zum Gemeinwohl der Familie beisteuern.

Doch mit der zunehmenden Industrialisierung des einstigen Agrarlandes China ist eine Landflucht eingetreten, die den traditionellen Familienzusammenhalt der Großfamilie und die soziale Absicherung durch die Familie unterminiert: Die in den städtischen Ballungszentren dringend benötigten Arbeitskräfte rekrutieren sich nämlich nicht selten vom Land. Diese verstärkte Arbeitsmigration in die Städte, die gleichzeitig fortschreitende Individualisierung aufgrund zunehmender wirtschaftlicher Freiheiten sowie die demografische Entwicklung (bis 2015 wird es in China 220 Millionen Menschen geben, die älter sind als sechzig Jahre; 2055 wird diese Zahl bei schätzungsweise fünfhundert Millionen liegen) führen zu einem allmählichen Aufbruch der traditionellen Familienstruktur und stellen China vor ein großes Problem, besonders hinsichtlich der Versorgung der Rentner.

Ein Rentensystem nach westlichem Vorbild befindet sich in China erst im Aufbau. In der Vergangenheit, als für Staatsbetriebsangestellte noch das Prinzip der »Eisernen Reisschüssel« galt, erfolgte die Sicherung der Ruheständler innerhalb einer sogenannten *danwei* (Einheit). Eine *danwei* konnte ein Stahlwerk sein oder ein beliebiger anderer Staats- oder Kollektivbetrieb. Auf dem Gelände der *danwei* befanden sich nicht nur die Fabrik, sondern auch eine Schule und eine Einrichtung für einfache medizinische Versorgung. Die *danwei* war also für die Regelung sämtlicher Lebensbereiche zuständig gewesen. Es spielte dabei keine Rolle, ob dieser Betrieb profitabel war oder nicht, denn Defizite wurden über die Staatskasse ausgeglichen.

In den neunziger Jahren erkannte der Staat, dass es weder effizient noch finanzierbar war, unrentable Staatsbetriebe im ganzen Land unendlich lang am Leben zu halten, und löste dieses System im Zuge der Wirtschaftsreformen und der damit einhergehenden Restrukturierung der Staatsbetriebe auf. Seither hat das Land zwar intensiv mit dem Aufbau eines Renten- und sozialen Sicherungssystems begonnen, aber Projekte dieser Größenordnung brauchen Zeit, vor allem in einem Land mit den Dimensionen Chinas. Die massiven Unterschiede in Bezug auf Lebenssituation und Einkommen zwischen der Stadt- und Landbevölkerung sowie zwischen den Ost- und Westregionen erfordern spezielle Herangehensweisen, die den jeweiligen Bedürfnissen und finanziellen Möglichkeiten der Bevölkerung gerecht werden. Auch wenn es langsam zu einer schrittweisen Anpassung kommt, ist insbesondere in den ländlichen Gebieten das System der Alters- und Krankenversorgung noch lange nicht ausgereift und flächendeckend.

Deshalb bleibt die eigene Familie auch mittelfristig das Rückgrat des chinesischen Pflegesystems.

Und hier stößt man auf immer mehr Probleme: Allein die sich verändernde Haltung zum Pflegeheim spiegelt eindrucksvoll den gesellschaftlichen Wandel wider: Auf der einen Seite lassen junge Chinesen ihre Eltern noch immer ungern unter ein »fremdes Dach« und holen sie bei Pflegebedürftigkeit lieber zu sich nach Hause. Allerdings gehen vor allem die jungen Städter mittlerweile gelassener mit der Frage um und vernachlässigen im Zweifel sogar die Pflege ihrer Eltern.

Wie sich das vormals fest in sich geschlossene Familiensystem verändert, zeigt besonders das im Juli 2013 in Kraft getretene Gesetz zum »Schutz der Rechte älterer Menschen«. Dieses Gesetz verlangt unter Androhung von Strafen, dass Kinder ihre Eltern »häufig« besuchen und sich um deren Wohl sorgen. Dass das Gesetz bereits mehrfach zur Anwendung gekommen ist und Kinder zum Besuch ihrer Eltern oder zu Zahlungen an ihre Eltern »verurteilt« worden sind, weist darauf hin, dass alte Familienwerte infolge der Modernisierung des Landes mehr und mehr erodieren. Um diesem aufkeimenden »Egoismus« durch die fortschreitende Individualisierung vorzubeugen, werden mittlerweile sogar Fernsehkampagnen geschaltet, die darauf abzielen, dass sich Kinder mehr um ihre Eltern kümmern.

Wir lassen das junge Brautpaar hinter uns, gehen ein paar Schritte weiter und kommen am »Sonnenpalast« vorbei, nach dem der kaiserliche Park benannt ist. In Chinas Städten zeigen sich überall Hinweise auf die jahrtausendealte chinesische Kaiserkultur.

Das chinesische Kaiserreich war von dynastischen Zyklen geprägt. Während das frühe historische China nach zwei königlichen Dynastien, der Shang-Dynastie (ca. 1700–1300 v. Chr.) und der Zhou-Dynastie (ca. 1300–500 v. Chr.) in einen Zustand der Kleinstaaterei verfiel (in China spricht man von der »Zeit der Streitenden Reiche«), konnte erst Qin Shi Huangdi, der erste Kaiser, im Jahr 221 v. Chr. China als einheitlichen Staat begründen. Aus seinem Namen Qin, den man auf deutsch »Tchin« ausspricht, soll sich auch der Name »China« durchgesetzt haben, der in westlichen Ländern mit jeweils kleinen sprachlichen Abweichungen verwendet wird. Auch wenn die nach ihm benannte Qin-Dynastie kurz nach seinem Tod in sich zusammenbrach, so war er es, der das über zweitausend Jahre lang währende kaiserliche China aus der Taufe hob.

In der Folge etablierte sich ein System der dynastischen Abfolge. Der Untergang der jeweiligen Dynastie war regelmäßig das Ergebnis des zeitgleichen Auftretens zweier Phänomene: Zum einen erfolgte eine Invasion von außen (etwa durch die Steppenvölker aus dem Norden Asiens), zugleich gab es Rebellion und Aufstände im Innern des Reichs. Der Niedergang einer Dynastie wurde wiederum eingeleitet durch wirtschaftlichen und gesellschaftlichen Verfall, Korruption, Hungersnöte oder Naturkatastrophen. Dabei wurde das System der autokratischen Herrschaft nicht in Frage gestellt, sondern lediglich der Herrscher.

Die Kommunistische Partei Chinas kann in dieser Tradition als Fortsetzung dieser Dynastien gesehen werden – und Mao Zedong als neuer Kaiser, dessen Nachfolge unter anderem Deng Xiaoping und Xi Jinping antraten. Die Macht ist jedoch mittlerweile auf mehrere Schultern verteilt – das Zentrum ist der Ständige Ausschuss des Politbüros mit seinen sieben Mitgliedern –, aber die Form der Herrschaftsausübung hat sich nicht wesentlich geändert.

In Anlehnung daran ist die chinesische Regierung auch heute noch sensibel gegenüber außen- wie innenpolitischen Bedrohungen, die den Machterhalt gefährden könnten.

In der Außenpolitik stellt sich das folgendermaßen dar: Das von China seit den achtziger Jahren mit großem Erfolg praktizierte Modernisierungsprogramm in Verbindung mit einer integrierten Außenpolitik, die Chinas Interessen im Ausland flankierend absichern soll, führt zu einer Herausforderung der bis dato führenden Industrienationen. Mit Chinas zunehmendem Gewicht in der Weltwirtschaft und steigendem Wohlstand beginnt das Land aber auch mehr militärische Präsenz im Westpazifik, seinem »Heimatozean«, zu zeigen und territoriale Ansprüche im Süd- und Ostchinesischen Meer anzumelden.

Die USA, die nach dem Zweiten Weltkrieg in Japan, Südkorea und später Taiwan Fuß zu fassen begannen, haben in jüngerer Vergangenheit, nach einer zwischenzeitlichen Verlagerung der sicherheitspolitischen Interessen in den Nahen Osten, ein großes Interesse an einem Comeback gezeigt. China wiederum fühlt sich dadurch in der Region an seinem ungehinderten Zugang zum Pazifik gestört. Ein Blick auf eine Landkarte Ostasiens verdeutlicht, dass die mit amerikanischen Militäreinrichtungen durchsetzte Inselkette von Japans Nordinsel Hokkaido bis hinunter zu den Philippinen China den Zugang zum Pazifischen Ozean stark einschränkt. In guter Kenntnis der eigenen Geschichte – einschließlich der kolonialen Erfahrungen – muss China diese Einkreisung als Bedrohung von außen wahrnehmen.

Die zweite Form der Bedrohung der Dynastien waren ja Unruhen im Inneren, denen die Regierung stets entgegenzuwirken versuchte.

Auch heute ist das noch so: Ultimatives Ziel der chinesischen Führung ist der Erhalt der innenpolitischen Stabilität. Um das zu erreichen, musste die Regierung neben der wirtschaftlichen Entwicklung des Landes in den letzten Jahren immer größere Anstrengungen vor allem in den Bereichen der sozialen Absicherung, des Umweltschutzes und der Energienachhaltigkeit unternehmen.

Chinas Probleme in diesen Fragen sind umfassend und bergen ein hohes Konflikt- und Unruhepotenzial. Die Bevölkerung fordert hier von ihrer Regierung schnelles Handeln. Deshalb werden effiziente Pilot- und Großprojekte, durch die sich der Umweltschutz in kurzer Zeit erheblich verbessert, durch die Wirtschaftsleistungen oder auch Sozialversicherungen weiter ausgebaut werden können, schleunigst umgesetzt – im Zweifel auch zulasten des Einzelnen.

Wenn auch bei Weitem nicht alle Chinesen vom wirtschaftlichen Wachstum der vergangenen Jahrzehnte profitiert haben, so geht es heute vielen sehr viel besser als zuvor. Der gesamtgesellschaftliche Lebensstandard hat sich in den letzten fünfunddreißig Jahren stark erhöht, Auslandsreisen sind möglich, private Geschäftsgründungen sind erlaubt und werden gefördert. China hat sich gegenüber dem Ausland geöffnet, und nicht zuletzt haben immer mehr Menschen die Möglichkeit, ohne ideologische Vorgaben, wie sie in den sechziger und siebziger Jahren des kulturrevolutionären Chinas noch herrschten, ihr Leben zu gestalten. Die chinesische Perspektive auf die aktuelle Lage ihres Landes ist sicherlich vor dem Hintergrund zu verstehen, dass sich das Land vielerorts noch mitten in der Entwicklung befindet, auch wenn man das beim Anblick der beeindruckenden Skylines der Metropolen leicht vergessen kann. Materielle Entbehrungen sind hier keine Erinnerungen eines kollektiven Gedächtnisses, sondern für viele Menschen harte Realität. Die meisten Chinesen sind überzeugt davon, dass der eingeschlagene Weg der Modernisierung und des Aufstiegs ihres Landes nur weitergeführt werden kann, wenn das Land politisch stabil bleibt und *luan,* also Chaos – die Urangst der Chinesen –, vermieden wird.

Diese Urangst vor dem *luan* ist bereits in der konfuzianischen Denktradition angesetzt. Konfuzius lebte damals in der »Zeit der Streitenden Reiche«, in einem Kulturraum miteinander rivalisierender Staaten, weshalb es eine Sehnsucht nach einer stabilen gesellschaftspolitischen Ordnung gab. Maos Kulturrevolution hat diese Urangst noch weiter angefüttert.

Dass es dennoch an unterschiedlichen Orten immer wieder zu Protesten kommt, muss dem nicht widersprechen. Täglich kommt es im ganzen Land zu Hunderten von Demonstrationen. Die Gründe dafür liegen auf der Hand. Wie in jedem Land und in jeder Gesellschaft steigen mit wachsendem Wohlstand auch die Ansprüche an Teilhabe, sowohl materieller als auch immaterieller Natur. Dass diese Ansprüche von der Regierung durchaus ernst genommen werden, liegt auch an der zunehmenden Nutzung sozialer Netzwerke und Kommunikationsplattformen: Missstände, ob nun Korruptions- oder Lebensmittelskandale, Umweltkatastrophen, unrechtmäßige Zwangsenteignungen, Fälle unangemessener Polizeigewalt oder auffälliges Verhalten von Regierungsbeamten oder Parteikadern, stehen innerhalb kürzester Zeit im Netz und werden heftig diskutiert. Auch wenn die Regierung bislang sehr sensibel auf systemkritische Äußerungen reagiert, ist es mittlerweile notwendig geworden, mehr Dialog zuzulassen und Themen aus den Blogs aufzugreifen. So führt die Regierung nach den entsprechenden Veröffentlichungen im Netz nicht selten Festnahmen von zum Beispiel korrupten Parteikadern oder Regierungsbeamten durch.

Um langfristig die politische Stabilität im Land aufrechtzuerhalten, ist insbesondere die Bekämpfung von Korruption unerlässlich – in diesem Zusammenhang kündigte die neueste entschlossene Verlautbarung der Regierung an, man wolle in Zukunft nicht nur »Fliegen« (also niedere Lokalbeamte), sondern auch »Tiger« (also hochrangige Politiker aus den obersten Führungsebenen) fangen.

»Endlich!«, ruft Gerrit plötzlich, für Oliver und mich völlig unvermittelt.

Mein Bruder ist auf ein Schild aufmerksam geworden, nach dem er anscheinend schon länger gesucht hat. Auf diesem Schild ist das Zeichen für eine öffentliche Toilette zu lesen, eine Institution in ganz China.

In Peking sind in den besseren Stadtvierteln diese Toiletten zwar längst mit »echten« Türen und modernen Toilettenlöchern aus Keramik ausgestattet. Die Qualität der Toiletten insgesamt verbessert sich schrittweise – gerade bei solchen, die sich in der Umgebung der Sehenswürdigkeiten der großen Städte befinden, sind Fortschritte unübersehbar. Diese Toiletten werden mittlerweile sogar mit Sternen für den Grad ihrer Sauberkeit ausgezeichnet.

Ansonsten aber herrschen noch zum großen Teil die folgenden zwei Varianten vor: Entweder man wird mit einer lang gezogenen Rinne im Boden konfrontiert, die sich durch das komplette Toilettenhäuschen zieht. Ein Meter hohe Holzbretter dienen dabei als Teiler für die einzelnen Benutzer. Oder man sieht sich einer u-förmigen Rinne ohne jegliche Zwischenteiler ausgesetzt, ich selbst habe sie als Austauschschülerin in der 25. Mittelschule erlebt. Wer als Ausländer solche abenteuerlichen Toilettengänge mit Bravour hinter sich bringt, hat wirklich etwas zu erzählen. Auch die Chinesen finden es in der Regel hochinteressant, einem Ausländer im Toilettenhäuschen zu begegnen. Sie wählen dann neugierig und ohne jede Berührungsängste normalerweise den Platz direkt neben einem, auch wenn das Häuschen ansonsten komplett leer ist.

Gerrit verschwindet hinter den im Eingang hängenden, bodenlangen, dicken Gummilappen, die als Sicht- und im Winter auch als Kälteschutz dienen.

3
Rikschafahrt in die Zukunft

Verkehrssünder sind keine Polizisten – Bildung ist alles – Glückwunsch zur »Asiaten-Hocke« – Starbucks und Hello-Kitty-Design – Das Hukou-System und die soziale Mobilität

Als wir aus dem Ritan-Park herausgehen, überkommt uns das Gefühl, wieder in eine andere Welt einzutreten. Die beruhigende Atmosphäre der großflächigen Tempelanlage liegt hinter uns, und das brummende urbane China nimmt uns wieder in seine Fänge. Die traditionelle chinesische Lebensart, die noch in den Parks zu finden ist, verläuft sich in der lauten Realität der modernen Millionenmetropole. Und so ist es nicht verwunderlich, dass wir uns fühlen, als würden wir das »echte« China – so wie man es sich romantisch vorstellt – verlassen.

Nach unserem Spaziergang durchs Grüne sind wir alle etwas geschafft, und so beschließen wir, uns in dem neuen, zweistöckigen Starbucks im Einkaufskomplex »Sanlitun Village« in der Nähe einen nachmittäglichen Kaffee zu gönnen. In wenigen Minuten werden wir uns in dem unter jungen Pekingern absolut angesagten Lifestyle-Viertel wiederfinden.

»Auch bei uns gibt es ja den Großstadtflair und die Kleinstadtidylle«, sagt Oliver, als wir uns in Richtung Hauptstraße aufmachen. »Da läuft man an einem Tag durch die wunderschöne Innenstadt Heidelbergs, und am nächsten Tag findet man sich im Frankfurter Finanzzentrum wieder. Nur dass in Peking wirklich alles direkt nebeneinander existiert und man innerhalb weniger Minuten beides erlebt. Das ist irgendwie verrückt.« Ich verstehe genau, was Oliver meint: Selbst für uns, die wir hier leben beziehungsweise häufig vor Ort sind, ist es immer wieder eine Herausforderung, beide »Welten« in Einklang zu bringen. Hier in China passiert ein gesellschaftlicher Umbruch, wie es ihn in dieser Geschwindigkeit auf der Welt kein zweites Mal gegeben hat und wohl auch nicht mehr geben wird.

Nach wenigen Minuten erreichen wir die Hauptstraße, und nach einem kurzen Blick auf die Blechlawine sich kaum bewegender Autos beschließen wir, die gut drei Kilometer zum Café zu Fuß zurückzulegen. Schweigend gehen wir auf dem breiten Bürgersteig die laute, staubige Straße entlang. Einige Schritte weiter gelangen wir an eine der vielen riesigen Kreuzungen, die zu bewältigen immer wieder eine große Herausforderung ist.

Selbst wenn hier die meisten Ampeln sogar mit Sekundenanzeiger für die verbleibenden Rot- und Grünphasen versehen sind, so spielen sie im Pekinger Verkehrsfluss dennoch keine Hauptrolle, wenn es um die eigene Sicherheit geht. Denn alle Verkehrsteilnehmer fahren oder gehen nach eigenem Ermessen, und man tut gut daran, sich auf seine Intuition und Instinkte zu verlassen, um gekonnt heranrasenden Fahrrad- oder Mopedfahrern auszuweichen oder nicht von rechts abbiegenden Autos überfahren zu werden, die hier in China immer Grün haben.

Verkehrsregeln gibt es zwar, und diese ähneln in der Theorie sogar denen in Deutschland. In der Praxis allerdings wird stark davon abgewichen. Mein Eindruck ist, dass vor allem in der Rushhour die Fahrzeuge aus allen vier

Richtungen gleichzeitig in die Mitte einer Kreuzung fahren, um sich anschließend mit Handzeichen, Hupen oder Drängeln darüber zu verständigen, wer als Erster die nächste frei werdende Lücke für die Weiterfahrt nutzen darf. Oder man setzt sich einfach durch. Diese »Basisdemokratie im Straßenverkehr« – jeder Verkehrsteilnehmer beansprucht auf das Äußerste seine individuellen Freiheiten – hat sich in den letzten Jahren nicht wesentlich geändert.

»Mir fällt da gerade dein Erlebnis vor ein paar Jahren in Yiwu ein, Gerrit«, durchbreche ich unser Schweigen.

»Was war da?«, fragt Oliver.

»Da wurde ich Zeuge von einem besonders kreativen Umgang mit dem Verkehrschaos«, erzählt Gerrit. »Ich saß im Auto auf dem Weg zu einem Geschäftstermin, und natürlich gerieten wir auch damals in einen Stau. Doch anstatt sich in Geduld zu üben, griff der Fahrer unter den Beifahrersitz und holte kurzerhand ein batteriebetriebenes Blaulicht hervor, das er behände an eine vorinstallierte Einrichtung auf dem Autodach über dem Fenster befestigte. Es folgte ein aggressives Hupen, und schon ging es ein wenig schneller voran.«

Der Weg über die mehrspurige Straße ist wirklich kein einfaches Unterfangen: Zunächst passieren wir unter Gehupe und einigen Ausweichmanövern eine vielbefahrene Rad- und E-Bike-Spur, die durch einen mit Bäumen bepflanzten Trennstreifen von der regulären Straße abgetrennt ist und von abbiegenden Autos genutzt wird. Dann haben wir den extrem breit angelegten Zebrastreifen erreicht, über den wir uns nun auf die andere Straßenseite kämpfen wollen.

»Viel Glück!«, sage ich zu meinen beiden Begleitern, hole tief Luft und mache mich auf den Weg.

Während wir uns auf die andere Straßenseite schlagen,

jeder für sich und in seinem eigenen Tempo, erinnere ich mich an die vielen Verkehrsregler mit ihren roten Westen, die es bis vor ein paar Jahren noch an jeder großen Kreuzung gab und die scheinbar wahllos und willkürlich am Straßenrand stehend vor sich hin pfiffen, hemmungslos schimpften und versuchten, den Verkehr zu regeln. Damals wusste ich zunächst nicht, ob es sich um Polizisten handelte oder was es mit den Aufpassern auf sich hatte. Dann wurde Gerrit während seines Schulaufenthalts in Peking zwei Jahre später einmal von einem solchen Aufpasser angehalten, weil er verbotenerweise bei seinem Schulfreund auf dem Gepäckträger saß. Als Strafe mussten die beiden Jungs eine halbe Stunde lang den Fußgängerverkehr regeln. Danach wussten wir, dass die Aufpasser Verkehrssünder waren und keine Polizisten.

Als Gerrit die Geschichte empört seinen Gasteltern erzählte, mussten diese lachen. Sie erklärten ihm, dass in China Verkehrssünder zur Disziplinierung sozusagen selbst den Verkehr zu kontrollieren hatten. Das erklärte zumindest die stets verbissenen Gesichtsausdrücke und die Unfreundlichkeit der Verkehrsregler. Unser Gastvater erzählte Gerrit weiter, dass so ein Verkehrsdelikt als Familiensache gelte und man durchaus auch seine Schwiegermutter vorschicken könne, um die Strafe abzuarbeiten. Die Unannehmlichkeit, eine andere Person um ihr Einspringen als Ersatzperson bitten zu müssen, reicht nach chinesischer Lesart bereits aus, dem Delinquenten von einer zukünftigen Wiederholung seiner Tat abzuhalten. Sozialer Druck wird also ebenfalls als Erziehungsinstrument eingesetzt.

Dass Menschen für ein Verkehrsdelikt »diszipliniert« werden, sieht man heutzutage immer seltener. Denn eigentlich hat auch in China die Polizei nicht das Recht, Recht zu sprechen, sondern nur, dieses durchzusetzen. Aufgrund der Kenntnislosigkeit ihrer eigenen Rechte sowie dem stark ausgeprägten Respekt vor der Staatsgewalt geben die meisten chinesischen Bürger den Direktiven der Polizei allerdings immer noch häufig nach.

Dennoch: Ziel bei einer Disziplinierungsmaßnahme wie einer Verkehrsregelung bleibt die unmittelbare Erziehung des jeweiligen »Täters«.

Aber wie gesagt, das ist fast Vergangenheit. Heutzutage findet man die Verkehrsregler fast nur noch an den bedeutenden chinesischen Feiertagen des Jahres wie etwa dem Frühlingsfest (Neujahrsfest) oder dem Nationalfeiertag im Oktober. Dann stehen wie seit jeher an jeder Kreuzung mehrere unfreiwillige Assistenten oder engagierte Pensionäre, die für ein kleines Zubrot diese Aufgabe übernehmen. Um ihrer Autorität Nachdruck zu verleihen, verfügen sie neben Winkerkellen (oder Fahnen), Westen und Pfeifen auch über Stricke, die quer über den Fahrradweg gespannt werden, um undisziplinierte Fahrradfahrer daran zu hindern, die Phalanx der Ordnungshüter zu durchbrechen und die Straße so zu überqueren, wie sie es die übrigen Tage des Jahres tun.

Wir haben es unbeschadet auf die andere Straßenseite geschafft. Gedanklich bin ich noch etwas abgelenkt und überlege gerade, warum ich als Austauschschülerin mit meinem rasanten Fahrstil auf meinem Fahrrad nie angehalten wurde, als ein paar Mädchen in Schuluniform an uns vorbeilaufen. Auch wenn samstags normalerweise keine Schule ist, so gibt es am Wochenende doch immer wieder mal Zusatzveranstaltungen. Die jungen Damen in ihrer offiziellen Schulkleidung erinnern mich nun daran, wie ich selbst drei Monate lang fast den ganzen Tag eine chinesische Schuluniform getragen habe.

Das erfolgreiche chinesische Schulsystem beschäftigt auch die deutschen Medien immer wieder, zumindest wenn die jährliche Veröffentlichung der PISA-Studien ansteht. Im Herbst 2013 wurde beispielsweise den Shanghaier Schulen ein sehr gutes Zeugnis ausgestellt, sie lagen in allen Kategorien auf dem ersten Platz. Es wurde danach diskutiert, welcher Unterrichtsstil die Kinder wohl besser auf die Zukunft vorbereiten würde, allerdings wurde bei diesen Debatten deutlich, dass man nur wenig über das Schulsystem in China wusste.

Ich kann mich noch gut an meine Schulzeit in Peking im Sommer 1998 erinnern. Auf dem Schulgelände empfing mich ein heilloses Durcheinander. Das Einzige, was Ordnung in das Chaos brachte, waren die Schuluniformen in Blau, Rot und Gelb, die für eine einheitliche Farbgebung sorgten. Plötzlich ertönte ein lauter Gong, und schlagartig sortierten sich alle Kinder nach ihren Klassen und stellten sich in geraden Reihen auf. Ich stand mitten in der Menge neben einer meiner neuen Schulkameradinnen und beobachtete fasziniert, wie die chinesische Flagge gehisst wurde. Als dann dazu die Nationalhymne erklang, stimmten alle tausend Kinder gemeinsam ein.

Zunächst erschien mir diese Zeremonie sehr merkwürdig, aber ich konnte mich der Situation auch nicht entziehen. Durch das gemeinsame Singen kam ein starkes Gemeinschaftsgefühl auf – und ich nahm mir fest vor, die Hymne so bald wie möglich zu lernen, um dazuzugehören.

Mir war etwas mulmig zumute, als ich meine Schuluniform das erste Mal auf meinem Bett ausgebreitet liegen sah. Ich hatte etwas Förmlicheres angenommen, sicherlich hatte ich nicht mit einer Art Trainingsanzug aus Polyester gerechnet. Das erschien mir einfach nicht seriös genug für die

Schulbank. Aber hätte ich die Schuluniform nicht angezogen, so wäre ich gar nicht erst aufs Schulgelände gekommen.

Als ich dann in diesem Anzug meine Klasse betrat, war ich heilfroh, wenigstens nicht durch meine Kleidung aufzufallen – es genügte, dass ich deutlich größer als die meisten Kinder war und helle Haare hatte –, ganz zu schweigen von meinen damals noch sehr holprigen Chinesischkenntnissen. Schon bald genoss ich es aber, mir morgens keine Gedanken darüber machen zu müssen, was ich anziehen sollte. Mir gefiel auch, dass es durch die Uniform keinen offensichtlichen Standesunterschied zwischen den Schülern gab – obwohl alle die kleinen Freiheiten, was Schuhe oder Uhren anging, sehr gut auszunutzen wussten.

Von Anfang an wurde ich sehr freundlich aufgenommen, trotz meiner Sprachprobleme. In die tägliche Routine fügte ich mich schnell ein, das Einzige, an das ich mich nicht so recht gewöhnen konnte, war, dass meine Mitschüler unbedingt immer wieder meine blonden Haare anfassen wollten.

Mir wurde schnell klar, dass der Alltag eines chinesischen Schülers anders ablief als der eines deutschen Schülers. Zunächst hatten wir von halb acht bis zwölf Unterricht. Danach folgte eine einstündige Mittagspause. Jeder bekam eine Warmhaltebox, und den Inhalt aßen wir an unseren Pulten im Klassenzimmer, wobei ich andere chinesische Mittelschulen kenne, zu denen Kantinen gehören. Nach der Mittagspause ging der Unterricht dann weiter bis in den späten Nachmittag. Meine chinesischen Mitschüler bekamen sehr viele Hausaufgaben auf, auch über das Wochenende. Damals war ich glücklich, von dieser Pflicht ausgeschlossen zu sein.

Während Gerrit, Oliver und ich in eine kleine Straße abbiegen, um eine Abkürzung zu nehmen, sage ich laut: »Die Schulzeit in China war nicht ohne!«

»Stimmt«, meint auch Gerrit, der ja zwei Jahre nach mir ebenfalls die 25. Mittelschule besuchte. »Wir haben mit unserer Klasse auch immer wieder schöne Ausflüge ins Umland der Stadt unternommen. Aber ich erinnere mich vor allem daran, dass meine Gastschwester häufig bis elf Uhr abends vor den Hausaufgaben saß. Ihr Lernfleiß und der meiner anderen Mitschüler hatten mich damals sehr beeindruckt. Aber wenn sie dann am Wochenende frei hatten, haben wir Fahrradtouren durch die Stadt gemacht, uns mit Freunden getroffen und uns amüsiert. Damals gab es ja noch keine Computer – heute sitzen die meisten Jugendlichen genauso wie bei uns vor dem PC oder ihrem Smartphone und chatten, spielen oder schauen Videos. Es ist überall dasselbe!« Tatsächlich liegt »Surfen« ganz vorn bei den beliebtesten Freizeitbeschäftigungen junger Chinesen.

Während wir weiter die Straße entlanglaufen, erzähle ich Gerrit und Oliver von einem Erlebnis aus dem Englischunterricht. In diesem hatte ich damals selbstverständlich gern und fleißig mitgearbeitet, war es doch die einzige Unterrichtsstunde, in der ich »glänzen« und alles verstehen konnte.

Die Hausaufgabe an meinem ersten Schultag hatte ich allerdings missverstanden. In der nächsten Stunde wurde ich aufgerufen und sollte aufstehen. Die Lehrerin forderte mich nun auf, den Text der neuen Lektion auswendig vorzutragen. Ich aber hatte angenommen, dass ich diese nur durchlesen und die Vokabeln vorbereiten sollte. Deshalb konnte ich das Verlangte natürlich nicht, auch begriff ich den Sinn dieses Auswendiglernens überhaupt nicht. Außer einigen Gedichten hatte ich im Schulunterricht ja noch nie etwas rein auswendig lernen müssen. Ich musste also zugeben, dass ich dazu nicht in der Lage sei. Doch ich bot an, das am nächsten Morgen nachzuholen. Ganz schön stolz war ich, als ich den Text dann wirklich vortragen konnte!

»Die konfuzianischen Klassiker aus den Zeiten des Mandarinats lassen grüßen!«, sagt Oliver trocken und berichtet, dass diese lexikalische Wiedergabe von Wissen auch regelmäßig auf dem Campus von Universitäten geübt wird. Es sei völlig normal, chinesischen, aber auch ausländischen Studenten zu begegnen, die, Bücher in der Hand haltend, auf und ab gehen und durch ständiges Wiederholen des Textes – oft in Form von leisem Murmeln – diesen auswendig zu lernen versuchen.

Jedenfalls ist mir seit damals klar, wieso viele meiner chinesischen Kommilitonen fehlerfrei einen vorher auswendig gelernten bis zu zwanzigseitigen Text vortragen konnten, ohne zu stocken.

Reines Auswendiglernen fördert sicherlich nicht kreatives Denken oder den Aufbau innovativer Problemlösungsfähigkeiten.

Für das Erlernen von Fremdsprachen scheint diese Methode allerdings nicht gänzlich falsch. Wie beim Einmaleins in der Schule oder auch beim Training von grundlegenden Bewegungsabläufen im Sport: Am Anfang steht hier ein ewiges Wiederholen. Das gibt einem die Grundsicherheit, auf der man aufbauen kann. Auf diese Weise werden grammatikalische Strukturen so lange wiederholt, bis sie in Fleisch und Blut übergehen. Chinesische Studenten, die eine europäische Fremdsprache erlernen, beherrschen diese nach einigen Jahren auf sehr hohem Niveau. Sie verfügen über einen umfangreichen Wortschatz, eine oft perfekte Grammatik und eine sehr gute Aussprache.

Auch das diplomatische Korps legt davon eindrucksvoll Zeugnis ab: Wer in einer chinesischen Botschaft im Ausland arbeitet, beherrscht nicht nur die diplomatische Etikette, sondern auch die Sprache des Gastlandes. Optimiert wird die Sprachbeherrschung im Einzelfall dadurch, dass Mitarbeiter, die auf einen Einsatz in einer Botschaft vorbereitet werden, gezielt Vokabeln und Grammatik mit Lokalkolorit lernen.

Ein chinesischer Freund von uns, der vormals in der chinesischen Botschaft in Berlin arbeitete, bereitet sich derzeit auf seinen Einsatz in Wien vor und lernt nun Vokabeln wie ›Kaiserschmarrn‹ oder ›Palatschinken‹.

Um die Beziehung von Chinesen zu Bildung und Ausbildung zu verstehen, muss man zunächst einen Blick in die Geschichte werfen, genauer gesagt in die Zeit des konfuzianisch geprägten Mandarinats. Der Mandarin, also der chinesische Beamte, musste sich minutiös auf seine Karriere vorbereiten. Zwei Merkmale dieser konfuzianischen Ausbildung lassen sich bis zum heutigen Tag, rund 2500 Jahre nach dem Tod Konfuzius', sehr deutlich erkennen: Zum einen das Auswendiglernen von Lehrstoff als Basis der Wissensvermittlung und zum anderen das Prinzip des lebenslangen Lernens. Der angehende konfuzianische Beamte konnte seine Karriere auf der untersten Kreisebene in seiner Heimat beginnen. Das äußerst anspruchsvolle Examen bestand schwerpunktmäßig in der fehlerfreien Wiedergabe der konfuzianischen Klassiker. Es ging nicht darum, ein Problem mithilfe eigener Gedanken oder Überlegungen zu lösen, sondern die Problemlösung exakt so zu präsentieren, wie es die konfuzianischen Klassiker verlangten. Kreativität war nicht erwünscht!

Bestand der Prüfling das Examen, so konnte er seine Beamtenkarriere beginnen. Allerdings setzten Beförderungen weitere Prüfungen voraus, deren Schwierigkeitsgrad graduell zunahm. Bei optimalem Karriereverlauf legte man die allerletzte Prüfung am kaiserlichen Hof ab. Wer dieses Niveau erreichte, hatte sein ganzes Leben lang gelernt.

Bemerkenswert ist, dass das Prüfungssystem jedem Kandidaten offenstand, das heißt, niemand, auch Bauern nicht, war per se ausgeschlossen. Die Einschränkung bestand jedoch darin, dass die Vorbereitung auf das Examen zeitlich so aufwendig war, dass der Prüfling sich nicht nebenbei durch eine eigene, bezahlte Arbeit ernähren konnte. Er brauchte also einen »Sponsor«, der ihn finanzierte. Fand er keinen oder verfügte er nicht über ausreichende eigene Geldmittel, war er de facto vom Prüfungssystem und der Beamtenkarriere ausgeschlossen.

So war es häufig das Ziel einer Großfamilie, für einen auserwählten und talentiert erscheinenden männlichen Nachkommen Geld zusammenzusparen, sodass dieser Unterricht nehmen und in den Beamtenstand eintreten konnte. Auf den Schultern dieses auserwählten Heranwachsenden lastete dann der gesamte Druck der Familie. Hatte er es dann in den Beamtenstand geschafft, so war er wiederum seiner Familie gegenüber in der Pflicht und musste dafür sorgen, dass alle anderen Familienmitglieder entsprechend versorgt waren. Sozialer Auf- und Abstieg war in China somit stets Familiensache.

Auch in modernen Familien wird das immer noch so gesehen. Bei Gesprächen mit chinesischen Freunden kann ich häufig heraushören, wie stark die Vorstellung von Bildung als einem Vehikel der Mobilität zwischen den sozialen Schichten im chinesischen Bewusstsein verankert ist. Nicht zuletzt auch aus diesem Grund verfügt China über die höchste Sparquote der Welt. Je nach Berechnungsmethode liegt sie bei dreißig bis fünfzig Prozent – im Vergleich dazu liegt die Sparquote der nicht gerade konsumfreudigen Deutschen bei rund dreizehn Prozent. Genügend

»Sparvermögen« zu besitzen, um den eigenen Kindern eine gute Ausbildung zu ermöglichen, wird als eine elterliche Kardinalpflicht angesehen – auch wenn dabei die eigene Selbstverwirklichung in den Hintergrund treten muss. Dies geschieht immer in der Hoffnung, dass es der nächsten Familiengeneration besser gehen möge als der eigenen. Hier spielt die Vorstellung vom dynastischen Auf- und Abstieg der Familie (über das eigene Leben hinaus) eine gewichtige Rolle.

Dass mit dieser Hoffnung auf den sozialen Aufstieg der Familie durch die Leistung und den Fleiß der nächsten Generation ein extremer Druck auf die Kinder ausgeübt wird, gilt als völlig normal. Nur wenige denken überhaupt über alternative Formen der Erziehung ihrer Kinder nach oder stellen in Frage, ob ständige »Daumenschrauben« für die Entwicklung des eigenen Kindes vorteilhaft sind.

Allerdings sind solche Überlegungen im Kontext der Lebenswirklichkeiten Chinas ohnehin ein Luxus, den sich lediglich die besser Situierten im urbanen China leisten können. Für viele Eltern, insbesondere die aus dem ländlich geprägten China, ist dies keine aktive Wahl. Druck ist vielmehr eine Lebensrealität, die schon im jungen Alter auf die nächste Generation übertragen wird. Eine höhere Bildung bleibt hier für viele eine nicht bezahlbare Investition in die Zukunft ihrer Kinder. Wenn sie dennoch von den Eltern unter höchsten Sparanstrengungen und Konsumverzicht finanziert werden kann, ist das Kind quasi zum Erfolg verpflichtet. Die Ein-Kind-Politik der letzten drei Jahrzehnte hat zusätzlich dazu beigetragen, dass die Eltern stets »alles auf eine Karte setzen« mussten, das heißt, dass das einzige Kind der Nabel und die Hoffnung der Familie wurde. So gibt es neben dem bei einem beinahe 1,4-Milliarden-Volk automatisch existierenden Konkurrenzdruck zwischen den Jugendlichen einen gesamtgesellschaftlichen Grundkonsens über eine leistungsorientierte Erziehung.

Aber auch wenn der Erziehungs- und Unterrichtsstil ein anderer ist, so ist das chinesische Schulsystem an sich ähnlich dem unseren aufgebaut und unterteilt sich in Grundschulen, Mittelschulen und Hochschulen: Die Einschulung erfolgt mit sechs Jahren. Dem voraus geht eine drei- bis vierjährige Kindergartenzeit. Die ersten drei Lebensjahre vor dem Kindergarten hat das Kind »frei«, danach beginnt der Ernst des Lebens. Ziel des Kindergartens ist es nicht etwa, mit Freunden zu spielen, wie dies in Deutschland der Fall ist. Vielmehr besteht der Kindergarten aus einem pädagogischen Konzept, das die Kinder auf die Grundschule vorbereiten soll. Entsprechend werden schon die Kindergartenkinder in Klassen eingeteilt. Je nachdem, wie teuer ein solcher Kindergarten ist, ist eine Erziehung in den Bereichen Musik und Tanz, Englisch und Computer keine Seltenheit.

Danach folgt eine sechsjährige Grundschulzeit. Die Grundschulklassen sind mit durchschnittlich vierzig, fünfzig Schülern vergleichsweise groß. Daher ist in der Grundschule neben der Vermittlung von Fachwissen insbesondere die von Grundprinzipien wie Disziplin, Fleiß und Respekt gegenüber Lehrern und der älteren Generation von allergrößter Bedeutung. In den letzten Jahren, so habe ich es von einer befreundeten Pekinger Grundschullehrerin gehört, ist dies allerdings immer schwieriger geworden. Die Ein-Kind-Politik und der steigende Wohlstand haben in den Großstädten eine Menge »kleiner Kaiser« hervorgebracht, die in den frühen Jahren ihrer Kindheit lediglich die volle Aufmerksamkeit ihrer Eltern und Verwandten, insbesondere der Großeltern, kennengelernt haben. Dies könnte sich allerdings bald wieder ändern: Im November

2013 wurde unter Xi Jinping eine Reihe reformerischer Großvorhaben initiiert, unter anderem die Überprüfung und Lockerung der Ein-Kind-Politik.

Der Grundschule folgen dann sechs Jahre Mittelschule, wovon allerdings nur drei verpflichtend sind. Die neunjährige Schulpflicht (sechs Jahre Grundschule, drei Jahre Mittelschule) sorgt für eine relativ niedrige Analphabetismus-Rate von unter fünf Prozent, wobei sich die verpflichtende Teilnahme am Schulunterricht auf dem Land abseits der großen Städte viel schwieriger umsetzen lässt. Die Mittelschule ist in eine »untere Mittelschule« (7. bis 9. Klasse) und eine »obere Mittelschule« (10. bis 12. Klasse) unterteilt. Um auf die obere Mittelschule zu gelangen, muss man ein Eintrittsexamen ablegen.

»Zum Glück mussten *wir* damals keine Prüfung ablegen, um die obere Mittelschule besuchen zu dürfen«, scherzt Gerrit, während wir in einer der typischen engen chinesischen Straßen gelandet sind, in denen Hochbetrieb herrscht. Aus einem der Geschäfte dringt laut chinesische Popmusik zu uns herüber, durch die Kunden angelockt werden sollen. Daneben befindet sich einer der unzähligen »Mini-Supermärkte«, die in einem kleinen Verschlag ohne Tür Softdrinks, Snacks, Nudelsuppen und Telefonkarten verkaufen. Als wir an ihm vorbeilaufen, schaut der Besitzer des Ladens kurz von einem kleinen Fernsehgerät auf, in dem er gerade eine Pekingoper verfolgt, die es von der Lautstärke her mit der chinesischen Musik des Nachbarladens aufnehmen kann. Bei der älteren Generation ist das Fernsehprogramm mit den traditionellen chinesischen Opern und Theaterstücken ein beliebter Zeitvertreib.

An der nächsten Straßenecke sehen wir eine Menschentraube vor einem sogenannten Gesundheitserhaltungsladen stehen. Es handelt sich dabei, so findet der Interessierte schnell heraus, um einen Sexshop. Die Angestellten stehen in weißen Kitteln und mit Hauben auf dem Kopf vor einem Tischchen, auf dem sich etwas befindet, das die Umstehenden interessiert betrachten.

Selbstverständlich machen wir einen kleinen Abstecher dorthin, das kann nur lustig werden. Wir schauen auf das Objekt der Bewunderung und kommen aus dem Lachen nicht mehr heraus: Es handelt sich um ein batteriebetriebenes Sexspielzeug, das im Dauerbetrieb auf dem Tisch fortwährend seine Kreise zieht. Die älteren Herrschaften, die um uns herumstehen, schauen uns nur kurz verwundert über unseren Lachanfall an oder lächeln uns ratlos zu, bevor sie sich wieder dem Tisch mit seinem Ausstellungsstück zuwenden.

»Erstaunlich, wie unverkrampft man hier mit manchen Dingen umgeht!«, kommentiert Gerrit grinsend die Szene.

Beschwingt setzen wir unseren Weg fort.

Plötzlich wird es wieder laut. Wir hören Stimmen, die im Gleichklang befehlsartige Laute von sich geben. Ein paar Schritte weiter haben wir wohl die Schule der Mädchen von gerade eben entdeckt. Durch das vergitterte Schultor, vor dem ein Wächter neben seinem Wachhäuschen steht, können wir das Treiben auf dem Schulhof beobachten; hier hat sich wohl eine Gruppe von Schülern zu wochenendlichen sportlichen Aktivitäten getroffen, wobei das hier ganz nach normalem Sportunterricht aussieht. Ich muss daran denken, dass der in China täglich auf dem Stundenplan steht. Hier, auf dem Schulhof, scheinen sich die Mädchen und Jungen in den letzten Zügen des Aufwärmtrainings zu befinden, das uns in Deutschland an Turnvater Jahn erinnern würde. Im Stile des Urvaters des Turnens zählt einer der Schüler beim Dehnen laut mit. Seine rund vierzig Mitschüler tun es ihm nach und machen zum selben Zeitpunkt die gleiche Bewegung. Ich lächle, denn genau so habe ich gelernt, auf Chinesisch zu zählen.

Als Gerrit gerade weitergehen möchte, halte ich ihn am Ärmel fest. Denn jetzt kommt etwas, das in meiner Erinnerung bereits stark verblasst ist: das militärartige Marschieren im Sportunterricht! Die Schüler stellen sich dazu in Viererreihen auf. Einer von ihnen tritt nach vorn und lässt alle laut durchzählen. Nachdem der auserwählte Schüler Meldung gemacht hat, reiht er sich wieder ein. Dem folgen nun das Marschieren und verschiedene Manöver, wie zum Beispiel »Rechts um!« oder »Im Laufschritt Marsch!«.

Meine Erinnerungen werden wieder wach. Meine Teilnahme bei dieser Art des Aufwärmtrainings löste anfangs häufig Heiterkeit aus, da ich zunächst alle Anweisung missverstand und mich zum falschen Zeitpunkt in die verkehrte Richtung drehte. War mir das unangenehm! Und wie glücklich war ich, als ich nach einer Weile die Anweisungen verstand und keine Fehler mehr machte! Danach ging es im Sportunterricht erstaunlich durcheinander zu. Bälle flogen durch die Luft, jeder schien das zu tun, was er wollte. Diese Aufeinanderfolge von diszipliniertem Ordnungsverhalten und spielerischem, beinahe chaotischem Mit- und Durcheinander ist ein typischer Gegensatz, den ich damals häufiger in meiner chinesischen Schulzeit wahrgenommen hatte. Und wenn ich es aus heutiger Sicht betrachte, spiegelt sich darin auch ein wenig die »chinesische Seele« wider.

Was das eigene Spielen angeht, so ist Basketball sicherlich noch immer sehr viel gängiger auf chinesischen Schulhöfen als unser in Europa so geliebter Fußball. Das ist aber auch durchaus verständlich, denn ein Basketballfeld erfordert weniger Platz als ein Fußballfeld. Dasselbe gilt für Tischtennis im Vergleich zu Tennis. Auf der Fläche eines

Tennisplatzes können mindestens zwanzig Tischtennisplatten aufgestellt werden. Was für eine »Effizienzsteigerung«!

Vor einiger Zeit war ich in Deutschland mit einem chinesischen Fernsehteam des Sportsenders CCTV-5 unterwegs, das im Vorfeld der Fußballweltmeisterschaften in Brasilien 2014 eine Dokumentation über europäische Fußballkultur drehte. Ich übernahm für den Sender dabei die Interviews mit den Spielern, darunter welche vom FC Bayern München und von Borussia Dortmund. Unterwegs im Bus schauten die chinesischen Redakteure wehmütig auf die vielen großflächigen Fußballfelder und meinten: »Wäre das schön, wenn wir mehr Fußballfelder hätten! In Chinas Städten ist einfach zu wenig Platz dafür.«

Tatsächlich ist das nur die halbe Wahrheit. Schaut man sich Hongkong an, wo auch sehr wenig freier Boden zur Verfügung steht, sorgte die Regierung, damals noch unter englischer Verwaltung, für den Bau vieler kleiner Fußball- und Sportplätze. Für die jeweilige Lokalregierung ist der Verkauf von Boden allerdings die wichtigste Einnahmequelle. Deshalb sind der Öffentlichkeit kostenfrei zugängliche Sportplätze in chinesischen Metropolen entsprechend selten zu finden.

Was allerdings die Zuschauerquoten betrifft, so liegt Fußball – und da insbesondere der europäische – weit vorn. Zappt man sich durchs chinesische TV-Programm, so wird man mit an Sicherheit grenzender Wahrscheinlichkeit auf mindestens einem Sender eine Fußballübertragung finden. Besonders beliebt ist die englische Premier League, die man beinahe täglich verfolgen kann. Auch die Deutsche Bundesliga kann man live auf dem Sportkanal CCTV-5 sehen, einem der größten chinesischen Fernsehsender. Übertragen werden pro Spieltag zwei Spiele, darunter das des aktuellen Spitzenreiters der Bundesliga (der Fußballinteressierte konnte in den letzten Jahren also viele Spiele des FC Bayern München anschauen, was die vielen Bayern-Trikots auf den chinesischen Märkten erklärt).

Während ich noch über den Anfangstext der chinesischen Nationalhymne nachdenke, *»Qi lai, bu yuan zuo nuli de renmen!«* – »Steht auf, Geknechtete!«, die ich auf dem Schulvorplatz mit tausend anderen Kindern mitgesungen hatte und mich freute, dazuzugehören, kommt Gerrit noch einmal auf den chinesischen Schulunterricht zu sprechen.

»Es ist wirklich faszinierend«, sagt er, »wie den Schülern bereits im Kindesalter die Balance zwischen Anspannung und Entspannung nahegebracht wird.« Es wird nicht nur in den Familien, sondern auch in den schulischen Institutionen auf ordentliche Essenspausen Wert gelegt, außerdem kennt jedes Kind die in den Pausen zwischen den Stunden stattfindenden gemeinsamen Entspannungsübungen oder das morgendliche Dehnen. Es ist sogar im Job durchaus nicht unüblich, dass sich das gesamte Team einer Abteilung vor Arbeitsbeginn gemeinsam dehnt.

»Ja. Erinnere dich nur an deine Geschichtsstunde«, sage ich und wende mich zu ihm um. Gerrit überlegt und erzählt dann: »Ich war eingeschlafen und schreckte erst hoch, als aus dem Lautsprecher eine dröhnende Stimme ertönte. Die Schüler fingen an, sich rhythmisch ihr Gesicht zu massieren, und erklärten mir hinterher, dass es sich um eine Art Akupressur handle, die die Augen entspannen soll. Dass ich im Unterricht geschlafen hatte, störte den Lehrer im Übrigen gar nicht.« Das allerdings war nicht nur der Narrenfreiheit eines Ausländers geschuldet, sondern ist durchaus üblich, wie auch ich aus meiner Schulzeit in Peking weiß.

Dem strengen Frontalunterricht und dem großen Respekt gegenüber Lehrern zum Trotz: Auch wenn viel Einheitlichkeit gefordert wird, schliefen immer mal wieder einige meiner Mitschüler während des Unterrichts ein. Andere gingen sogar manchmal aus dem Klassenzimmer oder rannten darin umher. Die Kinder wissen aber auch, dass sie mit den entsprechenden Konsequenzen zu rechnen haben. Wer nicht aufpasst und den Stoff nicht selbstständig nachholt, wird in der nächsten Prüfung eben scheitern.

Jedenfalls wird in China gern und überall geschlafen: Man findet in den Städten an jeder Ecke Menschen, die schlafen, wo sie gerade gehen und stehen. Nach dem Motto: »Habe ich irgendwann ein freies Minütchen gefunden, so hole ich mir, egal, wo ich gerade bin, eine Mütze Schlaf.« Vor allem auf Flugreisen beneide ich meine chinesischen Mitreisenden, die, einmal auf ihrem Sitz niedergelassen, meist noch vor dem Start die Augen schließen und sich von nichts und niemandem wieder aufwecken lassen, während ich mich stundenlang übermüdet durch das Entertainment-Programm an Bord quäle.

Als wäre es geplant, kommen wir an einer Bushaltestelle vorbei, an der sich einige Passanten offensichtlich auf eine längere Wartezeit eingestellt haben – ein Mann schläft vornübergebeugt auf seinem Rucksack, sein Nachbar hat sich an ihn angelehnt. Ein Dritter hat den typisch chinesischen Hocksitz eingenommen, der uns Europäern häufig große Mühen bereitet. Bei dieser Art des Hockens sind beide Füße vollständig auf dem Boden. Jeder deutsche Physiotherapeut würde einem hockenden Chinesen auf die Schulter klopfen und ihn zu seiner »Asiaten-Hocke« beglückwünschen. Diese ist nämlich im Vergleich zu unserer »europäischen Hocke«, bei der wir auf mindestens einer Seite auf dem Ballen ausharren, deutlich knieschonender. Außerdem ermöglicht sie dem Hockenden, in relativ bequemer Position längere Zeit zu verweilen, dabei zu lesen, zu rauchen oder sich mit dem Nachbarn zu unterhalten, während man auf den Bus wartet.

Ich erfreue mich an diesen so authentischen Bildern – und wünsche mir selbst eine kleine Erholungspause, als uns ein geschäftsmäßig strahlender Rikschafahrer einlädt, uns zu einem »goode price« zügig zu unserem Ziel zu bringen. Wir lassen uns breitschlagen, einen etwas überhöhten Fahrpreis zu zahlen, da wir Mitleid mit dem übereifrigen Mann haben. Sicher unterschätzt er in seiner Vorfreude auf ein gutes Geschäft die körperliche Arbeit, die mit uns drei jeweils über 1,80 Meter großen Personen auf ihn zukommt. Nachdem wir uns in sein Gefährt gequetscht haben, fange ich herzhaft an zu lachen, als ich das leise Summen des Elektromotors seines Fahrrads vernehme: Wir hätten es uns denken können, dass in China mittlerweile auch der Rikschafahrer motorisiert ist!

Als wir die Einkaufsmeile erreicht haben, versucht er noch kurz, uns den dreifachen Preis abzuknöpfen, er hätte den Preis pro Person gemeint. Da dies ein bei Touristen häufig verwendeter Verhandlungstrick ist, bedanken wir uns freundlich auf Chinesisch und gehen nicht weiter auf seine Forderungen ein. Wir drücken ihm die abgemachte Summe in die Hand und verabschieden uns mit einem *»zaijian!«* – »Tschüss«. Der Fahrer brummt, zufrieden mit dem Deal, davon und nimmt bereits die nächsten potenziellen Fahrgäste auf der gegenüberliegenden Straßenseite ins Visier.

Wir gehen an ein paar am Straßenrand geparkten, für uns etwas gewöhnungsbedürftigen Automobilen vorbei in Richtung des Shoppingparadieses. Nicht zuletzt der Lack der Autos ist der Grund für unser Kopfschütteln: Ein in einem Zartrosa lackierter Lamborghini steht vor einem goldenen Porsche Cayenne und einem tarnfarbenen, matt lackierten Audi TT.

Nach einem kurzen Blick in den Lamborghini lästert Gerrit: »Der rosafarbene Lack passt super mit der Inneneinrichtung im Hello-Kitty-Design zusammen.«

Wir sind in einer völlig anderen Welt, als wir über den großen, neu gebauten Platz gehen, der uns in das Herzstück des Einkaufskomplexes führen wird.

Der Drang der jungen Reichen, ihren sozialen Aufstieg durch Statussymbole zu präsentieren, ist nicht zu übersehen. Gerade die selbstbewussten jungen Frauen, die uns topgestylt entgegenstolzieren, kaufen hier gern in den Geschäften großer weltweiter Modelabels ein. Sie wollen sich abgrenzen von den Chinesinnen, die im Großen und Ganzen ihrem Stil treu geblieben sind: durchsichtige Blusen, eigenwillige Stoffkombinationen und ein manchmal verrückter Look, den man bei uns als gewagt bezeichnen würde (er ist aber auch im Büroalltag oder im Geschäftsleben völlig normal). Dennoch: Gerade durch die Kleidung ergeben sich Möglichkeiten zur Differenzierung.

»Irgendwie fühle ich mich im Moment etwas underdressed«, bemerke ich und schaue auf meine Jeans und Sneaker hinab.

»Ach was, du folgst einfach deinem eigenen Stil – beziehungsweise dem der deutschen Touristen«, sagt Gerrit und grinst mich breit an.

Gute chinesische Freunde von uns sind der festen Überzeugung, deutsche Touristen unter allen Ausländern anhand der funktionalen, praktischen Kleidung sowie wahlweise an den Sport- oder Wanderschuhen erkennen zu können.

Wir durchqueren zwei futuristische Glasbauten, dann sind wir endlich da. Vor dem geschäftigen Eingang des Kaffeehauses wartet Gerrits chinesische Ehefrau Joey, um sich auf eine Tasse Kaffee zu uns zu gesellen. Sie pustet sich gerade ihre halblangen schwarzen Haare aus dem Gesicht, als sie uns entdeckt und uns zuwinkt. Joey heißt eigentlich Cuifei. Aber im Englischunterricht der Mittelschule darf sich jeder Schüler einen englischen Namen frei wählen. Diese Vorgehensweise ist so sehr verankert, dass auch wir immer mal wieder nach unseren englischen Namen gefragt werden. Besonders zu meiner Schulzeit in Peking habe ich von meinen Klassenkameraden einige erstaunte Blicke geerntet, als ich zugeben musste, dass ich keinen zusätzlichen englischen Namen hätte.

Strahlend begrüßt sie uns nun in europäischer Manier mit Küsschen und einer herzlichen Umarmung. Joey, ein zierliches Persönchen von 1,58 Meter und Schuhgröße 35, ist selbst eine erfolgreiche Geschäftsfrau und eine echte Powerlady!

Wir sitzen im vierundzwanzig Stunden geöffneten Starbucks mit hundert weiteren Gästen, darunter viele Expats, gut situierte Chinesen, junge chinesische Paare und ausländische Touristen. Mit einem Mal ist es nicht mehr der chinesische Rentner mit seinem Vogelkäfig in der Hand, der unsere Blicke auf sich zieht, sondern die beiden chinesischen Töchter offensichtlich reicher Eltern, die sich gemeinsam am Tisch sitzend bei einem »Green Tea Latte« anschweigen und jeweils an ihrem iPhone herumspielen. Die Einkaufstüten, versehen mit Namen teurer, bekannter Modemarken, stehen wie eine Wagenburg um die beiden herum. Es scheint für sie normal zu sein, großzügig shoppen zu gehen.

Erstaunt sehe ich auf die überall auf dem Tisch verteilten Fachbücher unseres Nachbarn auf der rechten Seite, der tief in Gedanken versunken ein Dokument studiert, Kopfhörer in den Ohren. Eigentlich wundert mich weniger, dass er bei dem ganzen Lärm um ihn herum lernen kann – so habe ich auch immer gelernt –, sondern mehr, dass sich hierher ein Student verirrt hat, der eigentlich auf der anderen Seite der Stadt im Universitätsviertel irgendwo am Houhai-See sitzen sollte oder am ehesten sogar in der Universitätsbibliothek.

Wer in der Hauptstadt an einer der Eliteuniversitäten wie der Peking-Universität oder der ehrwürdigen Qinghua-Universität studiert, hat den wichtigsten Schritt in seinem jungen Leben geschafft: Nach Abschluss der Mittelschule, also nach zwölf Schuljahren, steht die für chinesische Schüler wichtigste Prüfung an, der *gaokao*, die Aufnahmeprüfung für die Universität. Wer diese besteht und dann womöglich noch Zugang zu einer der renommiertesten Universitäten des Landes bekommt, der hat es geschafft.

Der *gaokao,* der vergleichbar unserem Zentralabitur alljährlich chinaweit an einem Tag im Juni zentral organisiert durchgeführt wird, findet stets ein enormes mediales Echo. Landesweit wird von diesem Großereignis berichtet. Es gibt Geschichten und Berichte von Siegern und Verlierern, und es gibt die Anekdoten um einzelne Prüflinge, wie einem Mann aus einer Inlandsprovinz, dessen Lebensziel es ist, einmal den *gaokao* zu bestehen. Längst ist dieser Mann dem Schüleralter entwachsen, mehr als zehnmal ist er durchgefallen, aber er versucht es jedes Jahr wieder. Ein tragischer Held, aber auch ein Beweis dafür, dass das Prüfungssystem auch 2500 Jahre nach Konfuzius noch immer allen offensteht.

Der Kampf um die begehrten Plätze an Chinas Topuniversitäten ist sehr hart. Für viele junge Studenten bleibt es ein unerreichbarer Traum, an einer dieser Universitäten zu studieren. Die Aufnahme an einer der Eliteuniversitäten ist für Schüler aus den Provinzen fast unmöglich. Als ich sie danach frage, erinnert sich die aus einer südchinesischen

Provinz stammende Joey daran, wie auch sie einen Platz an der Peking-Universität ergattern wollte.

Sie erzählt uns, wie sie sich zwei Monate vor dem *gaokao* in eine offizielle Liste eintrug und auf dieser mehrere Universitäten angab, an denen sie gern studieren wollte. Ganz oben auf ihrer Präferenzliste stand natürlich die Peking-Universität, als zweite und dritte Präferenz gab sie weniger renommierte Universitäten an. Joey ging hierbei durchaus taktisch vor, denn sie konnte nur drei Universitäten benennen. Jede Universität veröffentlicht, vergleichbar unserem Numerus clausus, im Vorfeld die jeweilige Mindestpunktzahl, die es zu erreichen gilt, um zum Studium an ihr zugelassen zu werden. Hierbei ist die Mindestpunktzahl bei Eliteuniversitäten deutlich höher angesetzt als an den unbekannteren Universitäten. Gibt man nun lediglich Topuniversitäten auf der Präferenzliste an, so kann es durchaus sein, dass man – hat man einen schlechten Prüfungstag – an keiner einzigen der aufgelisteten Universitäten zugelassen wird und ein Jahr verliert.

Joey erklärt uns, dass zusätzlich für jede Universität Zulassungsquoten existieren, bei denen auf Regionalproporz geachtet wird. Die renommierten Universitäten in Peking beispielsweise reservieren für Studenten mit in Peking registriertem Wohnsitz die meisten Studienplätze.

Das Wohnsitz-Melderegister, das sogenannte *Hukou*-System, bedeutet eine strenge Wohnsitzkontrolle sowie eine Immobilität der Bürger hinsichtlich der Inanspruchnahme von Sozialleistungen. Mit seiner Geburt wird man quasi »lebenslang« an seinen Wohnort gebunden. Auch wenn der Wohnortwechsel mit Beginn der Reformen um Deng Xiaoping im Gegensatz zur Mao-Ära zugelassen wurde und erlaubt ist, so behielt das *Hukou*-System weiterhin seine Gültigkeit und ist bis heute noch von großer Bedeutung.

Derzeit leben circa hundertfünfzig bis zweihundert Millionen Chinesen nicht in den Orten, an denen sie gemeldet sind. So haben auch wir viele Freunde, die für die Erledigung amtlicher Angelegenheiten immer in ihre Heimat reisen oder ihre Eltern damit beauftragen müssen. Durch die Koppelung der Sozialleistungen an den jeweiligen Wohnsitz, an dem man gemeldet ist, können zudem Kinder von Zuwanderern unter anderem nicht umsonst eine Schule besuchen oder sonstige Sozialleistungen in Anspruch nehmen.

Einer der Gründe, wieso dieses Modell noch angewandt wird, ist, dass eine Überflutung der großen Städte vermieden und mithilfe des *Hukou*-Systems die von der Regierung unterstützte und stark geförderte Urbanisierung gesteuert werden soll. Schon jetzt stößt die bestehende Infrastruktur einiger Städte an ihre Grenzen. Wohnten im Jahr 1990 noch dreiundsiebzig Prozent der Chinesen auf dem Land, so sind es im Jahr 2014 nur noch siebenundvierzig Prozent. Monatlich ziehen 1,8 Millionen Menschen (das kommt der Bevölkerung Hamburgs gleich) vom Land in die Städte, vor allem in die beliebten Städte wie Shanghai oder Peking.

Um durch die Urbanisierung die Lebensverhältnisse der Menschen weiter zu verbessern, ist die chinesische Regierung neben dem massiven Ausbau der städtischen Infrastruktur insbesondere auch vor eine regulatorische Aufgabe gestellt, nämlich die Ausweitung des sozialen Sicherungssystems auf größere Gesellschaftsgruppen sowie die weitere Anpassung und Reform des *Hukou*-Systems. Auch wenn hier bereits erste Lockerungen vorgenommen und Ummeldungen in insbesondere die kleineren Städte Chinas vereinfacht wurden, so ist das System nach wie vor gültig.

Es ist also für Pekinger Schüler deutlich einfacher, einen Platz an einer der begehrten Universitäten zu bekommen als für Studenten mit einem *hukou* aus den Inlandsprovinzen. Seit Jahren lässt sich in den chinesischen Blogs eine schwelende Unzufriedenheit mit diesem System erkennen – und auch in den bekannten chinesischen Tageszeitungen lassen sich häufig Kommentare für und wider die Auflösung dieser Regionalquoten-Regelung an den Universitäten nachlesen.

Während uns Joey dieses komplizierte System erklärt, tippt sie auf ihrem iPhone herum, hält es hoch und liest uns einen Witz vor, den sie vor kurzem von einer Freundin via *Weixin* (WeChat), der chinesischen Version von WhatsApp, zugeschickt bekommen hat:

Ein Junge aus Peking tritt freudig zu seinem Vater: »Papa, ich habe 530 Punkte beim gaokao geschafft, dreiundfünfzig Punkte höher, als ich benötige, um an einer der Topuniversitäten zu studieren.« Da antwortet der Vater: »Junge, das hast du toll gemacht. Ich bin stolz auf dich. Zur Belohnung fliegen wir übers Wochenende nach Shanghai.«

Zur gleichen Zeit tritt ein Junge aus der Provinz Shandong mit hängendem Kopf zu seinem Vater: »Vater, ich habe versagt. Ich habe nur 530 Punkte beim gaokao erzielt. Damit liege ich zwanzig Punkte unter der Mindestpunktzahl, um an einer zweitklassigen Provinzuniversität zu studieren.« Daraufhin der Vater: »Du hast mich enttäuscht. Ich wusste eh schon immer, dass du nicht der Cleverste bist. Lass es mit der Uni einfach sein und geh als Wanderarbeiter nach Shanghai – versuche damit dein Glück.«

Ebenfalls zur gleichen Zeit tritt ein Junge aus Shanghai vor seinen wohlhabenden Vater: »Dad, ich habe 330 Punkte beim gaokao erzielt. Das macht aber nichts, ich würde eh gerne im Ausland studieren.« Der Vater: »Okay, Sohn. Mach einen MBA im Ausland. Dann komm aber bitte zurück und hilf mir bei meinem Business. Wir haben dieses Jahr wieder viele Wanderarbeiter aus Shandong, die bei uns anfangen werden.«

Der Witz verdeutlicht anschaulich, dass Bildung wie seit jeher zwar jedem offen steht, die Hürden auf der Lebensbahn eines jeden Einzelnen gemäß den entsprechenden Privilegien allerdings eine unterschiedliche Höhe besitzen. Auch Joey hatte damals den Sprung an die Peking-Universität nicht geschafft, wie sie uns gerade erzählt. Hiermit war sie allerdings bei Weitem nicht allein – denn nur zwei von zehntausend Schülern aus ihrer Heimatprovinz Guangdong erhalten jedes Jahr ein entsprechendes Eintrittsticket an die Peking- oder die Qinghua-Universität. So begann Joey ihr Studium an der Uni für Außenhandel und Fremdsprachen in Kanton, eine Flugstunde entfernt von ihrer Heimat.

»Joey, wie bewertest du eigentlich den ständigen Druck und diese rigide Auslese im chinesischen Bildungssystem?«, fragt nun Gerrit.

Sie runzelt die Stirn, offensichtlich wundert sie sich über diese Frage. Hinter ihrem Unverständnis verbirgt sich wohl wieder einmal ein typischer Clash unterschiedlicher Denkmuster. Schließlich antwortet Joey: »Bei so vielen Menschen wie bei uns ist dieser große Konkurrenzdruck unumgänglich. Das ist eine harte Realität, der man sich stellen muss. Druck gefällt natürlich niemandem – aber man muss versuchen, sich durchzukämpfen und das Beste herauszuholen.« Nach einer kurzen Pause fährt sie fort: »Und was das Auswahlsystem angeht: Sich in jungen Jahren Gedanken über mögliche Ungerechtigkeiten zu machen, hält einen davon ab, sich selbst weiterzuentwickeln.« Eine solche Ansicht spiegelt nicht nur Joeys Meinung wider. Nach eigener, pragmatischer Einschätzung ist an bestimmten gesellschaftlichen Zuständen durch Einzelpersonen ohnehin nichts zu ändern – *»mei banfa«* eben, »nichts zu machen«. Folglich sagt sie auch: »Vielmehr habe ich versucht, auf Basis meiner Möglichkeiten den für mich besten Weg zu finden.«

Einmal in Fahrt gekommen, erzählt sie, dass mit ihrem Eintritt in das Studentenleben der Prüfungsdruck mitnichten vorbei war – die erfolgreiche Aufnahmeprüfung war lediglich ein Türöffner zum Betreten der Hochschulwelt, die neue Herausforderungen barg und Entscheidungen forderte.

»Ich habe viel Zeit auf die strategische Planung meines Studiums verwandt«, meint Joey nachdenklich. »Es ist alles andere als einfach, später einen gut bezahlten Arbeitsplatz zu finden.« Unter chinesischen Studenten spukt schon seit längerer Zeit das Schreckgespenst der Arbeitslosigkeit – die Arbeitslosigkeitsrate von Universitätsabsolventen liegt in großen Städten bei über fünfzehn Prozent. Nicht zuletzt deshalb sind eine gute Ausbildung und deren richtige Planung von hoher Bedeutung.

Im Fall von Joey finanzierte die ganze Familie das Studium, zusätzlich jobbte sie in den Semesterferien. Es ist wie bei uns: Nur besonders bedürftige oder besonders gute Schüler können auf ein Stipendium zurückgreifen.

Joey machte im Studentenwohnheim ihrer Universität zunächst die typischen Erfahrungen junger chinesischer Studenten, die zum ersten Mal getrennt von der Familie leben. Sie hatte mir einmal erzählt, dass die Mischung aus akademischem Druck, sozialer Isolation, die insbesondere Studenten aus ländlichen Regionen ereilt, und eine unbestimmte Angst vor der Arbeitslosigkeit ihr anfangs ein mulmiges Gefühl bereitet hätten. Mich daran erinnernd frage ich sie, wie sie diese Anfangsphase überstanden hat.

»Langsam habe ich damit umzugehen gelernt. Chinesen sind sehr sozial und nur glücklich, wenn sie sich in einer Gemeinschaft befinden. So habe ich bald Anschluss gefunden und mich dann gleich viel wohler gefühlt – dazu hat auch das Wohnheim beigetragen, in dem wir zu sechst in einem Zimmer wohnten.«

Als Joey das erwähnt, erinnere ich mich an meinen eigenen Besuch in einem chinesischen Studentenwohnheim in Peking vor einigen Jahren, als ich ungläubig auf die vier Doppelbetten und einen kleinen Schreibtisch vor dem Fenster gegenüber der Tür in einem kleinen Zimmer geschaut habe. Ich frage Joey, ob sie die Enge und die fehlende Privatsphäre nicht gestört hätten. Sie schüttelt verwundert den Kopf und meint: »Natürlich nicht, das war doch nett gemeinsam. Während des Studiums habe ich eh viel Zeit in der Bibliothek beim Lernen verbracht. Denn um erfolgreich zu sein, zählt am Ende die Leistung!«

Durch die in China schwierige Arbeitssituation stellen sich für Studenten verschiedene Fragen: Ist ein »normales« Studium gut genug, oder ist ein Auslandssemester notwendig? Wenn ja, in welchem Land und an welcher Universität? In Deutschland zu studieren kostet im Gegensatz zu einem Studium im eigenen Land oder auch in anderen westlichen Ländern kaum Geld, die Ausbildung ist gut, der Lebensstandard sehr gut, und Versicherungen und öffentliche Verkehrsmittel sind in den Studiengebühren inbegriffen. So sind insbesondere die Ingenieurstudiengänge in Deutschland sehr beliebt, die als qualitativ sehr hochwertig gelten. Insgesamt nimmt die Anzahl chinesischer Studierender in Deutschland immer weiter zu und liegt bereits jetzt bei über zwanzigtausend – die meisten Studenten kehren nach dem Abschluss wieder nach China zurück.

»Die Noten meiner damaligen chinesischen Mitstudenten an der Uni Köln«, werfe ich ein, »waren übrigens regelmäßig besser als unsere, zumindest konnten sie offensichtlich mehr als nur reproduzieren.«

Gerrit nickt. »Das kann ich mir vorstellen. Aber diese akademische Spitze Chinas, die an den chinesischen Topuniversitäten oder im Ausland ihre Ausbildung genießen konnte, reicht noch lange nicht aus, um den Bedarf der chinesischen Wirtschaft an qualifiziertem Personal zu decken.« Insbesondere im Bereich der Aus- und Weiterbildung von Facharbeitern kann Chinas staatliches Bildungssystem den quantitativen und qualitativen Ansprüchen der eigenen Wirtschaft nicht nachkommen. Hier werden praxisferne sowie rein theoretische Wissensvermittlung seit Längerem als großes Problem erkannt. Insofern ist es nicht verwunderlich, dass in China das deutsche Modell der beruflichen Bildung, aber auch anwendungsorientierte Studiengänge wie das Modell des dualen Studiums genau beobachtet werden.

Ein gut bezahlter Job und damit das Erreichen der wirtschaftlichen Freiheit kann jedenfalls als das Ziel eines jeden jungen Absolventen angesehen werden. Auch Joey ist derzeit dabei, sich einen bescheidenen Wohlstand zu erarbeiten. Sie gehört zu der Generation junger chinesischer Frauen, die sich ohne elterliche Kontakte oder Beziehungen durchgesetzt hat. Sie glaubt an ihre eigene Stärke. Bedeutet: Wer hart arbeitet, der kann erstaunliche Karrieren hinlegen. Und das ist Joey gelungen. Sie wuchs in der südchinesischen Hafenstadt Shantou auf und gelangte nach ihrem Studium mehr oder weniger per Zufall nach Peking. Hier war sie acht Jahre lang in der Immobilienbranche tätig, bevor sie sich selbstständig machte.

Auf meine Frage, ob sie stolz auf ihren gesellschaftlichen Aufstieg sei und ob sie den neuen Lebensstandard genieße, bekomme ich von Joey ein ähnliches Schulterzucken wie zuvor: »Ich schaue nach vorn, nicht auf das, was hinter mir liegt. Und klar, ich genieße auch mein Leben.« Denn trotz aller Zielstrebigkeit ist es keinesfalls ein Widerspruch, dass Joey gerne faulenzt, sich beim Shoppen vergnügt oder Wellnesstage plant. »Erholung gehört dazu, sonst hält man das nicht durch«, schickt sie prompt hinterher.

An Joeys Beispiel lässt sich ein radikaler Bewusstseinswandel der neuen Generation feststellen, was zunehmenden Individualismus angeht. Die »westliche« Lebensform mit Jeans, iPod, Mobiltelefon, eigenem Auto und Wohnung (ohne Eltern!) gewinnt zunehmend an Attraktivität. Gut ausgebildete Chinesen mit Fremdsprachenkenntnissen und Auslandserfahrung finden in der Regel mühelos eine Arbeit in einem internationalen Konzern und lernen dadurch andere Lebensweisen und Kulturen kennen. Die junge Generation, die die Vorzüge des Stadtlebens zu schätzen weiß, lebt in der Gegenwart, im Hier und Jetzt, und will das Leben genießen.

Damit einher gehen allerdings auch Fragen und Sorgen, mit denen jeder junge unabhängige Mensch am Anfang seiner Karriere konfrontiert ist. Der Unterschied zu den westlichen Gesellschaften kann darin gesehen werden, dass sich die jungen Menschen Chinas nicht auf den Erfahrungsschatz der älteren Generationen stützen können. Diese haben sich nämlich nicht mit der modernen und möglicherweise auch globalen Zukunftsgestaltung auseinandergesetzt. Die neuen Freiheiten in Bezug auf die Auswahl des Jobs und des Lebenswegs erscheinen insbesondere den Älteren, die an das System der Staatsunternehmen gewohnt waren, häufig instabil. Die Sicherheit, ein Leben lang von einem Staatsunternehmen versorgt zu werden, existiert eben nicht mehr.

Ein Freund von Gerrit, ein gebildeter chinesischer Arzt aus dem Westen Pekings, hat es einmal auf dem Punkt gebracht: »Starre bedeutet häufig Sicherheit, allerdings auch die Abwesenheit von Gelegenheiten und Dynamik. Und eines ist klar: Die jungen Chinesen lieben die Dynamik!« Die junge Generation ist auch, wie gesagt, nicht mehr bereit, sich im gleichen Umfang in den Dienst ihrer Eltern und Großeltern zu stellen, wie diese es mit ihren Eltern und Großeltern taten oder tun mussten. Dass die Generationen einer Familie dadurch zunehmend in ein Spannungsfeld geraten, versteht sich von selbst. Aber in einem nach vorn strebenden China hört die Modernisierung eben nicht bei der Wirtschaft auf, sondern hält auch in der Gesellschaft Einzug und bringt alte Traditionen ins Wanken.

Joeys Handy klingelt in diesem Augenblick, und sie nimmt das Gespräch an: *»Weeeeiiii?«* ruft sie in typisch chinesischer Manier ins Telefon und springt dann alarmiert von ihrem Platz hoch. Ihr Fahrer wartet auf sie. Der nächste Geschäftstermin steht an. Ihr Unternehmen organisiert erfolgreich Wohnungen für deutsche Expats, auch kümmert es sich um deren Eingewöhnung in Peking.

»Ayaaaaaa!«, sagt sie nun mit leidvoller Stimme, was den Unmut über den abrupten Aufbruch ausdrücken soll. Man merkt ihr an, dass sie gern bei uns bleiben würde. Sie umarmt uns, winkt uns noch einmal kurz zu und hastet so schnell, wie es ihre High Heels zulassen, auf den Ausgang zu. Ich bewundere diese taffe Frau. Sie hat sich wirklich alles hart erarbeitet.

»Und schon geht es weiter, wenn auch mit kleinen Schritten«, meint Oliver mit seinem hanseatisch trockenen Humor, über den Gerrit und ich immer herzhaft lachen können. Oliver nippt dann an seinem Kaffee und sinniert weiter über die Aufstiegschancen in China. »Man kann das derzeitige China mit Amerika vergleichen, wo man so gern den Traum ›vom Tellerwäscher zum Millionär‹ träumt.

Zum ersten Mal in China – hier beim Ausflug nach Guilin

Sofort bin ich fasziniert von der einmaligen Landschaft

Gerrit und ich vor dem Eingang der Verbotenen Stadt

Mit meiner chinesischen Gastfamilie bei einer Wochenendreise nach Dalian

Kurzes Verschnaufen zwischen den Unterrichtsstunden im Klassenzimmer

1998 besuchte ich die 25. Mittelschule in Peking. Hier bin ich, natürlich in Schuluniform, mit meiner Klassenlehrerin und der Vizerektorin in meinem Klassenzimmer

Die Sporteinheit auf dem Hof steht täglich auf dem Stundenplan

Oliver, Gerrit und ich auf Entdeckungstour durch die Stadt

In Peking treffen altes und neues China aufeinander (links: Kaiserpalast; rechts: Blick auf den Bürogebäudekomplex Chaowai SOHO im Pekinger Central Business District)

Solche kleinen mobilen Handwerksbetriebe bieten überall in den Straßen und Gassen ihre Dienste an

Vogelbesitzer gehen hier mit ihren Tieren spazieren und lassen sie miteinander singen

Entspannung beim Tai-Chi im Park

Ein Passant wirft einen neugierigen Blick auf westliche Touristen

An den öffentlichen Sportgeräten kommt man schnell miteinander in Kontakt

In China legt man großen Wert auf frisch zubereitete Mahlzeiten.
Oft kann man sich sein Essen noch lebend aussuchen.

Die gewählten Speisen werden im Lokal den Gästen gemeinsam serviert. Es gilt bei Einladungen als unhöflich, alles aufzuessen – aufgrund der Menge ist das aber meist sowieso unmöglich

Meine Schwägerin Joey und ich mitten in der »Natur«

Auf den Spuren der Olympischen Fackel durch den Nationalpark in Yunnan

Wo geht's lang? Zu Besuch in Shangri-La

Aber das gilt im Übrigen nicht nur für Chinesen«, fährt er fort. »Bei meinem allerersten Chinabesuch während meines Studiums 1991 habe ich die wenigen westlichen Expats in China für ihren Mut und ihren luxuriösen Lebensstil bewundert und beneidet. Mir gefiel es, dass man mit Fachwissen als nach China entsandter Mitarbeiter eines ausländischen Unternehmens direkt einige Karrierestufen überspringen konnte.« In den neunziger Jahren waren nämlich nur wenige Manager bereit, den Sprung in das Reich der Mitte zu wagen, das noch nicht den heutigen Stellenwert hatte. Zu jener Zeit waren Ostdeutschland, Osteuropa, Japan und die USA die beliebtesten Ziele für Auslandseinsätze.

Mit einem letzten Blick Richtung Joey, die wir von unserem Fensterplatz aus über den weitläufigen Platz zwischen den Geschäften eilen sehen, fügt er hinzu: »Diese hier spürbare Dynamik, dieser Hunger nach mehr ist in dieser Form in Deutschland kaum noch zu finden.«

Es war kein Zufall, dass er sich nach seinem Studium dann auch um eine Stelle in China bemühte. Hier spürt man tatsächlich überall eine unglaubliche Energie, was auch ich ziemlich inspirierend finde. Man könnte das belebende Gefühl vielleicht mit der Aufbruchsstimmung während des deutschen Wirtschaftswunders vergleichen. Die Möglichkeit der sozialen Mobilität und damit dem gesellschaftlichen Aufstieg scheint ein starker Antrieb für den Menschen zu sein. »Es hält den Kopf frisch, in China zu leben«, fasst Oliver zusammen und kippt den letzten Rest seines Kaffees in sich hinein.

4
Wunder der Zeichen

Ringkampf auf der Straße – In Hochgeschwindigkeit durch China – Das fiktive Shangri-La – Die App »WeChat« oder auf der Suche nach einem Wort – Fitnessstepper für Rentner

Mit neuem Elan geht es wieder los. Auch wir verlassen nun Starbucks und wollen weiter das alte und das neue Peking erkunden. Dabei geraten wir in ein auf chinesischen Straßen häufig zu findendes Spektakel. An der nächsten Abzweigung sehen wir eine Menschentraube, in deren Mitte sich zwei Personen lautstark anschreien.

Wir kämpfen mit dem Europäer in uns, der uns sagt, dass man sich besser peinlich berührt abwendet und zügig vorbeigeht und sich im besten Fall noch über die »Gaffer« echauffiert. Wir verlieren diesen Kampf, die Neugierde siegt. So gönnen auch wir uns über die Köpfe der meist deutlich kleineren Chinesen hinweg einen Blick auf die beiden Streithähne. Ein alltägliches Bild präsentiert sich uns hier: Zwei ineinandergefahrene Autos, man sieht Schrammen am Lack.

»Das ist Live-Theater«, kommentiert Oliver scherzend, »viel besser als so manche Fernsehserie.«

So sehen es auch die Chinesen. Es ist absolut üblich, bei einem öffentlichen Streit interessiert stehen zu bleiben und zu verfolgen, wie die Geschichte ausgeht. Auch hier ist es nun nicht anders. Einige kommen gerade vom Einkauf, man sieht es an ihren Plastiktüten, andere sind wohl auf einem Spaziergang, wie man an dem ein oder anderen Vogelkäfig erkennen kann – wie auch immer, viele machen Halt, schauen zu und bringen gegebenenfalls ihre Meinung lautstark mit ein.

Theatralisch schleudert einer der beiden »Ringkämpfer« seinen Autoschlüssel zu Boden und tritt darauf.

Die Auseinandersetzung der streitenden Parteien bei einem Verkehrsunfall wie diesem ist spannend zu beobachten. In Deutschland würde die Polizei am Unfallort eintreffen, den Unfallhergang dokumentieren, vielleicht sogar noch als Schlichter auftreten. Am Ende gäbe es eine Rechtsprechung, an die beide Seiten gebunden wären.

In China ist das anders. Würde die Polizei auftauchen, würde auch sie den Unfallort dokumentieren und fotografieren. Doch hier greift man nicht so schnell auf die Polizei zurück, vielmehr versuchen die Streithälse zunächst eine außerpolizeiliche und damit außergerichtliche Lösung zu finden und sich untereinander zu einigen.

Wie gesagt, die Zuschauer sind bei solchen Unfällen keineswegs stille Beobachter, sondern beteiligen sich aktiv an der Debatte um Recht und Unrecht, und auch bei diesem Verkehrsdelikt haben sich bereits mehrere der Umstehenden in die heftige Diskussion der beiden Streitenden eingemischt und machen Lösungsvorschläge über eine aus ihrer Sicht angemessene Höhe der Kompensation für das »Opfer«. Die Lautstärke der Auseinandersetzung zieht die Aufmerksamkeit weiterer Passanten auf sich, sodass die Menschenmenge immer dichter wird und wir allmählich um unsere gute Sicht auf das Geschehen kämpfen müssen. Zumindest ist damit auf jeden Fall sichergestellt, dass sich die gerade von der Mehrheit der Zuschauer für schuldig befundene Partei nicht vom Unfallort entfernt und sich dadurch womöglich einer gerechten Bestrafung entzieht.

Die Bewertung einer solchen Situation unterliegt dabei anderen Grundsätzen, als wir es kennen. Ein Beispiel: Der Fahrer einer Luxuslimousine rammt einen Fahrradfahrer. Selbst wenn der Radler bei Rot über die Ampel gefahren sein sollte, wird das »Straßengericht« ihm eine Kompensation zusprechen. Würde dieser Radfahrer jedoch eine alte Frau überrollen, wäre er der Sündenbock. Diesmal müsste er die alte Dame entschädigen, selbst wenn diese den Unfall durch zu große Achtlosigkeit provoziert hätte.

Die Chinesen haben traditionell ein anderes Rechtsverständnis, als wir es in westlichen Ländern kennen. Vor Begründung des Kaisertums regelten Riten *(li)* und nicht Gesetze das Miteinander der Menschen. Diese Riten umfassten die Gesamtheit des sozialen Verhaltens zwischen den Menschen. Tugendhaftes Verhalten galt als vorbildhaft, und zu den Tugenden selbst zählten Loyalität, Rechtschaffenheit oder Respekt (zum Beispiel gegenüber Älteren und Ranghöheren).

Unter dem ersten Kaiser, Qin Shi Huangdi, wurde dann der Legalismus eingeführt, dessen Schwerpunkt das Strafrecht respektive ein Strafkatalog war. Auf die Qin-Dynastie folgte dann die Han-Dynastie und mit ihr die Institutionalisierung des Konfuzianismus. Die kurzlebige Republik China wiederum beendete die Kaiserzeit und mit ihr auch die Anwendung einer Vielzahl drakonischer Todesstrafen.

Mit der Gründung der Volksrepublik China wurde das zuvor bestehende Rechtssystem aufgehoben, die Gesetzgebung sollte komplett neu erarbeitet werden. Durch die Kulturrevolution kam das aber ins Stocken, und Mao nutzte diese, um sich seiner innerparteilichen Gegner zu entledigen und seine Macht zu festigen. Was heißt: Zwischen

1966 und 1976 herrschte praktisch eine gewisse Gesetzlosigkeit, die einzig noch funktionierende Organisation war die Armee. Neue Gesetze wurden überhaupt nicht mehr erlassen.

Ab 1978 gab es dann die Notwendigkeit, innerhalb kürzester Zeit Rechtsgrundlagen einer funktionierenden Rechtsordnung zu schaffen, sowohl im Zivil-, Straf- wie im Verwaltungsrecht. Diesem Zeitdruck, der Komplexität der Aufgabe und dem Umstand, dass kaum noch entsprechend ausgebildete Juristen in der Volksrepublik China zur Verfügung standen, ist es zuzurechnen, dass viele Gesetze und Bestimmungen zunächst sehr allgemein, kurz und unklar gefasst waren und mit Gesetzen etablierter westlicher Rechtsordnungen wenig gemein hatten. Oft trugen sie deshalb den Zusatz »Test-Erlass«.

In den Folgejahren wurden sie dann oft überarbeitet beziehungsweise durch detaillierte Ausführungsbestimmungen erläutert und konnten so dem rasanten Wandel in Wirtschaft und Gesellschaft angepasst werden. In diesem immer noch andauernden Prozess werden die chinesischen Gesetze auch nach und nach – insbesondere im Bereich des Zivilrechts – westlichen Standards angenähert. Nicht zuletzt deutsche Zivilgesetze dienten und dienen dabei als Grundlage für die Weiterentwicklung chinesischen Rechts.

Um Chinas heutiges Rechtssystem zu verstehen, empfiehlt sich ein Blick in die Verfassung, die ja Ausdruck des Selbstverständnisses eines Landes ist. Gleich im ersten Satz der Präambel wird festgestellt, dass China ein Land mit einer sehr langen Geschichte sei. Im zweiten Satz wird ausgeführt, dass die Menschen aller chinesischen Nationalitäten gemeinsam eine großartige Kultur hervorgebracht hätten und über eine glorreiche revolutionäre Tradition verfügten. Es wird erkennbar, dass im Zentrum der chinesischen Verfassung der Staat und die Nation stehen, nicht aber der Einzelne.

2011 wurden im Strafrecht Reformen durchgeführt. Die Anzahl der Verbrechen, die die Todesstrafe zur Folge haben können, wurde von achtundsechzig auf fünfundfünfzig reduziert. Insbesondere Wirtschaftsverbrechen (Steuerhinterziehung usw.) wurden von der Todesstrafe ausgenommen. Zur weiteren Reformierung unterstellte man die Richter der Zentralregierung – die Einflussnahme der lokalen Polizei sollte damit begrenzt werden. Ob sich diese Änderung wirklich als Verbesserung herausstellt, wird sich zeigen.

Die willkürliche »Rechtsprechung« der Kulturrevolution mit ihren Kampagnen und Schauprozessen ist aber dennoch einer zunehmenden Rechtssicherheit gewichen, die zwar nicht an die Rechtsstaatlichkeitsprinzipien westlicher Demokratien heranreicht, aber für China einen vielversprechenden Schritt in Richtung Zukunft darstellt.

»Die Situation scheint sich hier zu klären«, sagt Gerrit, der von uns am nächsten an der Unfallstelle steht. »Der Mann, der seine Schlüssel zu Boden geworfen hat, holt sein Portemonnaie hervor.«

»Dann können wir unseren Weg ja fortsetzen«, sage ich. »Sollen wir uns langsam überlegen, wo wir zu Abend essen wollen?«

»Ich kenne ein Restaurant in der Nähe des Houhai-Parks«, schlägt mein Bruder vor, »das bietet die sehr schmackhafte Yunnan-Küche an.«

Das Lokal befindet sich an einem meiner Lieblingsorte in Peking. Ich bin dementsprechend begeistert und stimme der Idee sofort zu. »Das hört sich gut an. Sollen wir in Gedenken an die alten Zeiten und spannenden Fahrten wie Oliver heute Mittag mit dem Bus zum Restaurant fahren?«, frage ich meine beiden Begleiter. Auch die beiden haben

Lust auf ein Abenteuer, und so machen wir uns auf den Weg zur nächsten Haltestelle.

Während wir dorthin unterwegs sind, krame ich alles in meinem Gedächtnis hervor, was ich über Yunnan weiß. Yunnan ist nicht nur eine der größten chinesischen Provinzen (sie umfasst fünf Klimazonen), sondern sie ist zudem das Gebiet, das nach dem Kaukasus die weltweit höchste ethnische Vielfalt aufweist und in dem daher auch viele unterschiedliche Sprachen gesprochen werden. Das bunte Spektrum dieses Landesteils hatte mich so fasziniert, dass ich schließlich eine Kurzreise nach Yunnan unternahm.

Noch ist Reisen für Chinesen ein Luxus, aber insbesondere der Binnentourismus nimmt immer weiter zu. Chinas Tourismusbranche hat sich in den letzten Jahren bereits sehr stark entwickelt. Dies ist zum einem dem steigenden chinesischen Wohlstandsniveau geschuldet, zum anderen der Tatsache, dass auch immer mehr ausländische Touristen die Volksrepublik bereisen. So nimmt China unter den beliebtesten Reisedestinationen der Deutschen inzwischen einen vorderen Platz ein – Tendenz weiter steigend.

Aber auch Auslandsreisen, die für die meisten Chinesen in den vergangenen Jahren vollkommen unerschwinglich und nur etwas zum Träumen waren, sind nicht mehr utopisch. Jedes Jahr verreisen Millionen Chinesen nach Europa, Amerika oder Australien. Damit die Daheimgebliebenen auch glauben, dass man all die Orte, die man nur vom Hörensagen kennt, wirklich besucht hat, sieht ein übliches chinesisches Reisefotoalbum daher in der Regel so aus: »Ich vor dem Eiffelturm«, »Ich vor dem Schloss Neuschwanstein«, »Ich vor dem Kolosseum in Rom«. Um möglichst viele dieser »Ich vor einer Sehenswürdigkeit«-Bilder zu sammeln, reisen viele chinesische Reisegruppen in wenigen Wochen an möglichst viele berühmte Orte, um Fotos zu machen, die man dann zu Hause herumzeigen kann. Die großen Reisebusse, mit denen Chinesen oft unterwegs sind, fahren aber auch mit Vorliebe die großen Einkaufspaläste Europas an – so wollen sie die Luxussteuer auf importierte Güter umgehen, die in China je nach Produkt zwischen fünf und zwanzig Prozent liegt. Für Chinesen sind in Europa gekaufte Markenwaren geradezu Schnäppchen, und natürlich werden sie kofferweise erstanden, für sich selbst, für Familienangehörige oder Freunde. Chinesische Touristen erkennt man an Flughäfen daran, dass sie zahlreiche Tüten und großes Gepäck mit sich herumschleppen und mit dem Bodenpersonal ihrer Fluggesellschaft um Übergepäckzahlungen kämpfen. In Deutschland hat man sich in den Großstädten auf diese Kunden längst eingestellt, zahlreiche Geschäfte im Luxusgüterbereich sind dazu übergegangen, speziell geschulte chinesische Verkäufer einzusetzen oder welche, die Chinesisch beherrschen.

Auch in der Nähe interessanter Sehenswürdigkeiten gibt es Geschäfte mit deutschen Waren (etwa Haushaltsgeräte oder Schmuck), in denen am Schaufenster auf Chinesisch dafür geworben wird, dass man hier Steuererstattungstickets ausgestellt bekommt. Auch Joey ist mittlerweile in der Frage ein Profi, wo sie sich die Mehrwertsteuer auf Produkte zurückzahlen lassen kann. Wer bei der nächsten Reise im Transitbereich eines Flughafens eine lange Schlange vor einem der sogenannten Tax-Refund-Schalter sieht, weiß nun, worum es sich handelt.

Individualtourismus, wie wir ihn uns im Westen vorstellen, gibt es in China noch nicht so ausgeprägt, auch wenn es inzwischen für wohlsituierte Oberklassefamilien zum guten Ton gehört, sich Individualreisen zu Zielen in aller Welt maßschneidern zu lassen. Pauschal- oder Gruppenreisen stehen im Vordergrund, und selbst wenn einmal ein Paar allein unterwegs ist, so bedeutet das bei den Hot Spots des Landes immer eines: viele andere Touristen und lange Warteschlangen!

Allerdings rechnete ich weder mit Massentourismus noch mit großen Wartezeiten, als ich mich mit Joey für einen spontanen Kurztrip in den Westen Chinas, in die Provinz Yunnan, in den Flieger setzte, denn wir traten unsere Reise an einem ganz normalen Dienstag und außerhalb jeglicher Feier- und Ferientage an. Erstes Ziel war die historische Stadt Lijiang, und nicht nur ich war voller Vorfreude, auch meine Schwägerin. Nie zuvor war sie in Yunnan gewesen – und deshalb war sie sehr gespannt auf die kommenden Tage.

Nach der Landung hörten wir zu Joeys großem Schrecken die Ankündigung des Flugpersonals, dass wir uns nun in einer Region befinden würden, die mehr als dreitausend Meter über dem Meeresspiegel liegt und man daher gegen etwaigen Sauerstoffmangel und Höhenkrankheit gewappnet sein sollte.

Augenblicklich wurde Joey bleich, ihre Finger krallten sich in die Armlehnen. Da sie vor einigen Jahren anlässlich einer Reise zum Hochplateau von Tibet bereits ihre Erfahrungen mit Sauerstoffmangel gemacht hatte (Atemnot und Übelkeit), weigerte sie sich zunächst, aus dem Flugzeug auszusteigen.

Sie hatte tatsächlich nicht gewusst, dass sich unsere Destination in einem der höchstgelegenen Gebiete der Welt befindet. Mir dämmerte langsam, dass ich, wohl durch mein Studium, in dem ich Kurse über die Topografie Chinas besucht hatte, und das grundsätzliche, für einen Deutschen typische Interesse an seinem Reiseziel, einen gehörigen Wissensvorsprung über geografische Begebenheiten und Geschichte dieser Provinz hatte.

Es bedurfte meiner gesamten Überzeugungskraft, dass Joey nicht sofort wieder zurück nach Peking flog, sondern zumindest einmal die Nase aus dem Flugzeug steckte.

Schließlich schaffte sie es die Gangway hinunter, und nachdem wir uns dann wie die meisten anderen Fluggäste zur Sicherheit noch gleich am Flughafen eine »zufälligerweise« direkt hinter dem Ausstieg erhältliche Sauerstoff-Sprayflasche mit Inhalationsaufsatz für Mund und Nase gekauft hatten, war meine Schwägerin beruhigt – und die Reise konnte fortgesetzt werden.

Nach einer halbstündigen Taxifahrt kamen wir im Stadtzentrum an, und als wir aus dem Auto stiegen, traute ich meinen Augen nicht: Neben den Einwohnern von Lijiang, darunter die zahlreichen Angehörigen der Naxi-Minorität, die insbesondere durch ihre bunte Kleidung auffielen, liefen überall chinesische Touristen herum, darunter viele Pärchen, und das zu Tausenden! Und das sollte sich auch nicht ändern. Nirgendwo, ob in der Altstadt von Lijiang – noch vor zehn Jahren im *Lonely Planet* als ein absoluter Geheimtipp ausgewiesen – oder auf dem berühmten Jade-Drachen-Schneeberg in über 5500 Meter Höhe: An allen Stationen mussten wir stundenlang anstehen oder mit anderen zusammen in einem Reisebus hinfahren. Ich muss zugeben: Der Massentourismus hatte mich völlig überrascht und kalt erwischt.

Nach ein paar Tagen in der Gegend um Lijiang war ich froh, dass wir uns mit einem Privatfahrer auf den Weg zu einer abgeschiedenen Stadt mit dem sagenumwobenen Namen Shangri-La im Grenzgebiet von Tibet, Sichuan und Yunnan machten. Mich hatte der Name der Stadt geködert, der mich sofort an den wunderbaren Ort aus dem Roman *Der verlorene Horizont* des Briten James Hilton denken ließ.

Wie sich herausstellen sollte, war ich jedoch, wie viele andere auch, durch diesen Namen auf einen gewitzten Marketingtrick einer chinesischen Stadtbehörde hereingefallen: Es handelt sich beim heutigen Shangri-La natürlich nicht um die fiktive Stadt aus dem Buch, sondern um die willkürliche Umbenennung der Stadt Zhongdian in Shangri-La im Jahr 2001. Die schlauen Stadtväter hatten erkannt: Wenn wir uns Shangri-La nennen, kommen Touristen! Die Strategie hat offensichtlich funktioniert. Und: Die Stadt ist tatsächlich einen Besuch wert!

Wir wohnten in einem wunderbaren, tibetisch geprägten Hotel mit einem hervorragenden Ausblick auf den buddhistischen Tempel inmitten des Altstadtzentrums. Mich nahm diese beinahe meditative Stimmung der nahe gelegenen Lamaklöster, die vielen praktizierenden Buddhisten, der ständige Geruch von Räucherstäbchen oder Holzöfen und die klaren Farben dieser Höhenlage ebenso gefangen wie die engen Steingässchen und das rege Treiben in der Altstadt. Jeden Abend gegen neunzehn Uhr wurde auf dem zentralen Marktplatz getanzt. Ob Alt oder Jung, alle Generationen waren vertreten! Auch Joey und ich schlossen uns allabendlich den Menschen an, die im Kreis zu lokaler, folkloristischer Musik tanzten. Es war ein befreiendes Gefühl, sich gemeinsam im Takt zu wiegen und zu den Rhythmen der Musik zu bewegen. Danach kehrten wir glücklich und zufrieden in unser Zimmer im ersten Stock des Hotels zurück, auch wenn uns die Treppen hinauf den letzten Atem raubten – denn auch Shangri-La liegt auf über 3300 Metern Höhe.

Nach diesem geglückten Ausflug schlug ich den Besuch eines Nationalparks vor, der in der Nähe lag. Mitten in der Natur wären wir sicherlich ganz allein unterwegs, so hatte ich mir das gedacht.

Frohgemut fuhren wir nach einer langen Anreise durch das Eingangstor des Nationalparks. Dann blinzelte ich etwas überrascht: Hinter dem Eingang warteten ein riesiger Gebäudekomplex und Dutzende grüner Busse auf uns. Wir mussten unseren Wagen auf einem weitläufigen Parkplatz abstellen, danach wurden wir durch einen langen Gebäudeschlauch geführt, in dem man sich Proviant für unterwegs kaufen konnte. Anschließend passierten wir ein Geschäft, in dem Hunderte langer roter Winterjacken hingen. Als ich Joey darauf aufmerksam machte, dass das ein seltsamer Laden sei, der nur ein einziges Modell verkaufe, erklärte sie mir, dass man sich hier Mäntel für die Tour durch den Park leihen könne, wenn man nicht die dementsprechende Kleidung dabeihabe.

Ungläubig schaute ich sie an. »Kein Tourist wird doch so leichtsinnig sein, bei einer anstehenden Tour auf einen über fünftausend Meter hohen Berg im T-Shirt aufzukreuzen?«

»Warte mal ab«, sagte Joey und lachte mich voller Vorfreude an.

Kaum hatte sie das gesagt, stürmte eine Busladung voller chinesischer Touristen den Laden, und in Windeseile war beinahe jeder in eine rote Winterjacke geschlüpft. Dem Vermieter der Jacken glühten die Wangen vor Glück. Mit großen Augen beobachtete ich die Szene, ich konnte nicht fassen, was ich da sah.

Als wir uns dann in einen der grünen E-Busse setzten, die ein paar Meter weiter auf ihre Passagiere warteten, war ich völlig überrascht, dass wir im geschlossenen Gefährt durch den Nationalpark fahren sollten.

Ein paar Kilometer nach unserem Zusteigen hielt der Bus auf einem Parkplatz, von dem ein Holzsteg abging. Dahinter lag ein wunderschöner See, dessen Ufer von Tannenwäldern und Wiesen umgeben waren.

»Hier steigen wir aus«, erklärte mir Joey, ich hatte nicht zugehört, was uns über den Lautsprecher gesagt worden war, zu sehr hatte ich mich in die beeindruckende Landschaft vertieft. »Wir werden über den Steg gehen und dann einen Weg von fünf Kilometern zu Fuß zurücklegen. Am Ende des Pfads warten wieder Shuttlebusse auf uns, um uns zur nächsten Wanderstrecke zu bringen.«

Aber nach dem Aussteigen aus dem Bus machte ich noch eine weitere Entdeckung. »Schau mal«, flüsterte ich Joey zu, »einige der Touristinnen sind nicht nur ohne warme Jacken gekommen, sie tragen auch noch High Heels!«

Und es mussten immer *alle* aus dem Bus aussteigen und zu Fuß gehen. Kein Wunder, dass sie später jammerten, weil ihnen die Strecken bei dieser Tour zu weit waren.

»Konntest du denn die lokale Bevölkerung überhaupt verstehen?«, fragt mein Bruder, nachdem ich einiges von meinen Erlebnissen mit Joey erzählt habe. »Die sprachlichen Unterschiede sind ja oft so groß, dass sich auch viele Chinesen untereinander nicht verständigen können. Ich hatte auf meinen Reisen häufiger Sprachprobleme. Einmal saß ich in Westchina beim Friseur und bekam mit, wie sich zwei andere Kunden, die aufgrund ihrer Kleidung offensichtlich Tibeter waren, miteinander auf Hochchinesisch und nicht auf Tibetisch unterhielten. Als ich sie daraufhin ansprach, meinten sie, ihre Heimatdörfer lägen dreißig Kilometer voneinander entfernt, und da seien die Dialekte bereits zu stark abweichend voneinander, um sich in diesen unterhalten zu können. Das fand ich unglaublich!«

»Stimmt, die Kommunikation war wirklich nicht ganz unproblematisch. Ich hatte mir vorher auch gar keine Gedanken darüber gemacht, weil ich mir sicher war, dass Joey sich schon mit allen würde verständigen können. Aber tatsächlich hatte auch sie Probleme, mit den jeweiligen Bewohnern der Gegend zu kommunizieren, die teilweise nur lokale Dialekte sprachen. Eigentlich müssten wir uns als Europäer ja denken können, dass in einem Gebiet von der Größe unseres Kontinents auch ähnlich viele unterschiedliche Sprachen gesprochen werden, aber man vergisst eben immer wieder die Dimension Chinas.«

Es ist für Europäer mit ihren relativ kleinen Landesterritorien nur schwer vorstellbar, doch die einwandfreie Kommunikation zwischen Chinesen verschiedener Provinzen funktioniert grundsätzlich nur über die einheitliche Schriftsprache, die auch im Fernsehen immer als Untertitel mitläuft, damit jeder das Programm verstehen kann.

Das Thema Sprache ist in China sehr komplex. Zwar sprechen zweiundneunzig Prozent der Bevölkerung die chinesischen Sprachen, also Mandarin, das Amtssprache ist, oder das im Süden des Landes gesprochene Kantonesisch. Doch davon abgesehen gibt es noch die Minderheitensprachen, darunter Tibetisch, Uigurisch und Mongolisch. Die meisten Chinesen lernen in der Schule Mandarin, sodass sie sich, sofern sie die Schule besucht haben, auf Reisen untereinander verständigen können.

»Hier ist ja endlich die Bushaltestelle!«, ruft Oliver aus. »Jetzt müssen wir nur noch herausfinden, welcher Bus uns zum Ziel führt.«

Das ist in Peking gar nicht so einfach herauszufinden. Der uns unübersichtlich erscheinende Busplan ist im Gegensatz zu den Straßenschildern ausschließlich in chinesischen Schriftzeichen verfasst.

Chinesisch ist eine Silbensprache und verfügt anders als die europäischen Sprachen nicht über ein Alphabet. Allerdings können die chinesischen Schriftzeichen durch eine

Lautumschrift, das sogenannte *hanyu pinyin,* latinisiert werden. Jede Silbe der Lautumschrift wird dann mit einem besonderen Tonzeichen, das die Tonhöhe wiedergibt, versehen. Ein chinesisches Wort besteht aus mindestens einer Silbe. Jede dieser Silben wird durch ein Schriftzeichen ausgedrückt und in einer verschiedenen Tonhöhe betont. Es gibt vier verschiedene Tonhöhen: Der erste Ton ist gleichmäßig hoch. Der zweite Ton ist steigend, er hört sich so an, als würde ein Fragezeichen an das Silbenende gesetzt werden. Der dritte Ton fällt zunächst und steigt anschließend wieder an. Er gleicht einer Wellenbewegung. Der vierte Ton ist fallend, bei ihm kann man sich vorstellen, dass an das Silbenende ein Ausrufezeichen gesetzt wird. Schließlich gibt es noch einen neutralen Ton. Eine solche Silbe wird nicht betont. Und je nach der Betonung erhalten die Silben verschiedene Bedeutungen.

Um die Grundzüge der chinesischen Sprache zu erläutern, möchte ich mit einem unter Chinakennern fantasielos anmutenden Aufschlag zur überstrapazierten Silbe *ma* beginnen. Dennoch ist diese Silbe bestens dafür geeignet. Also: Die Silbe *ma* im ersten Ton bedeutet »Mama« oder »Mutter«. *Ma* im zweiten Ton kann je nach Kombination mit anderen Silben »Hanf« oder »Lähmung« *(mabi)*, »umständlich« *(mafan)*, »Masern« *(mazhen)* oder »Betäubung« *(mazui)* bedeuten. *Ma* im dritten Ton heißt »Pferd« und im vierten Ton »schimpfen«. Im fünften (oder neutralen) Ton wird *ma* als Partikel verwendet, um Fragesätze zu kennzeichnen. Herrlichste Verwechslungen kann es auch bei der Silbe *wen* geben, die, im zweiten Ton ausgesprochen, »küssen« bedeutet, im vierten Ton jedoch »fragen«. Der Unterschied liegt auf der Hand.

Da es aufgrund dieser feinen Nuancen auch unter Chinesen häufiger zu Bedeutungsunklarheiten kommen kann, liegt der Weisheit letzter Schluss in den Schriftzeichen. Sie bilden das Rückgrat der Sprache, da sie fast ausnahmslos eindeutig sind. Aus diesem Grund sieht man oft, dass Chinesen bei einer Konversation Schriftzeichen in die Luft, in den Sand, auf die Handfläche oder auf ein Stück Papier malen – insbesondere dann, wenn es um ihre Eigennamen geht. Insgesamt kennt die chinesische Sprache rund 50 000 verschiedene Zeichen. Hochgebildete Menschen beherrschen etwa 10 000 Zeichen, zur Lektüre von Tageszeitungen sind aber zwischen 2500 und 3000 Schriftzeichen ausreichend. Ein Schriftzeichen selbst erhält keine Hinweise darauf, wie es ausgesprochen wird. Im Umkehrschluss bedeutet das, dass ein Chinese (oder ein ausländischer Sprachstudent) sämtliche Aussprachen der Zeichen auswendig lernen muss.

Wenn ein Chinese Deutsch als Fremdsprache lernt und im Text auf das ihm unbekannte Wort »Einbahnstraße« stößt, so wird er zunächst den Sinn des Begriffs nicht erfassen. Als Nächstes wird er ein Lexikon zur Hand nehmen und unter dem Buchstaben »E« nachschlagen. Unter »E« wird er über »E«, »i« und »n« so lange suchen, bis er schließlich das Wort »Einbahnstraße« findet. Eigentlich eine sehr einfache Methode.

Wie findet man aber ein unbekanntes chinesisches Schriftzeichen, dessen Aussprache man nicht kennt? Auch die chinesischen Lexika sind alphabetisch aufgebaut, jedoch kann man das Zeichen nicht finden, wenn die Aussprache nicht bekannt ist. Ich nehme mal das Schriftzeichen 吗. Wie man erkennt, enthält dieses Schriftzeichen keinerlei Hinweise auf eine mögliche Aussprache. Also was tun? Im ersten Schritt untersucht man das zunächst unbekannte Schriftzeichen auf seine Komponenten. Ein Schriftzeichen besteht in der Regel aus einem sogenannten Radikal, dem

»Sinngeber«, und einer Ergänzung. Das Radikal steht dabei in der Regel links neben der Ergänzung oder darunter. In diesem Fall scheint das Radikal das kleine Quadrat links neben der Ergänzung zu sein.

Im nächsten Schritt werden die Striche gezählt, aus denen dieses kleine Quadrat besteht. Das Radikal besteht aus drei (und nicht vier!) Strichen, da besondere Regeln bei der Zählung der Striche angewendet werden. Anschließend schlägt man das Lexikon auf und sucht im Verzeichnis aller Radikale diejenigen Radikale, die sich aus drei Strichen zusammensetzen. Unter der Nummer 58 findet man auch das kleine Quadrat.

Im Unterverzeichnis der Radikalliste sind nun alle Schriftzeichen auszumachen, die das Radikal Nummer 58 enthalten. Jetzt werden die Striche gezählt, aus denen die Ergänzung des Zeichens besteht. Unter Anwendung der Regeln erkennt man nun, dass die Ergänzung aus drei Strichen besteht. In einer Liste aller Zeichen, die aus drei Strichen bestehen und in denen zusätzlich das Radikal Nummer 58 steht, findet man schließlich das gesuchte Zeichen sowie eine Seitenzahl.

Auf der entsprechenden Seite im Lexikon findet man jetzt das gesuchte Schriftzeichen, seine phonetische Umschrift, die Tonhöhe sowie seine Bedeutung. Und um was handelt es sich bei dem Zeichen? Um die Partikel *ma* im neutralen Ton, die benutzt wird, um im Chinesischen einen Fragesatz zu kennzeichnen. Das alles hört sich sehr kompliziert an, und das ist es auch. Wer geübt ist, kann diesen Prozess zwar in kurzer Zeit erledigen – dennoch kann ich mich sehr gut an meine Studententage erinnern, an denen mich die Suche nach dem korrekten Schriftzeichen immer wieder in den Wahnsinn trieb.

In solchen Momenten verfluchte ich auch, dass die chinesische Schrift keine Leerzeichen verwendet. Dadurch, dass man nie eindeutig weiß, welche Zeichen zusammengehören und ein Wort ergeben und an welchen anderen Stellen zwei Zeichen zu einem Zeichen abgekürzt werden, wird die Übersetzung eines chinesischen Textes schnell zum Puzzlespiel.

Erfreulicherweise hält die moderne Technik hervorragende Hilfsmittel für den Nicht-Muttersprachler bereit. Wer in der Lautumschrift sattelfest ist, kann heutzutage recht bequem SMS und E-Mails schreiben, sofern eine gute Hard- und Software vorhanden sind. Die Silben werden einfach per Tastatur eingegeben, und das Programm bietet in einem Menü alle Silben an, die aus der Buchstabenkombination *ma* (m + a) bestehen. Dies setzt jedoch voraus, dass der SMS- oder E-Mail-Schreiber zumindest in der Lage ist, die Schriftzeichen zu erkennen.

Intelligente Programme bieten zusätzlich den Komfort an, dass nach Eingabe der ersten Silbe im Menü diejenigen Silben, die sich am sinnvollsten oder am häufigsten mit der ersten Silbe kombinieren lassen, an vorderer Stelle angeboten werden. Wird zum Beispiel die Silbe *zhong* (Mitte) eingegeben, so bietet das Menü sofort die Kombination von *zhong* + *guo* (Mitte + Land = Land der Mitte = China) an oder in einem dritten Schritt, nach Eingabe von *zhong* + *guo*, die Silbe *ren* (Mensch): *zhong* + *guo* + *ren* (Mitte + Land + Mensch = Chinese). Eigentlich ganz einfach. Zumindest viel einfacher als früher!

Gerrit und Oliver kommunizieren mittlerweile in hoher Geschwindigkeit per SMS oder E-Mail mit ihren chinesischen Freunden. Eine Neuerung, die für die heranwachsende Generation problematisch werden könnte, ist die angesagte Smartphone-Funktion der Sprachnachrichten. Mittels der erwähnten App »WeChat« spricht Gerrit gerade eine Nachricht an seine Frau in sein Handy. Auf diese Weise spart man sich selbst die geringe Mühe des Tippens. Dadurch, also wenn man nicht mehr ständig aktiv schreibt, verschlechtert sich langsam die Fähigkeit des Zeichen-Schreibens.

Dabei ist die Schrift eine der größten Errungenschaften der chinesischen Sprache – sie ist gleichsam die kulturelle DNA des Riesenlandes. Aufgrund der enormen Anzahl an Schriftzeichen ist Chinesisch eine sehr wortgewaltige Sprache, die unzählige Ausdrucksvarianten, Differenzierungen und Beschreibungsnuancen beinhaltet. Sie eröffnet somit fast unbegrenzte Möglichkeiten für Wortspiele. Dies entspricht wiederum der chinesischen Art, Dinge möglichst unklar auszudrücken oder blumig zu umschreiben.

»Wohin wollt ihr denn?«, fragt hilfsbereit eine mit uns wartende Frau. Sie hat wohl bemerkt, dass uns der Fahrplan ratlos gemacht hat.

Wir sagen ihr unser Ziel, und sie nennt uns die Nummer des Busses, der uns dorthin bringen wird. »Ihr könntet aber auch mit der U-Bahn fahren, die Station ist nicht weit von hier. In den Zügen gibt es nämlich Klimaanlagen – in den Bussen hingegen ist es immer so warm«, schiebt sie noch hinterher.

»Stimmt. Mit der U-Bahn zu fahren, ist eigentlich viel schneller, als sich mit dem Bus durch die Stadt zu quälen«, wirft Gerrit ein, als in diesem Moment der Bus mit der richtigen Nummer auftaucht. »Außerdem sind die Schilder moderner U-Bahn-Stationen auch alle in Englisch.«

Landesweit gibt es in den größeren chinesischen Städten gut vernetzte U-Bahn-Systeme, so auch in Peking. Fuhren hier in den neunziger Jahren lediglich zwei Linien, so decken nun unzählige neue den Großraum Peking ab.

Besonders nachdem die Hauptstadt den Zuschlag für die Ausrichtung der Olympischen Spiele 2008 erhalten hatte, wurde massiv in den Ausbau des Netzes investiert. Mit einer Streckenlänge von fast fünfhundert Kilometern verfügt Peking über das längste U-Bahn-Netz der Welt. Für zwei Yuan kann jeder durch die ganze Stadt fahren und gleichzeitig dem höchst lästigen Stau, der »über Tage« die Autofahrer herausfordert, vermeiden. Die U-Bahn ist in Bezug auf die Zeitplanung das berechenbarste Transportmittel. Über zehn Millionen Fahrgäste werden Tag für Tag unterirdisch durch die Hauptstadt befördert.

»Für die U-Bahn ist es jetzt zu spät«, verwerfe ich Gerrits Idee, denn die Bustüren öffnen sich bereits. Ich schaue mich noch einmal kurz um, rufe der netten Frau ein *»xiexie«*, ein Danke, zu und konzentriere mich dann auf den Bus vor mir. Wie gewohnt ist er rappelvoll, und so wird schon das Einsteigen zum Abenteuer. Die einzig erfolgreiche Methode ist die, sich in den Bus hineinzuzwängen, noch bevor die Fahrgäste ausgestiegen sind. Bedingt durch die vielen Menschen lernt man schnell, dass man, sobald man versucht, den Regeln der Höflichkeit zu folgen, immer noch vor dem Bus steht, wenn dieser längst losfährt. Wir alle haben bereits mehrfach diese Erfahrung gemacht, weshalb wir uns nun gekonnt energisch durch die Türen quetschen.

Als wir es in den Bus geschafft haben, stolz auf unser gelungenes Einsteigemanöver, werden wir vom laut rufenden Fahrkartenverkäufer, der weiter vorn im Bus sitzt, als neu zugestiegene Passagiere zum Kauf von Fahrkarten zum Preis von einem Yuan aufgefordert.

»Was, so teuer sind die Tickets inzwischen!«, ruft Gerrit entrüstet. »Vor gar nicht langer Zeit kostete ein Ticket noch einen Zehntel-Yuan.«

»Du bist wohl schon lange nicht mehr Bus gefahren«, sage ich zu meinem Bruder. »Eigentlich ist es doch schön, dass hier überhaupt noch die Kartenverkäufer mitfahren.«

»Genau«, stimmt mir Oliver zu. »Denn die meisten hier haben elektronische Tickets, die sie selbst entwerten. Aber ohne ihn würde etwas fehlen. Wartet ab, bis wir ihn bei seinen anderen Aufgaben erleben.«

Und tatsächlich wird es unterhaltsam: Während der Bus sich durch den dichten Straßenverkehr kämpft und nachdem wir bei dem Kartenverkäufer unsere Tickets gelöst haben, hängt dieser sich mit einem Megafon aus dem Fenster, brüllt Fahrradfahrer und unvorsichtige Fußgänger an und winkt hektisch mit einer roten Fahne, um die anderen Verkehrsteilnehmer zu warnen. Hin und wieder legt er auch sein Megafon zur Seite und trommelt stattdessen mit der flachen Hand auf die Außenseite des Busses. Zu unserer Verwunderung funktioniert dieses Warnsystem sehr gut: Ein paar aufgeschreckte Fahrradfahrer weichen uns aus, und auch die Autofahrer halten respektvoll Abstand, während unser Bus über die Straße brettert.

Ich frage mich, wie der Vater und sein Kind, die direkt gegenüber dem auf Krawall gebürsteten Fahrkartenverkäufer sitzen, diese Lautstärke überhaupt ertragen können. Ich bewundere sie dafür, dass sie keine Miene verziehen.

Ein Tagesausflug fällt mir ein, an dem ich gemeinsam mit deutschen und chinesischen Freunden zur in der Nähe von Peking gelegenen Drachenschlucht gefahren bin. Die gebirgige Gegend mutete an wie aus J. R. R. Tolkiens Saga *Der Herr der Ringe* und war wirklich wunderschön. Einzig die chinesische Reiseführerin, die vom Bug des kleinen Passagierschiffs aus die landschaftlichen Besonderheiten per Megafon erklärte und uns förmlich ins Ohr brüllte, störte aus meiner und aus Sicht der anderen Deutschen die Ruhe und die Schönheit der Natur. Doch keiner der chinesischen Fahrgäste regte sich auf – Lautstärke gehört in China einfach zum Leben dazu. Viele Chinesen begegnen solchen Unannehmlichkeiten mit wesentlich mehr Gleichgültigkeit und Pragmatismus als die meisten Europäer. Da sie sowieso in ihrer momentanen Situation weder an dem Hupen noch an dem Megafongeschrei etwas ändern können, ignorieren sie diese Umstände schlichtweg.

Gerrit scheinen meine Reiseerlebnisse aus Yunnan, die ich eben noch zum Besten gegeben habe, noch nicht aus dem Kopf gegangen zu sein. Eingezwängt zwischen Oliver und mir und um sein Gleichgewicht ringend, gerät er beim Wiederaufgreifen des Themas ins Schwärmen. »China ist wirklich einmalig. Es gibt wenige Länder, die so viel zu bieten haben: Tundra, Hochgebirge, Tiefebenen, tropische Wälder, die unendlich lang gezogene Ost- und Südküste, aber auch schier unendlich weite Wüsten, die lediglich von einzelnen Oasenstädten unterbrochen werden. So richtig ist mir das erst auf meiner Reise von Peking nach Westchina klar geworden. Schon nach wenigen Stunden haben wir nur noch Wüste, Wüste und nochmals Wüste gesehen!«

»Ja, das habe ich auch schon mal erlebt«, meint Oliver. »Es ist fast ein wenig unheimlich. Gelegentlich verändern sich zwar die Farben durch den Lauf der Sonne, ansonsten gibt es auf einer Fahrt durch die chinesische Wüste keine Abwechslung.« Hier wird schnell deutlich, warum über neunzig Prozent der Bevölkerung auf knapp vierzig Prozent der Fläche in Ostchina wohnen. Ein Blick auf die Landkarte verrät, dass der Westen durch Wüsten, Steppen und Hochplateaus bestimmt wird und deshalb nur dünn besiedelt ist.

In diesem Moment fahren wir durch ein Schlagloch und werden ordentlich durchgerüttelt. »Das ist ja schlimmer als bei meiner Busreise durch die Wüste Taklamakan, als ich auf den Spuren der Seidenstraße unterwegs war«, sagt Oliver.

Ich lache auf. »Was hast du eigentlich von diesem Land noch nicht gesehen?« Oliver, der als Individualtourist und nicht in typisch chinesischer Manier als Gruppenreisender das Land erkundet hat, weiß zu jedem Landesteil eine Anekdote zu erzählen.

Schon als Junge hat er sich gern im Fernsehen Reisedokumentationen angeschaut, etwa von Peter Scholl-Latour. Und im ARD-Korrespondentenmagazin *Weltspiegel* wurde viel über China und Südostasien berichtet, wodurch sein Interesse an den fernöstlichen Ländern immer weiter zunahm. Nach seinem Studium und dem Auslandsjahr im Reich der Mitte hat ihn dann endgültig das Chinafieber gepackt. Dadurch hat Oliver sich von vielen Dingen ein eigenes Bild machen können.

»Gute Frage, da fällt mir wenig ein«, antwortet Oliver und kommt wieder auf sein Erlebnis zu sprechen. »In den Neunzigern war eine Busverbindung eigentlich die einzige Möglichkeit, um die alte Karawanenstraße zu erkunden. Zwischen den Handelsorten Urumqi und Kashgar war man damals vierundvierzig Stunden unterwegs!«

Heute, mit Fertigstellung der Eisenbahnstrecke, haben sich die Strapazen einer Durchquerung der Wüste Taklamakan deutlich reduziert, dennoch ist das Entwicklungsgefälle gegenüber den reicheren ost- und südchinesischen Küstenprovinzen des Landes immer noch erheblich. Deshalb hat der Staatsrat im Dezember 2000 die »Go-West-Strategie« ausgerufen. Damit sollte der Aufbau einer Infrastruktur in Westchina sowie eine stabile Energieversorgung gewährleistet werden. Diese Entwicklungsstrategie für den Westen birgt sicherlich auch den Wunsch nach einer besseren Nutzung der dort bislang ungenutzten Rohstoffquellen.

»Aber mir waren die Reisedauer und die Unannehmlichkeiten der Fahrt egal«, erzählt Oliver weiter, »ich wollte auf jeden Fall einmal die legendäre Oasenstadt Kashgar sehen.«

Olivers Interesse an dieser am Rande der Wüste gelegenen Stadt ist verständlich. Kashgar findet bereits vor über zweitausend Jahren Erwähnung in der Geschichte, sie war schon sehr früh eine Drehscheibe für den Handel auf der Seidenstraße. Von hier aus führten Wege in den Süden, nach Indien und Pakistan, sowie in den Westen, Richtung Persien und Rom. Die Bedeutung Kashgars nahm in den letzten tausend Jahren allerdings kontinuierlich ab, da der beschwerliche und gefährliche Weg über die Berge und durch die Wüsten der Seidenstraße durch den schnelleren und sichereren Seeweg schrittweise ersetzt wurde.

»Gab es bei deinem Wüstentrip eigentlich eine Toilette an Bord des Busses?«, frage ich Oliver neugierig, bevor er über sein Reiseziel berichten kann.

Oliver schaut verdutzt, denkt für einen Moment nach, dann antwortet er: »Nein, eine Toilette gab es nicht. Und die Passagiere mussten sich auch selbst Proviant mitnehmen. Aber der Bus selbst war schon ein Unikum. Anstelle von Sitzen war er mit rund 1,80 Meter langen Pritschen ausgestattet, die für Menschen wie mich, die größer sind, zum Schlafen nicht gerade geeignet waren. Die Chinesen, die mitfuhren, teilten sich häufig eine Pritsche zu zweit oder sogar zu dritt, schliefen im Wechsel, unterhielten sich oder spielten Karten. Zum Zeitvertreib aßen sie ununterbrochen Sonnenblumenkerne, deren Schalen sich schnell zu kleineren und größeren Haufen im Innern des Busses auftürmten. Die beiden Fahrer, die sich während der Fahrt abwechselten, hatten wiederum auf der Abdeckung über dem Getriebe des Busses eine eindrucksvolle und randvoll gefüllte Batterie von Teegläsern aufgebaut, deren Größe an Fünf-Liter-Bierfässer erinnerte. Während sie ihren Tee tranken und fuhren, hörten sie laut aufgedrehte Radiomusik. Also, das war wirklich schon ein sehr außergewöhnlicher Bustrip …« Oliver schüttelt in Gedanken an diesen den Kopf und fügt noch hinzu: »Der positive Aspekt dieser langen Fahrt aber war, dass wir zumindest etwas rascher vorankamen als noch zu Zeiten Marco Polos, in denen man auf Kamelen und Eseln die Wüste durchwanderte. Obwohl das am Ende auch nicht so viel länger hätte dauern können.«

»Schlaflose Nächte auf Reisen habe ich in China auch schon einige gehabt«, erkläre ich und fange an zu erzählen. »Vor ein paar Jahren hatte ich auf einer langen Nachtfahrt von Peking nach Shanghai ein besonders eindrückliches Zugerlebnis. Nach dem Boarding – wie beim Fliegen wird man ja erst kurz vor Ankunft des Zuges auf den dazugehörigen Bahnsteig geführt – richtete ich mich an meinem Gangplatz eines voll besetzten Vierertisches ein, wo ich auch die Nacht im Sitzen verbringen musste. Aufgrund einer Fehlbuchung hatte ich statt eines Schlafwagentickets eine Sitzplatzfahrkarte erhalten. Kein Wunder, dass ich aus diesem Grund ohnehin nur mäßig gelaunt war. Meine Fahrt begann dann damit, dass mein Sitznachbar links neben mir anfing, seine Ohren mit einem kleinen Stäbchen, das er kurz zuvor beim Schaffner erstanden hatte, zu säubern.«

Wenn nicht diese metallenen Stäbchen zum Einsatz kommen, deren Ende ein löffelartiges Gebilde darstellt, so ist es in der Regel der überlange kleine Fingernagel, den sich insbesondere chinesische Männer gern wachsen lassen. In einigen Westprovinzen ist es nach wie vor nicht ungewöhnlich, selbst am Esstisch im Restaurant vor allen Augen die Ohren »medizinisch« gereinigt zu bekommen.

»Meine chinesischen Tischkollegen«, fahre ich fort, »die mir gegenübersaßen, schauten sich dann die meiste Zeit der Fahrt auf ihrem Computer Videofilme an, natürlich ohne Kopfhörer. Oder sie spielten, selbstverständlich wieder ohne Kopfhörer, Computerspiele, während sie mit den Zähnen gekonnt – das muss dir, Oliver, nur zu bekannt vorkommen – die in einer Plastiktüte mitgebrachten Sonnenblumenkerne zerknackten. Die Überbleibsel der Kerne waren bereits nach kurzer Zeit über den ganzen Tisch verteilt.«

Es ist normal, dass Zugreisende ihre Lebensmittelreste wie Eier- und Obstschalen, Knochen und Verpackungen auf den Boden fallen lassen oder einfach aus dem Fenster werfen, sofern nicht vorher die in regelmäßigen Abständen durch die Abteile laufende Servicekraft mit ihrem blauen Müllsack vorbeikommt und die Abfälle einsammelt.

»An Schlaf war da wohl kaum zu denken, nehme ich mal an.« Mein Bruder grinst.

»Richtig«, sage ich. »Das war aber nicht nur dem lauten Schnarchen meines Sitznachbarn geschuldet, der nach seiner Körperhygiene ermüdet eingeschlafen ist. Während die meisten Fahrgäste schliefen, hielten die wenigen wachen Mitreisenden umso beeindruckender den Lärmpegel hoch. Am nächsten Morgen stieg ich dann wie gerädert aus dem Zug, während meine Tischnachbarn sich fröhlich und bestens erholt vor mir verabschiedeten«, beende ich mit einem etwas empörten Tonfall meine Geschichte.

»Es ist immer wieder gut, auf den Boden der Tatsachen zurückgeholt zu werden, und sei es durch andere Lebensrealitäten oder durch ein anderes Komfortlevel«, sagt Gerrit.

Ungläubig schaue ich ihn an. Er war es gewesen, der mir für diesen Nachtzug statt eines Schlafwagentickets versehentlich einen Sitzplatz gebucht hatte. Schon damals hatte ich nicht die geringste Spur von Reue über dieses Missgeschick bei ihm entdecken können. »Irgendwie habe ich den Eindruck, dass du dich damals wie heute königlich über meine schlaflose Nacht amüsierst«, entgegne ich ihm mit einem Augenzwinkern.

Im nächsten Augenblick denke ich wieder an das Reisen in China. Insgesamt geht es auf Bahnhöfen und in Zügen deutlich gesitteter zu als noch vor ein paar Jahren. Es gibt moderne Wartesäle, die eigentlich mehr die Anmutung von Flughäfen haben, Heiß- und Kaltwasserspender, mit denen man die in China bekannten (und tatsächlich gern genutzten) Fertigsuppen zubereiten kann, und vor allem immer mehr Ausländer, die zumeist auf die modernen Hochgeschwindigkeitszüge zurückgreifen. Diese vor allem in den Küstenregionen etablierten Züge legen zum Beispiel die 1318 Kilometer lange Strecke von Peking nach Shanghai in vier Stunden und achtundvierzig Minuten zurück. Die nach vier Jahren Bauzeit bereits Mitte 2011 eröffnete Verbindung ist neben der zwischen Peking und Kanton das Prunkstück der auf einer Länge von 8358 Kilometer ausgebauten Hochgeschwindigkeitstrassen Chinas. Bis 2020 soll das Highspeed-Netz verdoppelt werden und das ganze Land überziehen.

»Mit der Einführung der neuen Schnellzüge, die so modern und komfortabel sind, wird man die Zugerlebnisse von damals kaum noch erfahren können«, konstatiere ich, mehr zu mir selbst als zu meinen beiden Begleitern. »Man kann sich in Sesseln entspannen, die man wie die Sitze der Business Class in Flugzeugen in eine Liegeposition bringen kann. Zwischen den Sitzen ist zudem ein respektabler Abstand, sodass man dort wirklich seine Ruhe hat und auch gemütlich schlafen kann. So lässt es sich gut reisen.«

Keiner sagt etwas, jeder hängt seinen eigenen Gedanken nach. Was nicht ganz leicht ist, denn der Bus ruckt und röchelt bedenklich. Chinesische Busfahrer gehen aus ihrer Perspektive äußerst ökonomisch mit ihrem Gefährt um. Das bedeutet, dass bereits bei geringen Geschwindigkeiten in hohe Gänge geschaltet wird. Der Motor läuft auf diese Weise fast immer untertourig. Um Kraftstoff zu sparen, wird er bei jedem Gefälle, und sei es noch so kurz und flach, ausgeschaltet. Auch unser Busfahrer scheint sich an dieses Credo zu halten. Ich versuche einen Blick auf ihn zu erhaschen, aber es lässt sich nur die Ecke eines Teeglases erkennen. Abgesehen von der schieren Größe dieser Gläser gehört ein solches neben den obligatorischen weißen Wollhandschuhen zur Grundausstattung chinesischer Busfahrer. Zigaretten, eine riesige Sonnenbrille sowie einige Kassetten mit für unsere Ohren unerträglicher Musik runden in der Regel die Ausrüstung ab.

»Zum Glück wurden in den letzten Jahren nicht nur Bahnhöfe und Züge modernisiert, sondern man kann heutzutage auch unbesorgt in chinesische Flugzeuge steigen«, nimmt Oliver, der morgen früh nach Taiwan fliegt, den Faden unseres Gesprächs wieder auf. »Mittlerweile haben es bereits zwei chinesische Airlines in die Star Alliance geschafft. Auch die Infrastruktur gestaltet sich immer besser. Die verschiedenen Städte Chinas sind heute durch über 182 kommerzielle Flughäfen miteinander verbunden – mit dem Flugzeug kommt man also bereits überallhin.«

»Stimmt«, werfe ich ein. »Aber auch das Autofahren wird immer beliebter. Wochenendausflüge in die Umgebung von Peking zum Beispiel liegen absolut im Trend.«

»Ja, leider«, seufzt Gerrit. »Normalerweise kostet die Nutzung der Autobahnen Geld, und zwar gar nicht mal so wenig. Aber an Feiertagen sind die Schnellstraßen umsonst. Und alles, was ein Auto hat, muss dann anscheinend los. Jedes Mal geraten wir an solchen Tagen bei unseren Ausflügen ins Pekinger Umland in einen Superstau. Und das, obwohl das Straßennetz schon besonders gut ausgebaut ist.«

Neben dem Interstate Highway System der USA verfügt China über das größte Schnellstraßennetz der Welt. Dass allein 2013 Schnellstraßen in einer Länge von über achttausend Kilometern gebaut wurden und bis zum Jahr 2020 weiterhin jährlich rund zwölf Milliarden Euro in ihren weiteren Ausbau investiert wird, zeigt, mit welcher Intensität derzeit der Ausbau der Straßeninfrastruktur in China vorangetrieben wird.

»Wir müssen aussteigen!«, ruft Oliver plötzlich.

Durch unsere Überlegungen wären wir fast an unserer Haltestelle vorbeigefahren, und so quetschen wir uns hektisch in Richtung Bustür. Als wir wieder auf der Straße stehen, sind wir zufrieden, das Abenteuer Bus gut überstanden zu haben, aber auch ein wenig froh, wieder sicheren Boden unter den Füßen zu haben.

Wir freuen uns darauf, auf dem Weg zum Restaurant zunächst ein paar Minuten durch die schöne Gegend westlich des Houhai-Sees zu laufen, die noch nicht so stark von Touristen überlaufen ist.

Wir orientieren uns kurz und marschieren los in Richtung einer schmalen Öffnung zwischen grauen Hauswänden. Es ist einer der zahlreichen Eingänge zu einem der traditionellsten Straßenzüge der Stadt. Die sogenannten *hutongs* sind Gassenviertel, die bis in die Neunziger hinein eine der dominierenden Wohnbebauungen in Pekings Stadtkern waren. Solche engen Gassen gibt es zwar auch in allen anderen Städten Chinas, doch die *hutongs* von Peking sind besonders bekannt. Bei den Wohnhäusern handelt es sich meist um komplett ummauerte Höfe, sogenannte *siheyuans*.

Die *hutongs* sind aber nicht nur auf den historischen Stadtkern beschränkt, sondern auch in anderen Stadtteilen zu finden. Es ist erstaunlich, wie lebhaft es in diesen Gassen zugeht. Genauso wie die Parks empfinde ich sie als die Seele der Städte, sie lösen in mir noch immer diesen speziellen Respekt vor der chinesischen Kultur aus. Überall sehen wir die vielen älteren Menschen, die vor ihrem *siheyuan* auf kleinen Holzhöckerchen sitzen. Sie beobachten das Geschehen auf der Straße, spielen miteinander Karten oder unterhalten sich über Gott und die Welt – oder besser »Himmel und Erde«, wie es sprichwörtlich im Chinesischen heißt.

Beim Bummel durch die Straßen fühlen wir uns an eine Zeit erinnert, die, laut Oliver, gut dreißig Jahre zurückliegen könnte. Auch Gerrit meint, er fühle sich wieder in die Zeit unserer ersten Chinareise zurückversetzt. Die großen amerikanischen Fastfood- und Caféketten wie McDonald's, Kentucky Fried Chicken und Starbucks haben es noch nicht hierhergeschafft, und es ist fraglich, ob sie das jemals tun werden. Es ist, als ob jemand die Zeit angehalten hätte. Ich atme tief durch. Diese älteren Stadtteile strahlen eine beinahe meditative Ruhe aus. Wie zuvor im Park fühle ich mich erleichtert, für eine kurze Zeit sind die Sorgen des Alltags und der Zeitstress des modernen Lebens wie weggefegt.

Wir schlendern weiter durch das Straßenlabyrinth. Die Passanten und Anwohner, auf die wir unterwegs treffen, sind höflich, aber auch neugierig, denn ein *laowai,* ein Ausländer, kommt so gut wie nie in ihr Viertel. Als wir an ihnen vorbeigehen, fordert eine Mutter ihre Tochter auf, mit uns Englisch zu sprechen. Das Mädchen schämt sich etwas, ist nervös und wird rot. Nach einem weiteren Anstupser der Mutter sagt das kleine Mädchen dann auf Englisch: »Hello« – es ist ihm sichtlich unangenehm. Gerrit lobt das Mädchen für seine Bemühungen und fragt es, woher es denn schon so gut Englisch könne. Nach ein paar weiteren chinesischen Floskeln entspannt sich das Mädchen zusehends. Mein Bruder hat nicht nur allgemein durch seine offene Art einen guten Zugang zu Menschen – speziell Chinesen fühlen sich sofort wohl in seinem Umfeld.

Während unseres Small Talks hat sich schnell eine kleine Menschentraube um uns gebildet. In Windeseile hat es sich nämlich herumgesprochen, dass alle drei Langnasen Chinesisch sprechen.

Wir beantworten den Herumstehenden noch einige Fragen bezüglich unserer Herkunft und wo wir Chinesisch gelernt haben und möchten uns verabschieden.

»Kann ich noch ein Foto mit euch machen?«, fragt ein junger Mann.

Wir nicken und nehmen ihn in unsere Mitte, nachdem er einem der Umstehenden sein Smartphone in die Hand gedrückt hat, damit dieser uns fotografiert. Auch wenn die Bewohner hier bestimmt nicht wohlhabend sind – ein Handy besitzt fast jeder. Dann gibt es zur Sicherheit noch ein zweites Bild. Dabei macht der junge Mann das weltbekannte Victoryzeichen, das auf keinem Foto in China fehlen darf beziehungsweise zumindest sehr häufig zu sehen ist. Als noch weitere Umstehende Erinnerungsfotos mit uns Westlern aufnehmen wollen, passen wir uns der Sitte an und halten ebenfalls Zeige- und Mittelfinger in die Höhe. Nach diesem spontanen Fototermin verabschieden wir uns fröhlich von unseren Gesprächspartnern und setzen unsere Tour fort.

Wir kommen auf einen lauschigen Platz mit einer Grünfläche in der Mitte. Hier sitzen Rentner an kleinen Tischchen und dazu passenden niedrigen Stühlchen und spielen Mahjong. Mir gefallen diese in Grüppchen spielenden Menschen, die harmonisch zusammensitzen, rauchen und sich gemeinsam die Zeit vertreiben.

Direkt daneben betätigen sich einige an einer Reihe nebeneinander aufgestellter blau-orangefarbiger Fitnessgeräte.

»Diese Stepper findet man wirklich überall. Sie sind speziell zur körperlichen Ertüchtigung der Rentner gedacht – und sie werden sogar häufig benutzt. Auch in meiner Wohnanlage gibt es welche«, kommentiert Gerrit die Szene.

Anschließend gelangen wir zu einer etwas breiteren Straße, in der an beiden Seiten auf dem Boden oder auf Holzkisten Alltagswaren wie Socken oder Plastikeimer, aber auch Obst und Gemüse angepriesen werden. Hier ist einer der zahlreichen Stadtmärkte in vollem Gange. Mit jedem unserer Schritte wird es lauter, die Ruhe von eben ist Vergangenheit.

»In dieser Straße pulsiert das traditionelle chinesische Leben so richtig!«, sagt Oliver, der sichtlich das geschäftige Markttreiben, in das wir geraten sind, genießt. Mir geht es nicht anders, und nach kurzer Zeit stört mich der Lärm der Mopeds, das permanente Gehupe und Geklingel, das für unsere Ohren zänkische Handeln an den Marktständen überhaupt nicht mehr. Einmal mehr bin ich fasziniert von den vielen Eindrücken: den Hühnern und Hasen und anderen Tieren in den Käfigen der Straßenhändler, den unterschiedlichen Früchten und Teesorten. Dazwischen entdecke ich winzige Einmannbetriebe wie Fahrradreparateure oder mobile Getränkestände, von denen man sich nicht vorstellen kann, dass sie eine ganze Familie ernähren, Wäschestücke, die auf einer Leine über Gassen aufgehängt werden, und viele kleine Garküchen. Hier kann man China mit allen Sinneseindrücken erleben!

Die Händler versuchen emsig, ihre Waren an den Mann zu bringen, und bemühen sich mit lauten Rufen auch um unsere Aufmerksamkeit. Insbesondere der verlockende Geruch der Süßkartoffeln, die ein Verkäufer auf einem kleinen Grill anbietet, den er auf sein Fahrrad gebaut hat, lässt uns kurz zögern. Da wir aber gleich etwas essen werden, entscheiden wir uns schweren Herzens, auf die leckere Köstlichkeit zu verzichten. An der nächsten Ecke verlassen wir das Gassenviertel schließlich. Als wir wieder auf der Hauptstraße stehen, schauen wir uns zufrieden an und denken alle das Gleiche: In den *hutongs* lebt das alte China noch!

5
Hund, Katze, Tee

Wärmeableitende Freilassung des Bauchs – Den Fisch an der Angel – Ein Kleintierzoo im Restaurant – Bio per Mausklick – Freundschaften und tausend getrunkene Gläser

Auf den letzten Metern zu unserem Restaurant passieren wir ein paar einfache, schlicht eingerichtete Straßenlokale, deren reges Treiben unsere Aufmerksamkeit auf sich zieht. In den heißen Sommermonaten ist es abends auf der Straße angenehmer als drinnen. Und so sitzen auch jetzt die Gäste in der beginnenden Dämmerung an kleinen Klapptischchen aus Plastik auf dem Bürgersteig und genießen neben dem erfrischenden Wind den Blick auf die vorbeiziehenden Fußgänger und das sonstige Geschehen auf der Straße.

Das Zubereiten der frischen Speisen im großen Wok wird ebenfalls draußen auf der Straße erledigt. Ein schmaler Koch mit einer großen weißen Mütze auf dem Kopf füllt gerade eine Mahlzeit aus der dampfenden Pfanne auf einen Teller und bringt danach das würzig duftende Gericht zu einem Gast. Gern würde ich auch an einem solchen Tisch sitzen, denn ich mag diese besondere Atmosphäre der Straßenrestaurants. Aber wir haben ein anderes Ziel. Gerade erspähe ich einen Mann, der mit bis unter die Brust hochgekrempeltem T-Shirt über sein Essen gebeugt am Tisch sitzt. Ein gewöhnlicher Anblick. Regelmäßig kann man bei Spaziergängen entlang solcher Restaurantstraßen beobachten, wie Männer im Schlaf- oder Trainingsanzug glücklich und zufrieden vor ihrer Schüssel sitzen und laut schmatzend das Essen zu sich nehmen. Hier ist die Alltagskultur der Chinesen im wahrsten Sinne des Wortes auf der Straße zu finden.

Von Harbin im Nordosten bis nach Kunming im Südwesten Chinas kann man immer wieder eine gewisse Unbefangenheit der Bevölkerung erleben: Beliebte Maßnahmen, um mit der Sommerhitze umzugehen, sind bei Männern das Hochkrempeln von Hosenbeinen (auch bei Anzügen) sowie das Aufrollen von Unterhemden zwecks wärmeableitender Freilegung des Bauches (manchmal laufen sie auch ganz ohne T-Shirt herum). Frauen in Pumps dürfen dazu ungeniert Netzsöckchen tragen (es ist ja sonst zu kalt beziehungsweise könnte zu Blasen führen).

Die gesellschaftliche Akzeptanz dieser Abkühlungs- und Bequemlichkeitsmaßnahmen ist sehr groß.

»Es ist schon bemerkenswert«, wirft Gerrit ein, »dass bei Ordnungswidrigkeiten im Straßenverkehr das Tragen von Unterhemden als unhöflich gilt und theoretisch eine geringe Geldstrafe sowie Strafpunkte nach sich ziehen kann. Allerdings ist weder einem meiner chinesischen Freunde noch mir ein Fall bekannt, in dem ein Autofahrer, der nur ein Unterhemd trug, jemals aus dem Verkehr gezogen und bestraft wurde.«

Mir wird auf einmal warm ums Herz. Ich empfinde diese Ungezwungenheit als eine Freiheit, die man sich bei uns nur selten erlaubt, jedenfalls nie ohne Schamgefühl oder zumindest größere Bedenken. Ein anderer könnte einem ja einen verächtlichen Blick zuwerfen. Ich wünsche mir manchmal selbst mehr Mut zur Zwanglosigkeit!

Und nun sind wir da! Wir stehen vor dem Eingang des Yunnan-Restaurants. Solche exklusiven Lokalitäten, die von der größer werdenden Mittel- und Oberschicht Chinas besucht werden, gehören mittlerweile genauso zu China wie die *hutongs*.

Als wir hineingehen, stürmt einer der vielen Kellner eilig auf uns zu und fragt, wie viele Personen wir denn seien. »Drei«, antworten wir einhellig, und er geleitet uns an einen der wenigen noch freien Tische. Wir haben Glück gehabt! Reserviert hatten wir nicht, auch wenn dies durchaus in gehobenen und angesagten Lokalen üblich ist. In manchen wurde sogar ein Mindestverzehr eingeführt, über dessen Höhe man sich manchmal nur wundern kann. In ausgewählten Restaurants mit einem sogenannten *baofang*, einem Separee, kann es durchaus vorkommen, dass der Mindestverzehr bei vierhundert bis fünfhundert Euro liegt.

Wir gehen durch den etwas steril wirkenden Raum an mehreren, mit mondän gekleideten chinesischen Gästen besetzten Tischen vorbei und passieren dann Aquarien, die von der Größe her auch mühelos manchem deutschen Zoo alle Ehre gemacht hätten. Diese Becken dürfen in einem guten chinesischen Restaurant nicht fehlen – dass man sich Fische und Meeresfrüchte, die auf der Speisekarte stehen, hier selbst aussuchen kann, ist ein Frischemerkmal. Das vom Gast ausgewählte Tier wird umgehend geschlachtet, zubereitet und serviert. Frischer geht es nicht! Nachvollziehbar also, dass Chinesen mit Erstaunen reagieren und nicht begreifen können, dass Deutsche über längere Zeit eingefrorenes Fleisch überhaupt zu essen in Erwägung ziehen.

Klassische Tiefkühlprodukte, wie sie gern in Deutschland gegessen werden, sind in China bisher selten. Die meisten Städter kaufen auf Frühmärkten ihre Lebensmittel ein. Auf diesen Straßenmärkten kann man Produkte aller Art finden, von Fleisch über Fisch bis hin zu Obst und Gemüse. Zumeist bieten Bauern ihre Waren an, die sich dafür eine kleine Parzelle gemietet haben. Die Plätze, an denen diese Märkte abgehalten werden, sind von der Regierung für diesen Zweck freigehaltene Areale. Aus diesem Grund ist das Netz der Märkte immer noch sehr dicht, selbst wenn einem Ausländer das häufig nicht so auffällt. Auch in Peking erledigen fast sechzig Prozent der Bewohner hier ihre Einkäufe.

Die gehobene Mittelschicht tätigt ihre Besorgungen jedoch vornehmlich in Supermärkten, in denen man bequem sein Auto in der Tiefgarage parken kann. Sie sind oft mehrstöckig und haben ein breites Sortiment. Außerdem gibt es eine Reihe beliebter Geschäfte, die Importprodukte anbieten – auch wenn man sich bei ihnen auf einem deutlich höheren Preisniveau bewegt. In den Supermärkten und den Importgeschäften wird Convenience Food immer wichtiger. So findet man in diesen Läden eine größere Auswahl an »bequemen« Produkten zum zeitnahen Verzehr in offenen Kühltruhen, wie etwa *jiaozi* (chinesische Teigtaschen), die nach kurzer Aufbereitung gegessen werden können. Ausländer mit starkem Heimweh können hier auch für sehr viel Geld Tiefkühlpizza bekannter deutscher Hersteller kaufen.

Insgesamt trifft das ausländische Essen aber – Ausnahmen bestätigen die Regel – nicht so richtig den Geschmacksnerv der Chinesen. Befinden sie sich auf Auslandsreisen, darf im Reisegepäck eine große Anzahl chinesischer Nudelsuppen nicht fehlen, ebenso Trockenfisch oder -fleisch, um im Notfall nicht darben zu müssen. So ist es auch kein Zufall, dass chinesische Reisebusse auf Europatour zumeist chinesische Restaurants ansteuern.

Gammelfleisch oder Pferdefleischlasagne – Lebensmittelskandale, über die auch in China berichtet wurde, erschüttern aber nicht das Vertrauen in europäische Importwaren, die vom Konsumenten in China mehrheitlich als unbedenklich eingestuft werden.

Die Chinesen kennen sich mit Skandalen dieser Art zur Genüge aus. So herrscht unter anderem bei Babynahrung (2008 war ein Milchpulver vergiftet, an dem zahlreiche Säuglinge starben) oder Kinderspielzeugen wenig Vertrauen in die eigenen Produkte – in den letzten Jahren ist es deshalb üblich geworden, dass chinesische Europatouristen nicht nur Luxuslabels im Visier haben, sondern ebenso kiloweise Babynahrung ein- und damit die Regale europäischer Drogeriemärkte leerkaufen und für Freunde, Verwandte oder den eigenen Nachwuchs mit zurück in die Heimat bringen. An den Flughäfen findet dann ein Spießrutenlaufen mit dem chinesischen Zoll statt, denn um die heimische Produktion zu fördern, ist die Einfuhr von Babynahrung in China nämlich nur beschränkt zugelassen.

Wie problematisch die Verunreinigung heimischer Waren auch wahrgenommen wird, so begegnet man solchen Skandalen nicht zuletzt mit Galgenhumor – und zwar nicht nur in Bezug auf das viel beklagte Milchpulver, über das im Internet folgender makabrer Witz kursiert: *Sagt ein Chinese zum anderen: »Hast du schon gehört, dass der Import ausländischen Milchpulvers nach China unter Schmuggel fällt?« Sagt darauf der andere: »Hast du schon gehört, dass die Ausfuhr chinesischen Milchpulvers als Drogenhandel bestraft wird?«*

Im Jahr 2012 begleitete ich den damaligen Bundesaußenminister Guido Westerwelle als »Sonderbotschafterin« zur Feier von vierzig Jahren diplomatischer Beziehungen zwischen den Ländern, die 1972 Bundespräsident Walter

Scheel ins Leben gerufen hatte. Nach der offiziellen Zeremonie servierte man Erdbeerkuchen. Etwas unsicher schaute ich auf die Früchte, um die es in jenem Jahr einen Skandal gegeben hatte. Ein chinesischer Offizieller, der mit in der Runde saß, grinste mich schelmisch an und meinte, ich könne den Kuchen beruhigt essen, es handle sich bei dem Obst um aus Europa importierte Erdbeeren.

Ein kleiner Kreis reicher Chinesen setzt in den letzten Jahren auch aufgrund solcher Lebensmittelskandale immer stärker auf biologisch angebautes Essen. So hat sich auch ein Freund von uns außerhalb von Peking ein kleines Stück Land gepachtet, auf dem er sein eigenes Gemüse anpflanzen lässt und sich Schweine und Hühner hält. Der Markt für *Eco Food* befindet sich in China derzeit in einer extremen Wachstumsphase. So wurde die Produktion von Bioeiern, Biogemüse und Biopilzen bereits als Geschäftsmodell erkannt.

»Solche Projekte suchen immer wieder in ganz China nach Kapitalgebern«, meint Finanzexperte Oliver, nachdem ich meine Gedanken zu den Skandalen laut mitgeteilt habe. »Aus eigener Erfahrung kenne ich Farmen in Nordchina, auf denen Bioeier produziert werden, auch war ich in Gewächshäusern für Biogemüse in der Provinz Jiangxi und habe Plantagen für Bambus in Fujian im Südosten der Volksrepublik besucht. Im ganzen Land wird Bio zum Thema.«

»In Deutschland hatten die ersten Biobauern große Probleme«, sage ich. »Ist es hier auch so?«

»Ja, in China ist es nicht anders. Manche Biounternehmer scheitern, manchen gelingt der Durchbruch. Die Bioei-Firma, die ich kenne, hat es geschafft. Sie beliefert nicht nur den Staatsrat und die großen Hotels in Peking, sie qualifizierte sich 2008 sogar als Lieferant für die Olympischen Spiele und versorgte das Olympische Dorf täglich mit Zehntausenden von Eiern.«

Neuer Bezugsweg von Lebensmitteln ist inzwischen auch das Internet. Immer mehr junge Chinesen shoppen ihre Nahrungsmittel per Mausklick im Netz und lassen sich diese nach Hause liefern.

Gerrit, der sich in diesem Lokal auskennt und sich deshalb verantwortlich für unser leibliches Wohl fühlt, erhebt sich nun von seinem Platz und begibt sich zum Bestellen mit dem Kellner in Richtung der Fischbecken.

»Das erinnert mich an meine erste Begegnung damit, so sein Abendessen zusammenzustellen«, kommentiere ich vom Tisch aus den im Netz zappelnden Fisch. Der Koch hatte nach einer kurzen Diskussion mit Gerrit über die Frage, welcher Fisch wohl der schmackhafteste sei, das Objekt der Begierde gerade aus dem Wasser geangelt.

»Es war wirklich ein kulinarischer Kulturschock«, erzähle ich dem mich interessiert anschauenden Oliver. »Denn vor dem Restaurant begutachteten wir damals während unserer Südchinareise einen wahren ›Kleintierzoo‹. Da gab es nicht nur uns bekannte Meerestiere, sondern in den zahlreichen Behältern, Käfigen und Becken sahen wir neben exotisch aussehenden Muscheln und Fischen auch Hummer, die in Plastikflaschen steckten, um sich gegenseitig nicht verletzen zu können, weiterhin Reptilien wie Frösche, Echsen und Schlangen in mit Netzen überspannten Behältern sowie Katzen in Käfigen. Ich war fassungslos, als ich erkannte, dass sich all diese Tiere ›im Transit‹ befanden und am Ende dieses Tages unweigerlich auf dem Teller eines Gastes landen würden, um dort als Ragout oder in der Suppe zu enden.«

In den meisten Landesteilen Chinas ist es aber nicht so, dass an jeder Straßenecke Katzen- oder Hundefleisch angeboten wird. Hundefleisch gilt eher unter der koreanischen Minderheit im Norden Chinas als eine Delikatesse. Und Katzenfleisch findet man – wenn überhaupt – im Süden Chinas. Tiere, die ein Fell haben, werden mittlerweile auch in Südchina immer weniger gegessen. Langsam entwickelt sich eine Tierliebe, die der unseren ähnelt. Vor allem Hunde werden als Haustiere immer beliebter – besonders häufig sieht man die kleinen Pekinesen über die Wohnanlagen laufen.

Auch in China isst man vornehmlich Fleisch vom Schwein, Huhn oder Rind. Man kann es vielleicht vergleichen mit französischen Restaurants, in denen neben den üblichen Speisen eben auch Schnecken oder Froschschenkel angeboten werden. Die meisten unserer Freunde in Peking und Shanghai haben jedenfalls noch nie Hund oder Katze gegessen. Oder überhaupt Fleisch.

Denn auch in China gibt es Vegetarier, und eine Reihe sehr guter Restaurants bieten deshalb rein vegetarisches Essen an. Zum einen hat dies mit den Lebensmittelskandalen der letzten Jahre zu tun (etwa Antibiotika in Schweinefleisch), zum anderen (das ist deutlich seltener der Fall) sind es religiöse Gründe, die zu einer vegetarischen Ernährung geführt haben – so bei Gerrits Schwiegermutter, die praktizierende Buddhistin ist.

Letztlich sind Chinesen aber sehr tolerant, was den Verzehr von Tieren angeht, auch wenn sie vielleicht selbst das eine oder andere Tier nicht verspeisen würden.

Gerade entscheidet sich Gerrit für einen weiteren Fisch, dessen Lebensdauer damit besiegelt ist, und kommt zurück an unseren Tisch.

Oliver bestellt gerade zum zweiten Mal den Reis. Der Kellner nickt und zieht davon. Wir wissen: Er wird auch gleich wieder an uns vorbeilaufen, *ohne* uns Reis zu bringen. Jedes Mal ist das eine der größten Nervenproben, die ich bei meinen Chinaaufenthalten zu bestehen habe: Sich seine Schale Reis zu erkämpfen, erfordert in der Regel dreimaliges Erinnern. Versucht man herauszufinden, woran das liegen könnte, entpuppt sich eine der sich am hartnäckigsten haltenden Legenden über China als eine Halbwahrheit: Ja, Chinesen essen Unmengen an Reis, die Frage ist allerdings, zu welcher Gelegenheit und wieso.

In guten Restaurants sind wir Ausländer meist die Einzigen, die zu den reichhaltigen Gemüse- oder Fleischgerichten überhaupt Reis bestellen. Denn der gilt als Füllmittel und dient eher den immer noch Hungrigen dazu, einen vollen Magen zu bekommen. Wer es sich leisten kann, verzichtet auf Reis als Grundlage einer Mahlzeit. Der Reis wird dann bestenfalls in kleinen Mengen zum Essen gegessen oder aber am Schluss, um eine Mahlzeit abzurunden. Außerdem gilt die Regel, dass entweder Nudeln oder Reis serviert werden, nie beides. Manchmal muss der Reis also noch gekocht oder sogar von einem Nachbarrestaurant organisiert werden.

Dieser Reismangel beziehungsweise das Problem eines zeitnahen Auftischens von Reis ist trotzdem schon deshalb bemerkenswert, zumal ein Restaurant auf Chinesisch *fanguan* heißt und damit frei übersetzt »Reisladen«. Amüsant ist die Bezeichnung von Fünfsternehotels (oder großen Hotels überhaupt). Diese werden allgemein als *dafandian* oder *dajiudian* bezeichnet, als »Großer Reisladen« oder »Großer Schnapsladen«.

Insgesamt ist Essen eines der bedeutendsten, beliebtesten und vielschichtigsten Themen in China, und regelmäßige, reichhaltige Mahlzeiten gehören zu den wichtigsten

Aktivitäten eines jeden Tages. Allein die chinesische Begrüßung zwischen zwei Menschen erfolgt häufig mit den Worten *»Ni chi fan le ma?«*, was so viel bedeutet wie: »Hast du schon gegessen?«

Ob innerhalb der Familie, zum Philosophieren oder beim Geschäft: Beim Essen lässt sich alles regeln. Familienzusammengehörigkeit kann man über einer guten Mahlzeit pflegen, ebenso wie Freundschaften und Geschäftsbeziehungen. Und auch wenn Probleme gelöst werden sollen, so geht man essen und konstruiert im besten Fall um die auf dem Tisch stehenden Gerichte herum eine blumige Metapher, die auf die aktuellen Schwierigkeiten oder Wünsche hindeutet und dadurch angesprochen wird.

Das Wort »Fisch« wird im Chinesischen mit *yu* übersetzt. Dieselbe Silbe *yu* in anderer Schreibweise bedeutet aber auch »etwas übrig behalten« oder »einen Überschuss haben« und weist darauf hin, dass man sich monetären Wohlstand oder eine gute und ertragreiche Partnerschaft wünscht. Ein typischer Scherenschnitt, der gern zum chinesischen Neujahrsfest als Geschenk übergeben wird, zeigt das Motiv eines kleinen, sehr pausbäckigen Kindes, das beide Arme um einen riesigen Fisch legt. Das dicke Kind und der Fisch symbolisieren die Hoffnung, dass immer Geld (oder Essen) übrig bleiben soll. So darf also bei einem ersten Geschäftsessen, das besonders symbolträchtig ist, der sprichwörtlich dicke Fisch, den beide Seiten an der Angel haben wollen, auch auf dem Tisch nicht fehlen.

Es ist auch kein Zufall, dass die Tische in den Restaurants, insbesondere in den Separees, klassischerweise rund sind. So ist es geselliger, jeder kann sich miteinander unterhalten, und das Essen, das vor einem auf einer runden, sich drehbaren Platte kredenzt wird, ist für jeden erreichbar.

Essen ist in China ein Gemeinschaftsevent und, wie erwähnt, nach wie vor Konfliktlöser Nummer eins, und das hat einen Grund: Wer isst und trinkt, befriedigt seine Bedürfnisse, und wer seine Bedürfnisse befriedigt, sich satt gegessen und getrunken hat, ist gut aufgelegt und daher eher bereit, auf andere Menschen, die mit am Tisch sitzen, einzugehen. Dies wiederum ermöglicht auch die Lösung größerer Probleme, da beide Parteien in der Ausgangssituation zunächst friedlich sind und ihre Kampfhandschuhe, die sie vielleicht noch kurz zuvor in einem Meetingraum getragen hatten, am Esstisch, ablegen mussten. Eine einfache, aber durchaus plausible Logik.

Diese Art der Problemlösung lernte ich auch bei unserer ersten Chinareise kennen. Ken, der Freund unserer Eltern, wollte seine Produktionsaufträge in Kanton kontrollieren und traf sich dafür mit dem Direktor der Fabrik. Groß war damals die Aufregung, als wir vor einem hohen Tor standen, das wie in einem Gefängnis aufgerissen und hinter uns sofort wieder verschlossen wurde. Wir waren die ersten Touristen, die diese Fabrik besuchen konnten. Es war spannend zu sehen, welche Hände unsere westlichen Modewaren herstellten. Auf fünf Stockwerken arbeiteten etwa fünfhundert Näher und Näherinnen rund um die Uhr unter Bedingungen, die in Deutschland unvorstellbar wären. Ständig sahen sie auf die an der Wand hängenden, in großen roten Schriftzeichen verfassten Plakate mit der Aufschrift: *Jintian bu nuli gongzuo, mingtian nuli zhao gongzuo*, was übersetzt so viel heißt wie: »Wer heute nicht fleißig arbeitet, kann sich morgen fleißig eine neue Arbeit suchen.« Für die Dauer ihres Arbeitsvertrags durften die Arbeiter die Fabrik nicht verlassen. Sie schliefen und aßen in den direkt neben den Produktionshallen befindlichen Wohn- und Speisesälen, verbrachten ihre Freizeit auf dem Sportplatz oder in dem kleinen Park innerhalb des Geländes. Zwölf Stunden täglich, sechs Tage pro Woche nähten sie in Akkordarbeit vorgefertigte Teile zusammen. Trotz der für uns nur schwer vorstellbaren Arbeitsbedingungen verdienten die Arbeiter hier mehr als in ihren Heimatdörfern. Doch der Preis für die finanzielle Besserstellung, also das soziale Fremdsein und die Einsamkeit, da außerhalb des Familienbunds, musste hoch sein. Glücklicherweise verbessern sich in China langsam die Arbeitsverhältnisse, und solche Fabriken, die ein »Ausgangsverbot« auferlegen, findet man immer seltener.

Ken war damals der festen Überzeugung, dass es für die chinesische Wirtschaft kein Halten mehr gebe, würde sich die Qualität chinesischer Produkte und insgesamt die Zuverlässigkeit verbessern. Noch müssten Know-how und Maschinen importiert werden, in wenigen Jahren aber wäre China nicht mehr darauf angewiesen, und der Export würde dann überwiegen. Wie recht er damit behielt: China ist mittlerweile Exportweltmeister und hat längst damit begonnen, auch hochwertige Produkte herzustellen. Die Palette chinesischer Industrieprodukte ist gigantisch und kann alljährlich zweimal auf der Kantoner Frühjahrs- oder Herbstmesse bewundert werden. Längst gibt es eine Vielzahl von Spezialmessen und -ausstellungen, und der Messebesucher staunt so manches Mal, wenn er erkennt, zu welchen Leistungen die chinesische Industrie mittlerweile imstande ist.

Jedenfalls wandte jener Fabrikdirektor immer dann, wenn Ken damit drohte, seine Produktion aufgrund unzuverlässiger Fertigung in andere Fabriken oder Länder zu verlagern, seine eigene Art der Beschwichtigung an: Er lud erst einmal zum Essen ein, da sich seiner Ansicht nach während des Speisens die Möglichkeit verbesserte, eine persönliche Ebene zueinander zu finden. So war es auch bei jenem Besuch. Ken war unzufrieden mit dem Fortschritt seines Auftrags und ließ das den Direktor auch spüren – also gingen wir essen.

Persönliche Beziehungen sind in China von erheblicher Bedeutung. In und mit seinem Umfeld gute Beziehungen aufzubauen, also *guanxi* (selbst unter Ausländern ist das ein geflügeltes Wort), gehört mit zu den wichtigsten Aufgaben im Leben eines jungen Chinesen. »Vitamin B« ist sicher auch in Deutschland wichtig, und Netzwerken gehört bei uns zum Arbeitsleben dazu, doch ist es bei uns kulturell nicht so tief verankert wie in China. Ohne Beziehungen kommt man hier nicht weit, es ist ein komplexes Feld aus Geben und Nehmen, einem einen Gefallen tun und einen solchen in Anspruch nehmen. Der Kölsche Klüngel ist im Vergleich dazu einfach gestrickt. So wird sich intensiv um den Aufbau und die Pflege eines guten persönlichen Beziehungsnetzwerkes bemüht, was sich die Chinesen viel kosten lassen, finanziell wie zeitlich. Opulente Einladungen zum Essen im Vorgriff darauf, dass ein Gefallen erwidert wird, gehören zum Aufbau von *guanxi* dazu. Dass die Grenzen zur Korruption teilweise fließend sind, liegt auf der Hand. Statt mit dem in China bekannten *hongbao*, also dem »roten Umschlag«, durch die Vordertür zu kommen, geht man eher subtiler vor: Wer zum Beispiel beim gemeinsamen Mahjong-Spielen »zufälligerweise« ständig gewinnt und seinem Gegenüber mit einem Gefallen aushelfen könnte, darf dies getrost als Bestechungsversuch verbuchen.

Ein gutes Mahl mit viel Alkohol ist jedenfalls ein optimales Vehikel zur Problemlösung. Auch die Gäste an unserem Nachbartisch, der durch eine durchsichtige Wand von uns getrennt ist, scheinen sich inmitten eines Problemlösungsprozesses zu befinden. Da alle Anzug und Krawatte tragen, gehe ich von einem Arbeitsessen aus. »*Gan bei!*«, ruft einer unserer chinesischen Nachbarn, nachdem er aufgestanden ist und sein Glas in die Höhe gestreckt hat. *Gan bei!* Dieser Trinkspruch, der wörtlich übersetzt »das Glas trocknen« bedeutet, kann in China im Rahmen von Mittag- oder Abendessen als wohlwollende, aber bestimmte Kampfansage verstanden werden.

Dass bei Geschäftsessen traditionell viel getrunken wird, ist auf die Vorstellung zurückzuführen, man sei nur dann ein guter Gastgeber, wenn der Eingeladene gut gegessen *und* gut getrunken habe. Durch nichts lässt sich das besser dokumentieren als durch einen rundum beschwipsten Gast, der weinselig nach einem üppigen Mahl den Esstisch verlässt.

Die hohe Bedeutung eines guten Mahles und Trankes muss in den kulturellen Kontext eingebunden werden. Das alte Sprichwort »Das Essen ist der Himmel des Menschen« ist auch heute noch jedem Chinesen geläufig. Während das Essen im Mittelpunkt steht, ist der Trank die Ergänzung und hilft den am Mahl partizipierenden Personen, gewisse Kommunikationsschranken zu überwinden. So ist, was das Trinken angeht, folgender Ausspruch von kultureller Bedeutung: »Wenn man sich mag, sind auch tausend gemeinsam getrunkene Gläser zu wenig!«

Der Verzehr hochprozentiger Getränke anlässlich einer Mahlzeit hat in China eine lange Geschichte. Erst kürzlich behauptete der Hersteller einer der berühmtesten Brände Chinas, des Moutai-Schnapses aus der Provinz Guizhou, sein Hirseschnaps könne bis in die westliche Han-Dynastie (206 v. Chr. – 24 n. Chr.) zurückverfolgt werden. Das dürfte zwar schwer zu überprüfen sein, aber eines ist sicher:

Jeder Geschäftsmann und jeder Kenner des Landes ist im Laufe seines Lebens mindestens einmal mit dem berühmt-berüchtigten Hirseschnaps konfrontiert worden.

Gerrit, Oliver und ich haben bereits hinlänglich Erfahrung mit dem starken und geschmacklich sehr intensiven Moutai-Schnaps gemacht, der wie Feuer brennt – kein Wunder, erreicht er doch Spitzenwerte bis zu siebzig Volumenprozent Alkohol. »Glücklicherweise schmeckt er mit jedem Glas besser«, wirft Gerrit lachend ein, der sich durch seinen regelmäßigen Umgang mit chinesischen Geschäftspartnern am häufigsten in dieser Situation wiederfindet und nun beobachtet, wie die Runde am Nachbartisch sich diesem Getränk hingibt. »Das erste Glas kostet Überwindung, aber wer sich nicht entmutigen lässt oder sich aufgrund seiner angestrebten Geschäftsabschlüsse nicht entmutigen lassen darf, wird spätestens ab dem zweiten oder dritten Glas Freude an der chinesischen Schnapsspezialität finden.«

Der Moutai hat in China den Stellenwert eines nationalen Kulturschatzes. Man kann seinen Bekanntheitsgrad vielleicht noch nicht mit dem der Großen Mauer oder des Pandabären vergleichen, aber viel Abstand existiert zu diesen beiden Staatssymbolen nicht. Bei Staatsbesuchen wird er regelmäßig angeboten – Chinas Führer haben ihn allesamt getrunken, ob nun Mao Zedong oder Zhou Enlai. Zuletzt prostete Chinas Staatspräsident Xi Jinping mit einem Glas dieser Spezialität Barack Obama in Washington zu, anlässlich seiner USA-Reise im Juni 2013.

Die Produktion von Moutai wird von der geografischen Lage im Südwesten Chinas begünstigt, mit seinem sauberen Wasser und dem hochwertigen Weizen sowie der Roten Hirse, die dort besonders gut wachsen kann. Aufgrund seiner Berühmtheit und einiger sehr alter Jahrgangsschnäpse (manche sind bis zu fünfzig Jahre alt!) ist er teuer, sodass oft

In der Drachenschlucht bei Peking wird den Besuchern dank Megaphon alles laut (!) und deutlich erklärt

Joey und ich genießen traditionelles Essen aus dem Hot Pot und grüßen, wie es sich gehört, mit Victory-Zeichen

Ein Traum wird wahr: Olympia 2008 in Peking

Ein begeisterter Fan in vollem Ornat

Gerrit übernimmt die Live-Berichterstattung von meinem Kampf um die Goldmedaille für Familie und Freunde in Deutschland

Gewonnen! Überglücklich fallen wir uns nach meinem Sieg gegen Ana Maria Brânză in die Arme

Unfassbar – Olympisches Gold! Die Siegerehrung habe ich wie im Traum erlebt

Zu Gast bei der chinesischen Fernsehshow „Hall of Fame“: Sekunden v
dem Auftritt wurde auch mein Bruder auf die Bühne vor ein 120 Millione
großes Fernsehpublikum gelen

Als Begleiterin der Höhner und der Roten Funken auf der Expo 2010 in Shanghai

Bis heute frage ich mich, wie es die Roten Funken mit ihren Holzgewehren durch die Sicherheitskontrollen geschafft haben

Mein Bruder Gerrit und ich voll rheinischem Frohsinn vor der Skyline von Shanghai-Pudong

Anlässlich des Deutschland-China-Tages 2013 treffe ich den damaligen Deutschen Botschafter Michael Schäfer und den Chinesischen Botschafter Shi Mingde in Düsseldorf

Mit Forschungsminister Wan Gang und Bildungsministerin Schavan beim »Deutsch-Chinesischen Jahr der Wissenschaft und Bildung« 2010 in Shanghai.

2009 begleite ich die deutsche Fußballnationalmannschaft nach Shanghai und versuche mich dort auch selbst auf dem Platz.

Mit Jogi Löw und Hansi Flick auf der Trainerbank

Der »Walzerkönig« André Rieu begeistert sein chinesisches Publikum und mich

In diplomatischer Mission – bei meiner Reise mit Guido Westerwelle unterwegs im Regierungsflieger

versucht wird, ihn zu fälschen. Kein Wunder: Bei einem echten Brand beträgt die Herstellungsdauer mindestens fünf Jahre, und jeder Schnaps durchläuft mehrere Fermentations- und Destillationsverfahren.

Diese Spirituose (oder seine preisgünstigeren Hirse- oder Reisschnapsbrüder) kommt häufig zum Einsatz und darf weder bei wichtigen Geschäftsessen, Hochzeiten oder privaten Gelagen fehlen.

Trinkwettbewerbe mit dem Moutai können bei solchen Gelegenheiten selten gesichtswahrend vermieden werden, gerade in ländlichen Gegenden, in denen auch die Schnapsgläser deutlich größer sind als in Chinas Metropolen. Vereinfacht gesagt: Beim Wettkampftrinken, das am Ende nur noch pro forma in ein Abendessen eingebettet ist, findet das *Highlander*-Prinzip seine Anwendung: »Es kann nur einen geben!« Der Ablauf ist organisiert wie ein Turnier: Achtelfinale, Viertelfinale, Halbfinale und Endspiel. Runde für Runde eliminiert der Moutai (der weiße Schnaps kann bei einem solchen Duell beliebig durch Wein, Bier oder Whisky ersetzt werden) einen Gegner nach dem anderen. Am Ende sitzen sich im Finale die letzten beiden Kontrahenten gegenüber. Beide schwer gezeichnet, mit roten Köpfen und lauten Stimmen. Noch ein letztes Mal werden trinkbegleitende Spiele wie »Stein, Schere, Papier« gespielt, dann wird das letzte Glas Schnaps zum Munde geführt und mit einem Schluck ausgetrunken. Spätestens jetzt sollte der unterlegene Finalist zusammenbrechen und der Sieger feststehen. Es kann jedoch davon ausgegangen werden, dass zumindest alle Teilnehmer des Halbfinales noch am Tag danach diesen Abend in bester Erinnerung behalten werden.

Die richtige Prozedur des Sich-Betrinkens im Rahmen eines gesellschaftlichen Events oder bei einem Geschäftsessen ist die hohe Kunst im Umgang mit Chinesen. Wer diese »Etikette« beherrscht, wird zum »vollwertigen« Mitglied der Gemeinschaft. Man sollte sich vor allem nicht grundlos weigern mitzutrinken. Das wird einem als unverzeihliche Schwäche ausgelegt. Valide Ausreden sind Magenbeschwerden und medizinische Begründungen beliebiger Art. Frauen sind von diesen alkoholischen Exzessen übrigens nicht kategorisch ausgeschlossen. Wenn es bei einem Geschäftsessen zur Sache geht, wird die verfassungsmäßig verankerte Gleichstellung von Mann und Frau auch am Esstisch konsequent umgesetzt respektive eingefordert.

Einer der Gäste des Nachbartisches fängt meinen Blick auf, als er gerade seinem Nachbarn zuprosten will. Er fängt an zu strahlen und ruft mir zu: »Möchtest du auch ein Glas trinken?«

Diese spontane Art der Einladung zum Mittrinken kennen wir. »Ich bin Sportlerin, ich darf nicht trinken«, antworte ich bedauernd. Dieses Argument wird glücklicherweise ausnahmslos und ohne weitere Diskussionen stets akzeptiert. Maximal trinke ich bei solchen Gelegenheiten ein oder zwei Höflichkeitsgläser mit. Außerdem macht es Spaß, klaren Verstandes zuzuschauen, wie sich der Abend entwickelt, je mehr Gläser Schnaps im Spiel sind.

So hebe ich auch jetzt nur mein Teeglas in die Höhe und proste in die Luft. Die anderen Gäste des Tisches schauen nun zu uns herüber und prosten uns ebenfalls zu. Der Mann winkt uns nun mit einem »*Lai, lai, lai!*« – »Komm, komm, komm!« zu sich.

»Lasst mich das mal machen«, meint Gerrit in weiser Voraussicht auf das folgende alkoholische Getränk. Er steht auf und geht zum Nachbartisch, und ihm wird tatsächlich ein kleines Glas Schnaps eingegossen. Dann stoßen sie an und rufen: »*Gan bei!*«

Gerrit trinkt sein Glas, der chinesischen Sitte folgend, in einem Schluck aus und hält es, zum Zeichen, dass er alles genossen hat, etwas gekippt in die Höhe. Seine Mittrinker tun dasselbe. »Das Glas ist leer«, kommentiert mein Bruder die Geste und bedankt sich bei den Geschäftsleuten für ihre Freundlichkeit. Dann, unter der Bekundung freundschaftlicher Verbundenheit, verabschiedet er sich wieder von ihnen und kehrt zu uns zurück. Während wir weiteressen, hören wir sie über uns reden. Ausländer gelten allgemein als trinkfest.

Das starke Trinken ist in China sicherlich auch ein Männlichkeitsritual, bei welchem jeder seine Fähigkeiten zur Schau stellen kann. Auf kommunikativer Ebene hat das gemeinsame Trinken aber noch einen besonderen Sinn. Während bei geschäftlichen Abendessen zunächst nur die Hauptpersonen das Wort haben, ermöglicht das Zuprosten auch den niedrigeren Hierarchien, mit einzelnen Personen ins Vieraugengespräch zu kommen. Man geht nämlich zum Anstoßen zur anderen Person hinüber, spricht einen blumigen Toast aus und stößt »persönlich« an. Danach folgt das obligatorische Visitenkarten-Austauschen. Jeder Geschäftsmann in China sollte einen Stapel solcher Karten parat halten – und dann mit *beiden* Händen übergeben. Das ist eine Form der Höflichkeit, genauso wie das intensive Begutachten der erhaltenen Karte. Ihr unachtsames Einstecken, ohne einen Blick darauf geworfen zu haben, kann einem schnell als Unhöflichkeit ausgelegt werden.

Als Gast sollte man allerdings mit solchen Kontaktaufnahmen warten, bis der Gastgeber den ersten Toast gesprochen hat. Es gilt auch danach, die Hierarchie der am Tisch befindlichen Personen einzuhalten. Die Person, der zuerst und am häufigsten zugeprostet wird, ist am Tisch die ranghöchste. Je bedeutender sie ist, desto höher steht die Chance, dass sie nicht – wie normalerweise in China üblich – aufsteht, wenn ihr zugeprostet wird.

Offizielle Essen folgen in der Regel einem strikten Protokoll. Grundsätzlich ist es im geschäftstüchtig geprägten Süden weniger stark ausgeprägt als im politischeren Norden. Fragt man chinesische Freunde, wo im Land akribisch das Protokoll angewandt wird, so wird einem häufig die Provinz Shandong oder die nordöstlichen Provinzen Chinas genannt. Lachend wird hinzugefügt, Shandong sei eben die Heimatprovinz von Konfuzius.

Auch bei der Sitzordnung gibt es klare Vorgaben: Der Gastgeber und damit die zugleich wichtigste Person nimmt gegenüber der Tür Platz, nach alter protokollarischer Lesart ist das jener an der Nordseite des Tisches. So heißt es: »Im Norden sitzend, nach Süden blickend.« Die Person, die vom Gastgeber mit der Bezahlung der Rechnung beauftragt ist, platziert sich ihm direkt gegenüber auf der »Südseite«, also möglichst nahe der Tür. Der ranghöchste Gast darf sich links neben dem Gastgeber niederlassen und damit den Ehrenplatz einnehmen.

Den bei einem wichtigen Essen für den Chef vorgesehenen Sitzplatz erkennt der geübte Beobachter schnell beim Betreten des noch leeren Raums. Eine auf andere als die übliche Weise geknotete und gefaltete Serviette weist wie ein Wegweiser direkt auf den Chefsessel hin. Bei heutigen Dinnerempfängen ist die Sitzordnung häufig durch auf den Tischen aufgestellte Namensschilder gekennzeichnet.

Noch einmal schaue ich zu unserem Nachbartisch. Ich kann beobachten, dass einem der Männer immer besonders höflich zugeprostet wird. Als eine Geste des Respekts stößt der andere mit seinem oberen Glasrand etwas tiefer an den Glasrand des in der Hierarchie über ihm Stehenden.

Danach konzentriere ich mich aber mehr auf die Angestellten, die nach jeder Runde beflissen nachfüllen. Eine der relevantesten und für die meisten Ausländer gefährlichsten Sitten in China: Das Glas ist stets voll! Wer sich also nach einer Stunde kontinuierlichen Weintrinkens etwa wundert, wieso er immer noch beim ersten Glas ist, ist mit ziemlicher Sicherheit schon nicht mehr ganz nüchtern.

Und was trinken wir? Tee. Unser Plan ist, am späteren Abend in einer Bar einen kubanischen Mojito zu uns zu nehmen, weswegen wir es jetzt ruhig angehen lassen. Zum Essen wird in China viel Tee getrunken, aber normalerweise bestellen sich die meisten Gäste zusätzlich noch ein Glas Wasser, ein Bier oder eine Cola dazu.

»Dieser Pu-Erh-Tee ist eine der Spezialitäten der Provinz Yunnan«, meint Gerrit, während er mir etwas Tee nachschenkt.

»Der Tee hat seinen Ursprung in der gleichnamigen bezirksfreien Stadt Pu'er und verfügt über eine beinahe zweitausend Jahre alte Geschichte. Auf den Märkten oder in Teeläden springt er einem insbesondere deshalb sofort ins Auge, weil er zumeist in Teller-, Ziegel- oder Kugelform gepresst angeboten wird. Während er heutzutage durch neue Prozessverfahren auch in relativ kurzer Zeit hergestellt werden kann, schwören die Traditionalisten auf einen langsamen Reifeprozess, der mindestens fünf Jahre dauern muss.«

Gerrit holt kurz Luft, dann fährt er fort: »Bei einer Reise nach Yunnan habe ich einmal einen unterirdischen Reifekeller für Pu-Erh-Tee besucht. Man hat mir erklärt, dass der Tee hier – ähnlich einem guten Wein oder Whisky – zum Teil über dreißig Jahre lang unter bestimmten Reifebedingungen trocken gelagert werden müsse. Mit einem solch guten und lange herangereiften Pu-Erh-Tee lassen sich dann auch leicht Preise von über zehntausend Euro pro Pfund erzielen.«

»Aber es gibt neben ihm noch andere Sorten«, werfe ich ein.

»Ja«, bekräftigt Gerrit, »dieser Pu-Erh-Tee ist nur eine von sechs unterschiedlichen Tee-Arten. Da gibt es noch den roten Tee, wie unser schwarzer Tee in China bezeichnet wird, weiterhin den Oolong-Tee, den weißen, gelben und grünen Tee, Letzterer ist vielleicht der bekannteste.«

Die verschiedenen Tee-Arten unterscheiden sich in ihren Ausgangsstoffen und ihrer Verarbeitungsweise. Der grüne Tee, der zur chinesischen Kultur genauso dazugehört wie die Pekingente oder der Moutai-Schnaps, zählt zu den nicht oxidierten Tee-Arten: Eine bestimmte Prozedur während der Herstellung, bei der man die frisch gepflückten Blätter erst welken lässt, um sie anschließend kurz zu rösten, sorgt dafür, dass die in den Teeblättern enthaltenen Substanzen fast vollständig erhalten bleiben – was sich positiv auf den Geschmack und die medizinische Wirkung des Tees auswirkt.

»Tee bekommt man hier ja bei jedem Essen angeboten. Aber eingebettet in eine traditionelle chinesische Teezeremonie wird das Teetrinken richtig zum Erlebnis«, stellt Gerrit jetzt fest.

Und er hat recht: Den Genuss von grünem Tee im stilvollen Ambiente sollte sich kein Besucher Chinas entgehen lassen. Es lohnt sich, in einem der vielen kleinen Geschäfte, die Tee anbieten, an einer Teezeremonie teilzunehmen.

»Ich erinnere mich noch gut an meine erste Teezeremonie«, fährt mein Bruder fort. »Ich wurde von einem chinesischen Freund in die Hauptstadt der südwestlichen Inlandsprovinz Sichuan, Chengdu, eingeladen. Chengdu gilt gemeinhin als ›Chinas Hauptstadt der Teehäuser‹. Fast an jeder Straßenecke lässt sich ein *chaguan*, eine sogenannte Teehalle, erblicken. Neben den vielen einfachen Lokalitäten für jedermann gibt es auch die etwas exklusiveren Teehäuser, in denen sich die besser Betuchten oder Geschäftsleute treffen. Ich wurde damals in eines der besseren Teehäuser eingeladen – und war wie verzaubert, als ich es betrat: Für das Zeremoniell wurde ein spezielles Teeservice benutzt, die Frauen trugen *qipaos*, Seidenkleider mit aufgestickten Mustern. Als die Zeremonie dann begann, fühlte ich mich wie in eine andere Zeit versetzt.«

Gerrit trinkt einen Schluck Tee und fährt fort: »Im ersten Schritt wurden vor meinen Augen die Teeschalen und die Teekanne mit heißem Wasser gereinigt, anschließend die Teeblätter im ersten Aufguss mit heißem Wasser kurz übergossen. Dieser Aufguss wurde aber nicht getrunken, sondern in eine kleine Anrichte aus Bambus geschüttet, auf der auch die Kanne und die Schälchen standen. Er diente lediglich dazu, die Teeblätter zu öffnen, wodurch der bittere Geschmack gemildert werden sollte. Die folgenden Aufgüsse wurden getrunken, wobei die Zeit, in der man den Tee ziehen ließ, von Aufguss zu Aufguss immer länger wurden. Der Geschmack des Tees variierte dabei, und kein Aufguss glich im Geschmack seinem Vorgänger oder Nachfolger. Mein Lieblingstee, der Oolong-Tee *Phönix Dan Cong*, kommt übrigens aus Chaoshan, der Heimatregion von Joey.«

»Was für ein Zufall!«, sage ich.

»Liebe geht eben durch den Magen und über den Gaumen!«, erwidert Gerrit. Oliver und mir erneut Tee nachschenkend, erklärt er, dass die Chaoshan-Region ohnehin nicht ganz unwichtig gewesen sei für »unseren Tee« – zumindest sprachwissenschaftlich betrachtet. Denn der im mitteleuropäischen Sprachraum übliche Begriff für Tee (*tea* im Englischen, *thé* im Französischen oder *thee* im Niederländischen) entlehne sich dem an der Südostküste Chinas gesprochenen Minnan-Dialekt. Die europäischen Händler, die den Tee auf dem Seeweg aus Südchina erhielten, übernahmen schlichtweg die minnanische Aussprache für den chinesischen *cha*, nämlich *tê*. Die Länder, die damals über Landverbindungen Tee aus China importierten, übernahmen stattdessen das hochchinesische Wort für Tee. So zum Beispiel Russland, wo Tee *tschai* ausgesprochen wird, oder die Türkei, wo er *çay* heißt.

Abermals nippe ich an meinem Tee und schaue auf die dampfenden Teller vor mir. Die von uns bestellten Speisen stehen bereits alle auf dem Tisch, und endlich kommt auch der Reis. Ich nehme einen tiefen Atemzug und inhaliere den würzigen Duft, den die verschiedenen Gerichte verströmen.

Die chinesische Küche ist sehr vielfältig. Jede Region und Provinz hat ihre eigene kulinarische Tradition, wobei in der geschmacklichen Ausrichtung die »Vier Schulen« der chinesischen Küche als führend bezeichnet werden und die auch die anderen Regionalküchen im Laufe der Geschichte stark beeinflusst haben: die Lu-Küche (Provinz Shandong), die Yang- beziehungsweise Su-Küche (Provinz Jiangsu), die Yue-Küche (Provinz Guangdong) und die Chuan-Küche (Provinz Sichuan). Allerdings kommt es nicht selten vor, dass Bewohner aus anderen Landesteilen behaupten, dass es eigentlich fünf Schulen gebe, und dass ihre Gegend selbstverständlich genau diese fünfte Schule sei.

Während sich bei uns in einem Restaurant jeder Gast sein eigenes Essen bestellt, werden in China eine Vielzahl von Speisen bestellt, die nach und nach in der Tischmitte platziert werden, damit sich jeder an den verschiedenen

Speisen bedienen kann und so in den Genuss einer größeren Variation kommt. Für einen Chinesen wäre es ein Albtraum, wenn er sich in Deutschland ein Einzelgericht bestellen würde, um danach festzustellen, dass ihm dieses nicht schmeckt. Er müsste hungrig vom Tisch aufstehen, denn schließlich würde er kaum sein Messer und seine Gabel nehmen und seinen Tischnachbarn fragen, ob er sich ein Stück von dessen Steak abschneiden dürfe.

Bei meinen ersten Chinabesuchen habe ich durch die Sitte der gemeinsamen Bestellung wie die meisten Europäer den Fehler gemacht, bei den kalten Speisen, die zuerst auf den Tisch kamen, zu kräftig zuzulangen. Wurden dann die Hauptspeisen wie die Pekingente, überbackene Krabben oder mein Lieblingsgericht *gongbao jiding* (Hühnerfleisch mit Cashew- oder Erdnüssen und Gemüse) aufgetischt, war der Magen leider schon voll. Das passiert mir jetzt natürlich nicht mehr, und ich freue mich auf das leckere Essen, das vor uns steht.

Ich greife nach meinen Stäbchen, die neben der kleinen Schüssel liegen, und schaue sie mir genau an. Das Essen mit den Stäbchen war anfänglich gewöhnungsbedürftig und ist für alle, die nicht darin geübt sind, wie man mit den *kuaizi*, übersetzt: »schnelles Ding«, umgeht, eine große Herausforderung. In einem normalen chinesischen Restaurant Messer und Gabel zu bekommen, ist jedoch noch immer unmöglich.

Vor ein paar Jahren besuchte unsere Fechtnationalmannschaft während unseres jährlichen Weltcupturniers in Ostchina ein kleines, ganz gewöhnliches chinesisches Restaurant. Mein Trainer Manfred Kaspar war damals erst das zweite Mal in China und hatte sich nur schwer dazu überreden lassen, außerhalb des Hotels essen zu gehen. Ihm war das alles nicht ganz geheuer. Als er in dem Lokal, in das ich unser Team geführt hatte, nur Stäbchen bekam und er dann langsam verstand, dass dieses Restaurant überhaupt kein westliches Essbesteck anbieten konnte, boykottierte er das ganze Essen und ging hungrig ins Bett. Für die nächste Weltcupreise nach China ein Jahr später schenkte ich Manfred ein Plastikbesteck, damit er noch einmal gemeinsam mit uns essen käme. Er lachte und meinte, in der Zwischenzeit habe er Ehrgeiz entwickelt und es gelernt, mit Stäbchen zu essen – und kam freiwillig mit.

Gute Essstäbchen sind in der Regel am oberen Ende quadratisch, also im Gegensatz zum unteren Ende nicht rund. Das ist der praktischen Bewandtnis einer eingebauten Bremse geschuldet. Durch das eckige obere Ende können die Stäbchen schlicht und einfach nicht vom Tisch rollen.

Gerade in einfachen Restaurants und Garküchen sollte man die angebotenen Holz- oder Plastikstäbchen aufmerksam betrachten. Nach Möglichkeit sind nicht verpackte Holzstäbchen zu vermeiden, da diese eine dankbare Sammelstelle für Bakterien und Viren darstellen. Um Holzstäbchen wirklich zu reinigen, müssten diese zwanzig Minuten im kochenden Wasser desinfiziert werden. Im Alltag einer Garküche werden diese zwanzig Minuten durch ein rasches Abwischen mit einem mehr als fragwürdigen Allzwecklappen ersetzt. Also sollte man entweder Plastikstäbchen benutzen oder aber bei Überlandreisen eigene Stäbchen mitführen, wie unser Reiseprofi Oliver uns erläutert.

In den letzten Jahren habe ich während meiner Chinareisen so gut wie nie mitbekommen, dass sich jemand in den großen Städten Chinas ernsthaft den Magen verdorben hätte – was vor einem Jahrzehnt noch anders aussah. Aber wenn es einen erwischt, dann richtig!

Ich bin mit der Inspektion meiner Stäbchen fertig und mit ihrem Zustand zufrieden. Als ich wieder aufschaue und mich dem Essen widmen möchte, bemerke ich am Nachbartisch etwas, das meine Neugierde auf sich zieht. Ein hungriger chinesischer Gast ist dabei, mit großem Genuss eine exotische, aber für mich nicht genau identifizierbare Speise zu essen. Von der Form des Knochens, den er gewissenhaft abnagt, muss es sich bei dem Tier um eine Vogelart gehandelt haben. Sein Nachbar isst etwas, das wie Erdnüsse aussieht, sich aber in diesem Yunnan-Restaurant sicherlich um eine Spezialität der Provinz handelt: gebratene Hornissen.

Britta, hier ist Toleranz geboten, ermahne ich mich, als ich merke, dass ich mein Gesicht zu verziehen beginne. In anderen Ländern gelten eben andere Sitten. Chinesen, die erstmals nach Deutschland kommen, sind ihrerseits oft verwundert, wie viel Fleisch die Deutschen verzehren, und das meist auch noch in einem großen Stück (zum Beispiel Haxe oder Steak). Nicht selten habe ich meine chinesischen Freunde, die mir einen Besuch in Köln abstatteten, von unseren Essensvorlieben erst überzeugen müssen.

Als ich meine Gedanken mit meinen beiden Tischgenossen teile, sagt Oliver: »Einer meiner Mitarbeiter, den ich zur Ausbildung für zwei Monate nach Deutschland geschickt hatte, kehrte anschließend mit einem selbst diagnostizierten ›Fleischtrauma‹ zurück. In den acht Wochen in Deutschland hatte er fast jeden Tag in der Kantine Fleisch gegessen und dachte, er hätte dadurch seiner Gesundheit geschadet. Seine Maßnahme zur Regenerierung nach seiner Rückkehr in die Heimat bestand in einer Gemüse-und-Reis-Diät.«

Diese »Nöte« der Chinesen auf Auslandsreisen führen häufig dazu, dass sie bei längeren Reisen gern in Hotels oder Apartments mit Kochgelegenheiten wohnen. Sofern mehrere Landsleute auf einem Flur wohnen, ist es fast normal, dass die Türen offen bleiben und man sich laut über den Flur unterhält. Vom Hin-und-her-Tragen der Teller und Töpfe sollte man sich als deutscher Hotelgast jedenfalls nicht irritieren lassen.

Besonderen Genuss bereiten den Chinesen Speisen, die Knochen enthalten. Diese werden mit großer Freude abgenagt oder abgelutscht, da für sie das Fleisch am Knochen als besonders geschmackvoll gilt. Daran habe ich mich nie gewöhnen können, und das begründet auch meine Maxime, immer selbst die Speisekarte in die Hand zu nehmen, wenn ich mit chinesischen Freunden essen gehe. In der Regel haben wir einen anderen Geschmack als die Asiaten, knabbern nicht gern auf Knorpeln herum oder kauen Hühnerfüße ab. Hier gilt es, darauf zu bestehen, keine Spezialitäten zu essen, sondern am besten die einfachen Alltagsgerichte, die übrigens hervorragend sind. Auch jetzt schmecken uns diese – neben dem Fisch – mal wieder sehr gut.

Da keine Chinesen mit uns am Tisch sitzen, halten wir uns nicht an die Regel: »Entweder Nudeln oder Reis«, sondern haben neben unserem Reis auch eine Nudelsuppe bestellt. Sie kann übrigens den ganzen Tag über verzehrt werden, denn in China wird auch zum Frühstück warm gegessen. Als Ergänzung zu den Stäbchen wird dann in den Restaurants und Garküchen ein Löffel gereicht, um die Brühe löffeln zu können, sobald alle Nudeln verspeist sind. Wem das zu langsam ist, der setzt einfach die Schüssel an den Mund und trinkt direkt daraus. Die Brühe wird ebenso geräuschvoll geschlürft wie zuvor die Nudeln. Am Ende wird noch einmal – sofern keine Serviette vorhanden ist – mit dem Jacken- oder Hemdsärmel über den Mund gefahren. Danach kann sich der Gast eine Zigarette anzünden, die Zähne genüsslich blecken und seinen Weg fortsetzen.

Direkt neben mir höre ich ein lautes Schlürfen. Erstaunt schaue ich von meinem Teller auf. Gerrit scheint sich die hiesige Art, Nudelsuppen zu verzehren, abgeschaut zu haben. Ich sehe meinem Bruder dabei zu, wie er bereits die nächsten Nudeln genüsslich in die Brühe tunkt. Er bemerkt meinen Blick und kommentiert trocken: »Man kann die Nudeln nicht anders essen – tut mir leid!« Danach widmet er sich wieder seiner Nudelsuppe und zieht mit seinen Stäbchen die nächsten zwanzig Zentimeter langen Nudeln in einem Stück heraus. Gerrit hat recht: Aufgrund der Gravitation und der Länge der Nudeln kann man sie ohne Besteck praktisch nicht essen, ohne zu schlürfen! Lange Nudeln stehen in China dabei für ein langes Leben und werden deshalb auch an Festtagen gegessen.

»Chinesen kann man jedenfalls beeindrucken«, bemerkt Oliver, »wenn man gut mit Besteck umgehen kann. Rolle ich beim Italiener die Spaghetti unter Zuhilfenahme eines Löffels kunstvoll mit einer Gabel auf, quittieren meine chinesischen Mitarbeiter das oft mit einem Ausdruck großen Respekts.«

Auch wenn in China andere Tischsitten gelten, bemüht man sich beim gemeinsamen Essen mit Europäern in der Regel durchaus, nicht zu schlürfen oder mit vollem Mund zu sprechen – und eben mit Besteck zu essen.

Aber Schlürfen hin oder her. In einem Punkt sind wir drei uns einig: Für uns ist die chinesische Küche die beste der Welt, und die vielfältigste ist sie sicher auch.

Wie aufs Stichwort kommt jetzt der gegrillte und filetierte Fisch. Serviert wird er auf einem bambusgeflochtenen Teller mit einem grünen Bananenblatt, auf dem auch frisches Zitronengras und Koriander zu sehen sind.

Im Gegensatz zu den Gästen am Nachbartisch, die lautstark darüber streiten, wer die Rechnung bezahlen darf, machen wir es uns – nachdem wir satt und zufrieden sind – etwas einfacher und teilen die Summe durch drei. Während in Deutschland eine Einladung oder auch das Teilen der Rechnung vermieden wird (warum soll ich mehr bezahlen, als ich gegessen und getrunken habe?) und zumeist jeder seine eigene Rechnung bezahlt, wird in China darum gekämpft, wer die ganze Rechnung übernehmen darf. Ausländer, die schon etwas länger in China leben, haben sich zumindest die bei jungen Chinesen gängige Art angewöhnt, die Gesamtrechnung einfach durch die Anzahl an Personen zu teilen.

Beim Bezahlvorgang kommt aber ein äußerst sensibles Thema zum Tragen: die Rolle des Gesichts! Man kann das Gesicht wahren, verlieren oder auch Gesicht geben. Vergleichbar ist das zum Teil mit unserer westlichen Vorstellung von Reputation und Ansehen, aber es umfasst noch sehr viel mehr. Das Geben und Nehmen von Gesicht ist oft indirekt und für einen Ausländer auf den ersten (und zweiten) Blick kaum nachvollziehbar.

Chinesen sind sehr großzügige Gastgeber, jedoch zahlt nicht immer dieselbe Person. Als Faustformel lässt sich die »Heimspielregel« gut nutzen: In Peking würde der Gast aus Shanghai selbstverständlich eingeladen werden, während beim nächsten Shanghaibesuch des Pekingers die Person aus Shanghai an der Reihe wäre.

Während also eine Person bezahlt – und alle wissen bereits vorher, wer das sein wird, entweder der Gastgeber, der Reichste oder der, der einen Gefallen zurückzahlen muss –, tun die anderen aber, um ihr Gesicht zu wahren, so, als ob sie auch die Absicht hätten zu zahlen. So ist es im Privatleben auch beim Schenken normal, dass das Geschenk erst einige Male abgelehnt, bevor es schließlich angenommen wird. Bei Dates zahlt übrigens, ganz wie bei uns, der Mann, wie unsere männlichen chinesischen Bekannten seufzend bestätigen.

Dieses Rollenverhalten bei Einladungen kann in manchen Fällen dazu führen, dass Menschen über ihre finanziellen Verhältnisse leben, um den gesellschaftlichen Anforderungen, die an ihre Person gerichtet werden, gerecht werden zu können. Die wachsende Zahl von Pfandleihhäusern gibt hierfür einen dezenten Hinweis.

Das »Gesicht verlieren« kann man in China auf unzählige Arten und Weisen – für uns Ausländer ist es sicherlich am einfachsten und sichersten, uns ganz normal nach eigenem Ermessen respektvoll zu verhalten und zu hoffen, dass man damit das empfindliche Gleichgewicht der zwischenmenschlichen Beziehungen nicht stört.

Das Gesicht eines anderen zu respektieren und ihn nicht durch eigene Handlungen oder Worte in unangenehme Situationen zu bringen, ist vermutlich die wichtigste Verhaltensregel für jeden Menschen in China. Eine der grundlegenden Weisheiten der konfuzianischen Tradition ist es, dass die Gesellschaft nur harmonisch funktionieren kann, wenn jeder Einzelne sich in seiner unmittelbaren Umgebung um Harmonie bemüht. Und das Gesicht der anderen zu bewahren und zu achten ist dabei eines der wichtigsten Dinge.

Aufpassen sollte man allerdings immer dann, wenn zum Beispiel chinesische Geschäftspartner versuchen, über das per se implizite Konzept des Gesichts Druck auszuüben. Sobald jemand dieses zu instrumentalisieren versucht und einen direkt darauf anspricht, ist Vorsicht geboten. Man sollte sich durch so etwas nicht aus der Ruhe bringen lassen, egal wie nachdrücklich hier »argumentiert« wird.

Jemandem »Gesicht zu geben« ist ein weiteres beliebtes Mittel, das in China gerne und häufig angewandt wird. So wird man von einem chinesischen Freund mit an Sicherheit grenzender Wahrscheinlichkeit vor gemeinsamen Freunden oder auch Geschäftspartnern aktiv gelobt oder positiv hervorgehoben. Man hilft sich gegenseitig, indem man zum Beispiel vor einem wichtigen Entscheider Errungenschaften oder besondere Leistungen des anderen hervorhebt, die derjenige nicht über sich selbst sagen könnte. Dieses Verhalten ist hier absolut gängig, genauso wie die bescheidene Reaktion auf das Lob des anderen.

Am Nachbartisch scheint endlich die Frage geklärt, wer zahlen darf, denn der Geräuschpegel im Lokal ist wieder deutlich gesunken. Beim Hinausgehen werfe ich noch einmal einen kurzen Blick zurück auf die Streithähne – und werde mit einem durchaus üblichen Bild konfrontiert: Einer der Gäste hat sich durchgesetzt und bezahlt mit leicht gerötetem Kopf am Tresen, während sich die am Tisch Verbliebenen demonstrativ still ihrem Tee widmen. Ob sie sich wirklich als »Verlierer« im Bezahlwettkampf fühlen, wäre eine interessante Frage.

Ich finde es interessant, solche Szenen zu beobachten, sie sind eine wunderbare, hautnahe Schule einer für uns fremden Kultur. Am spannendsten sind die Momente, in denen Chinesen und Ausländer in derartigen Situationen aufeinandertreffen. Jeder mit seinem eigenen kulturellen Hintergrund und Handlungsparadigma. Auch wenn sich insbesondere Chinesen und Deutsche in vielerlei Hinsicht ähnlicher sind, als man annimmt, so sind doch die Missverständnisse zwischen den Kulturen vorhersehbar und gleichzeitig unausweichlich. Das beste Mittel, dem zu begegnen, ist ein freundliches Lächeln.

Wir treten wieder hinaus auf die Straße. Inzwischen ist es bereits dunkel, und die schwüle Hitze ist einer angenehmen lauen Luft gewichen.

»Puh, ich fühle mich zwar nicht so voll wie nach guter deutscher Hausmannskost, aber Lust auf einen großen Spaziergang habe ich jetzt auch keine mehr«, meine ich.

»Kein Problem«, beruhigt mich Gerrit. »Wir nehmen uns einfach ein Taxi.«

»Na, ganz so unproblematisch wird das aber auch nicht werden«, sagt Oliver in Vorfreude auf das nächste Abenteuer. Denn aus Erfahrung weiß er, dass uns schon die nächste interkulturelle Herausforderung bevorsteht.

6
Grüne Taxifahrt

Staus und TaxiApps – Die Himmelsrichtungen muss man schon kennen – Wer will denn eine Atemmaske? – Metallstäbchen für die Umwelt – Eine Kläranlage unter chinesischen Pavillons

Wir stehen am Rande einer der vielen achtspurigen Megastraßen und warten auf unser vorbestelltes Taxi, das wir mithilfe der sehr beliebten TaxiApp *Didi Dache* gerufen haben.

Die App, die man sich auf sein Smartphone herunterladen kann, erfreut sich nicht nur in Peking, sondern auch in Shanghai und anderen großen Städten Chinas einer wachsenden Beliebtheit. Sie ist eines der besten Beispiele dafür, wie es jungen geschäftstüchtigen Chinesen immer wieder gelingt, einer unvollkommenen Marktregulierung mit cleveren Geschäftsideen entgegenzutreten und davon zu profitieren. Der Erfolg der TaxiApp begann damit, dass sich der Taximarkt in Chinas großen Städten in den letzten fünfzehn Jahren von einem Angebots- zu einem starken Nachfragemarkt gewandelt hat. Während sich um die Jahrtausendwende die Taxifahrer praktisch noch um jeden potenziellen Fahrgast Rennduelle geliefert haben, so deckt zum Beispiel in Peking die begrenzte Anzahl von 66 000 Taxen heute kaum mehr die stetig wachsende Nachfrage der immer größer werdenden chinesischen Mittelschicht.

Die App stellt eine Plattform bereit, über die die Fahrgäste per Voice Message allen in der Nähe befindlichen Taxifahrern ihre Position mitteilen können. Für den Fahrgast in Peking sind diese Apps wirklich sinnvoll. Um diese Uhrzeit oder bei starkem Regen ist das hier fast die einzige Möglichkeit, ein Taxi zu bekommen. Und auch wir haben deshalb auf diesen Dienst zurückgegriffen.

Genervt schaut Gerrit auf sein Handy – der Fahrer scheint an einer bestimmten Stelle festzuhängen. Die Staus sind auch ein Grund, warum viele, so auch Gerrit, auf die neumodischen E-Bikes umgestiegen sind, elektrobetriebene Roller. Deren Zahl ist insbesondere in den letzten Jahren rapide angestiegen. Eine Explosion erzielte die Branche im Jahr 2003, als sich die Menschen aufgrund der um sich greifenden Furcht vor der SARS-Epidemie darum bemühten, die Nutzung öffentlicher Transportmittel so weit wie möglich zu vermeiden. Man schätzt, dass auf Chinas Straßen derzeit mehr als zweihundert Millionen elektromobile Zweiradgefährte unterwegs sind – allein in der Einundzwanzig-Millionen-Metropole Peking sind es rund eine Million.

Die Motivation für den Kauf eines E-Bikes ist keinesfalls einem ausgeprägten Umweltbewusstsein der chinesischen Bevölkerung geschuldet, sondern vielmehr der finanziellen Realität. Für viele Menschen bedeutet der Erwerb einer eigenen Wohnung – ultimatives Ziel der chinesischen Mittelschicht – eine derart finanzielle Belastung, dass für die Anschaffung eines Autos häufig kein Spielraum mehr bleibt. Um dennoch einigermaßen komfortabel und ohne eigene Tretanstrengung täglich zur Arbeit pendeln oder Erledigungen nachgehen zu können, erscheint das E-Bike vielen als kostengünstigere Alternative (es kostet zwischen zweihundert und fünfhundert Euro) sehr geeignet.

Auch Gerrit liebt es, auf seinem E-Bike durch die Stadt zu fahren, und er sieht es, wie die meisten anderen, als eine Art Sport an, sich so geschickt wie möglich an den Tausenden anderen Verkehrsteilnehmern vorbeizuschlängeln und schnellstmöglich sein Ziel zu erreichen.

Derzeit greift er allerdings notgedrungen wieder auf andere Verkehrsmittel zurück, weil auch sein zweites Elektrogefährt vor kurzem gestohlen wurde. Ich kann nicht sagen, dass mich das unbedingt traurig stimmt. Bereits als Fußgänger ist man gefährdet genug, finde ich. Objektiv sieht es zwar so aus, dass die Zahl der Verkehrstoten in China im Verhältnis zur Bevölkerung nur ganz knapp über den Zahlen aus Deutschland liegt (und im Vergleich zu den USA ist es noch nicht einmal die Hälfte) – eines der Geheimnisse, warum der chinesische Straßenverkehr trotz des vermeintlichen Chaos recht gut funktioniert, ist paradoxerweise die staubedingt niedrige Geschwindigkeit. Dennoch kommt es auf Chinas Straßen zu zahlreichen leichteren und mittelschweren Unfällen, in die nicht selten Fahrrad- oder E-Bike-Fahrer verwickelt sind.

Wir winken das Taxi heran, das nun endlich angefahren kommt. Als es hält, steigen wir ein. Wir nennen dem Fahrer auf Chinesisch unser Ziel, eine der bekannten Adressen für das Pekinger Nachtleben im Stadtbezirk Chaoyang. Er weiß trotzdem nicht, wovon wir sprechen, und fängt an, uns wild gestikulierend wieder aus dem Taxi hinauszukomplimentieren.

Ich seufze. Es ist beinahe jedes Mal dasselbe. Entweder fährt der Taxifahrer drauflos und sagt irgendwann, dass ihm die Adresse unbekannt sei, oder er weigert sich von vornherein, den Motor zu starten. Vor diesem Problem stehen wir nun. Beliebte Gründe für einen Fahrer, eine Fahrt nicht anzunehmen, sind regelmäßig: a) Die vom Passagier gewünschte Strecke ist zu kurz und der resultierende Fahrtpreis zu gering, b) der Fahrer hat Schichtende, c) er kennt den Weg nicht, oder d) er muss dringend eine Mahlzeit einnehmen und kann nicht mehr warten. Da wir diesen Ablauf kennen, versucht Gerrit routiniert, den Taxifahrer zu beruhigen, und er verspricht ihm, dass er ihm auch den Weg beschreiben könne, und zwar auf Chinesisch! Diese Fähigkeit des ortskundigen Taxigastes ist äußerst hilfreich, denn eine gute Streckenkenntnis erspart einem nicht nur Geld, sondern vor allem Zeit. Wer als Passagier Zeit sparen will, tut gut daran, dem Taxifahrer im Hundert-Meter-Intervall genaue Instruktionen zu geben, um schnellstmöglich das gewünschte Ziel zu erreichen.

Der normale Tourist oder Geschäftsreisende, der der chinesischen Sprache nicht mächtig ist, kann diese Variante natürlich nicht wählen. Es ist dann dringend zu empfehlen, eine Karte der Zieladresse auf Chinesisch mitzunehmen und dem Fahrer zu zeigen. Selbstverständlich sind auch in diesem Fall die oben beschriebenen Reaktionen a) bis d) nicht auszuschließen. Im Zweifel sollte man besser wieder aussteigen und sich ein anderes Taxi suchen. Meist ist es am einfachsten, sich im Hotel ein Taxi zu bestellen, damit der Concierge dem Taxifahrer die Zieladresse vermitteln und notfalls bei der Fahrtbeschreibung helfen kann. Diese Strategie funktioniert fast immer.

Für Deutsche ist es nur schwer vorstellbar, aber für uns selbstverständliche und geläufige Eigennamen wie zum Beispiel McDonald's sind für einen Chinesen, der kein Englisch spricht, nicht zu verstehen. Nur bei der Nachfrage nach einem *maidanglao*, was eine reine Lautanpassung ist, wird man zum nächsten Fastfoodrestaurant geleitet. Die chinesische Sprache erfindet nämlich für alle ausländischen

Marken und Eigennamen entweder phonetisch ähnlich klingende Namen oder Namen mit einer möglichst positiven Bedeutung. Markenbeispiele, bei denen nicht nur der Klang der Übersetzung ähnlich ist, sondern diese auch die Bedeutung erfasst, gelten als besonders gelungen.

Die meisten ausländischen Unternehmen betreiben daher einen großen Aufwand, um für den chinesischen Markt einen solchen Namen zu finden: Genial gelöst hat dies zum Beispiel Coca-Cola mit der chinesischen Entsprechung *kekoukele*, was sich nicht nur ähnlich anhört, sondern »köstlich und glücklich« bedeutet. BMW nennt man auf Chinesisch *baoma*, also das »Juwelenpferd«, und ein Mercedes-Benz-Fahrer »rennt schnell«, wenn er seinen *benchi* fährt. Zudem gibt es die Möglichkeit, den Namen eins zu eins zu übersetzen, wie das etwa Apple gemacht hat. Der chinesische Name der Firma lautet schlicht und einfach *pingguo*, »Apfel«.

Wer eine Übersetzung eines Markennamens nicht in Erwägung zieht, stößt schnell an Grenzen, denn jedes hier tätige Unternehmen benötigt für die Registrierung sowie den in China sehr wichtigen Firmenstempel einen offiziellen Namen in chinesischen Schriftzeichen.

Jedenfalls können Chinesen Eigennamen zumeist nur anhand der chinesischen Übersetzung identifizieren, das betrifft auch die großen Hotelketten dieser Welt. Auch hier gibt es entweder phonetisch ähnlich klingende Entsprechungen – so wird das Westin auf Chinesisch *weisiting* ausgesprochen – oder exakte Übersetzungen. *Zhouji* heißt »interkontinental«, steht also für das Hotel InterContinental. Nur damit kann der Taxifahrer etwas anfangen.

Einmal saß ich im Taxi auf dem Weg in dieses Hotel, und bereits von Weitem konnte man den Namen INTERCONTINENTAL in übergroßen Lettern auf dem Dach des

Hotels direkt vor uns ablesen. Ich machte mir keine Sorgen, das konnte man nicht übersehen. Der Fahrer fuhr dennoch ungerührt an dem Tower vorbei – er hatte den englischen Schriftzug nicht mit dem Hotel in Verbindung gebracht.

Weiß man gar nicht weiter, gibt es ein sicheres Mittel, die gewünschte Zieladresse zu finden: Man ruft dort an und reicht das Handy an den Taxifahrer weiter, der dann zumeist lautstark mit der Person am anderen Ende der Leitung diskutiert und anschließend mit einem »Hm, hm, hm« das Gespräch beendet und einem das Handy schließlich wieder kommentarlos in die Hand drückt. Fährt er weiter, ohne mit einem zu kommunizieren, sollte man ihn einfach in Ruhe lassen. Wer jetzt noch einmal nachfragt, ob er denn auch alles verstanden habe, egal ob auf Englisch oder Chinesisch, verwirrt den Fahrer endgültig und wird häufig genug wieder aus dem Taxi geschickt.

Unser Taxifahrer hat sich ein wenig beruhigt, nachdem Gerrit ihm auf Chinesisch den Weg erklärt hat, und wirft, immer noch leise vor sich hin schimpfend, endlich den Motor an. Vermutlich kann er nun sein Abendessen heute erst später zu sich nehmen. Beim Anfahren gibt er so viel Gas, dass der typische rote, am Rückspiegel hängende Glücksbringer (eine auf dem Kopf stehende Kalligrafie des Schriftzeichens *fu* = Glück) stark hin und her zu pendeln beginnt.

Dass ein chinesischer Taxifahrer in einer Metropole wie Peking nicht jede kleine Straße kennt, erstaunt sicherlich niemanden. Geht es allerdings darum, den Stadtplan zu lesen, dann wundert man sich häufig. Die Orientierung in Peking ist nämlich eigentlich relativ einfach. Die Stadt ist quadratisch um den Kaiserpalast herum angelegt, und es gibt fast ausschließlich schnurgerade Straßen, die entweder in Nord-Süd- oder aber in Ost-West-Richtung verlaufen.

Auf deutschen Stadtplänen chinesischer Städte wie auch mittlerweile auf den meisten großen Straßenschildern stehen die Straßenamen Pekings auch in der latinisierten Lautumschrift; durch die Kombination dieses *hanyu pinyin* mit den chinesischen Schriftzeichen auf den Straßenschildern kann der mit einem Stadtplan ausgestattete Tourist sicher seinen Weg durch die Millionenstadt finden.

Die Orientierung in Chinas Großstädten ohne Sprachkenntnisse, Ortskenntnisse oder ohne einen Stadtplan kann allerdings schwierig werden. Als Tourist kann man sich vor allem in der Nähe der städtischen Hauptattraktionen und auf den belebteren Straßen in der Regel auf junge Chinesen verlassen, die gern Englisch sprechen und sich Mühe geben, behilflich zu sein. Fragt der Suchende einen Einheimischen nach dem Weg, bekommt er in der Regel auch immer eine Antwort. Schon aus Gründen des Gesichtsverlusts ist es für den Gefragten unangenehm zuzugeben, wenn er diesen eben nicht weiß. Stattdessen wird oft umschweifend mit *»Bu tai qingchu«* – »Ich bin mir nicht ganz sicher« geantwortet.

Kennt der Gefragte jedoch das gewünschte Ziel, antwortet er hilfsbereit, vorzugsweise auch unter Angabe der Himmelsrichtung. Eine Wegbeschreibung könnte dann wie folgt aussehen: »Gehen Sie drei Straßen in westliche Richtung, anschließend einen Block nach Süden.« Über die Himmelsrichtungen Bescheid zu wissen ist daher für die Orientierung in China sicherlich kein Nachteil, auch wenn die Wegbeschreibung mit Bezeichnungen wie »geradeaus«, »links« oder »rechts« verstärkt Einzug hält.

Jemand mit chinesischen Sprachkenntnissen kann sich in den Städten auch an den Straßennamen orientieren, deren Namen häufig Angaben zur Himmelsrichtung enthalten. Wer zum Beispiel in Peking auf der *Dongsanhuan-*

zhonglu fährt oder läuft, befindet sich, wörtlich übersetzt, auf dem mittleren Teil der östlichen, dritten Ringstraße.

In der Praxis sollte der Ortsunkundige möglichst viele Einheimische nach dem Weg fragen, um die Wahrscheinlichkeit der richtigen Richtung zu erhöhen. Wenn vier von fünf Befragten dieselbe Antwort geben, ist davon auszugehen, dass sie stimmt. Aber selbst dann sollte man sich nach ein paar hundert Metern wieder den gesetzten Kurs bestätigen lassen, bis man das Ziel erreicht hat! Auch unsere chinesischen Freunde machen das so.

Unser Taxifahrer biegt in eine kleine Seitenstraße ab, die er wohl als Abkürzung nehmen möchte, um den großen Stau zu umgehen, doch prompt landen wir in einer Schlange von mindestens fünfzig weiteren Autos. Da hatten auch noch andere dieselbe Idee gehabt. Super, denke ich, das war mal wieder klar.

Während es nicht vorangeht, öffnet der Taxifahrer derweil die Tür, zieht einmal richtig den Schleim hoch und feuert ihn gekonnt auf die Straße. Die Geräusche, die Dauer und die Intensität dieses Vorgangs lassen mich glauben, dass sein Sputum nicht aus dem Rachenraum kommt, sondern eine deutliche längere Reise durch den Körper hinter sich hat. Diese Kultur der inneren Selbstreinigung durch Herausschleudern von Sekreten aus dem Körper gilt in Chinas modernen Städten allerdings immer häufiger als verpönt. Die Tage der Spucknäpfe, die noch in den neunziger Jahren selbst die führenden Hotels von Peking kulturell bereichert hatten, sind gezählt. Auch im Restaurant, im Bus oder im Zug wird normalerweise nicht mehr auf den Boden gespuckt. Vielmehr sieht man dort mittlerweile Zeichen mit der aktiven Aufforderung: »Bitte nicht spucken.«

Auf dem Land wird die Sitte des Spuckens nach wie vor gepflegt – und ermöglicht so eine grobe Einordnung, ob jemand aus der Stadt oder vom Land stammt. Bei unserem Fahrer handelt sich offensichtlich nicht um einen Städter.

Genervt nestelt er jetzt an seiner Thermoskanne herum, die zur Grundausstattung eines jeden Taxifahrers gehört, und hält dabei mit sich selbst Zwiesprache.

»Er überlegt sicher gerade, was er tun kann, um dem Stau zu entkommen«, mutmaße ich laut.

Als hätte der Taxifahrer meine Worte verstanden, trinkt er einen letzten großen Schluck aus seiner durchsichtigen Flasche, in der unzählige Teeblätter frei umherschwimmen, und leitet dann entschlossen ein Wendemanöver ein.

Für den geübten Autofahrer ist sofort absehbar, dass ein U-Turn auf dieser engen Straße niemals klappen kann. Der Taxifahrer versucht es trotzdem – und scheitert natürlich.

»Ich kann hier nicht wenden«, sagt er schließlich mit einem erstaunten Gesichtsausdruck, während er sich uns zuwendet. Wir bewahren die Contenance und nicken nur.

Interessanterweise versuchen noch andere Fahrzeuge vor uns dasselbe aussichtslose Manöver. Die fehlende Umsicht der Fahrer überrascht mich nicht. Vorausschauendes Fahren trifft man auf Chinas Straßen noch nicht besonders häufig an.

So hat auch unser Hintermann natürlich längst nachgesetzt, als sich unser Taxi in die Drehbewegung begeben hat. Darum können wir nun auch nicht mehr zurücksetzen, um die Kehrtwende im zweiten Anlauf zu schaffen. Wir stecken fest!

Empört steigt der Fahrer aus, um sich von der Sachlage ein Bild zu machen. Er kann nur eins feststellen: Jeder Versuch einer weiteren Kehrtwende ist zwecklos. Jetzt heißt es abwarten, scheint er sich zu denken. Er setzt sich wieder ins Auto und dreht das Radio auf.

Viele Taxifahrer lieben das in unseren Ohren penetrant klingende chinesische Kabarett, das jetzt durch den Wagen dröhnt. Die Komik dieser Radiosendungen besteht darin, dass es in einem Dialog zu Missverständnissen kommt, die aus haarfeinen Nuancen der chinesischen Sprache resultieren. Da allerdings die meisten Ausländer die Dialoge nicht verstehen und zudem häufig das Radio wie jetzt auf gefühlte hundert Dezibel aufgedreht ist, nimmt der Verdruss des Passagiers im selben Maße zu wie die Freude des Taxifahrers an der kulturellen Blüte seiner Sprache und der Virtuosität, mit der mit seiner Sprache gespielt werden kann. Der chinesische Humor reicht von solch feinsinnigem Sprachwitz wie in dieser Sendung bis hin zu simpler Situationskomik. Versucht man sich als Westler an Ironie, muss man sich nicht wundern, wenn das Gegenüber im absoluten Unverständnis vollkommen ernst reagiert.

»Dass noch jemand außer ihm im Auto sitzt, scheint ihn nicht zu stören«, bemerke ich resigniert.

»Apropos – euch ist schon klar, dass wir noch eine Weile im Taxi festhängen werden?«, fragt Gerrit.

»Dann machen wir es uns trotz der Lautstärke in den Sitzen gemütlich«, sagt Oliver, »und ich nutze die Gelegenheit, um den Wert der aktuellen Luftverschmutzung zu bestimmen.«

Ich schaue ihn ungläubig an, als er mir tatsächlich seine »Luftwert-App« unter die Nase hält. Es ist die Gratis-App »Beijing Air«, die im Stundentakt die Luftqualität misst und ins Netz stellt. Die Daten stammen von einer Messstation auf dem Gelände der amerikanischen Botschaft in Peking und sorgen regelmäßig für Furore.

Die Regierung betrachtet die Daten über die Qualität der Hauptstadtluft als »innere Angelegenheit« und wünscht nicht, dass die Amerikaner sie veröffentlichen. Das führt immer wieder dazu, dass diese Websites oder Apps lahmgelegt werden. Die US-Botschaft nimmt es gelassen und veröffentlicht sie trotzdem einfach weiter. Der Service dieser App wird auch von vielen Bewohnern Pekings in Anspruch genommen, denn die Qualität der Luft ist nur in Extremfällen über die Nase und/oder die Augen zu erkennen. Der EU-Grenzwert liegt bei 50 Mikrogramm pro Kubikmeter Luft an Feinstaubpartikeln, Tage mit 150 bis 250 Mikrogramm gelten als gesundheitsgefährdend.

»Ich verlasse mich aber nicht nur auf die von den Amerikanern gemessenen Werte, sondern prüfe die Luftqualität regelmäßig selbst, und zwar per Augenmaß«, erklärt uns Oliver, während die App die Daten lädt. »Erst kommt der Fernsichttest.« Oliver wohnt im fünfundzwanzigsten Stock im Stadtteil Chaoyang am Ostrand der Stadt. »Rund dreißig Kilometer westlich von meiner Wohnung liegen die Westberge, rund hundert Meter westlich befindet sich der Nachbarblock. Diese beiden Parameter helfen mir bei der optischen Bestimmung der Luftqualität. Wenn ich die Westberge messerscharf sehen kann, entfaltet sich vor meinem Fenster ein großartiges Panorama. An solchen – leider mittlerweile viel zu seltenen – Tagen ist die Luft Pekings wunderbar sauber. Die App zeigt dann einen Messwert von unter fünfzig an.« Er seufzt und fährt dann fort: »Das andere Extrem ist der Blick auf den Apartmentblock, der hundert Meter entfernt ist. Kann ich den nicht erkennen, liegt der Wert bei fünfhundert und in manchen Fällen sogar noch darüber. An diesen Tagen schafft es Peking auch immer wieder in die *Tagesschau!*«

»Es wird an solchen Tagen empfohlen, nur mit Atemmaske nach draußen zu gehen«, meint Gerrit. »Tausende von Menschen laufen dann mit diesen Masken durch Peking, wo es geradezu wie eine Geisterstadt aussieht, weil alles in ein fahles gelbliches oder rötliches Licht getaucht ist. Die Luftreiniger in den Wohnungen und Büros, wenn sie denn vorhanden sind, laufen auf Hochtouren. Die Kindergärten lassen die Jungen und Mädchen auch nicht mehr im Freien spielen. Trotzdem, der Großteil der Pekinger Bevölkerung hat sich zwangsläufig mit der Luft arrangiert und macht einfach weiter, als sei alles normal. Ist es am Ende auch, denn leider gibt es gerade im Winter immer häufiger solche Tage. In den letzten Jahren war der jeweilige Winter immer schlechter als der des Vorjahres.«

»Schutzmaßnahmen wie die Atemmasken«, bemerkt Oliver, »sind allerdings häufig reine Makulatur, und ich frage mich, ob das den Trägern bewusst ist. Die Standardmaske aus Papier ist nämlich an den Rändern nicht dicht genug, um den Feinstaub zu filtern. Es ist nur die Illusion von Schutz und Sicherheit. Eine richtige Maske müsste aus Kunststoff sein, luftdicht an Mund und Nase abschließen und echte Filter haben. Solche Masken jedoch sind teuer, unbequem, optisch wenig ansprechend und reduzieren die Lebensqualität enorm.«

»Habt ihr denn auch eine solche Atemmaske?«, frage ich meinen Bruder und Oliver.

»Ja, schon, aber auch wir tragen sie nicht so häufig«, antwortet Gerrit etwas zerknirscht.

»Da nehme ich mich nicht aus«, fügt Oliver hinzu.

»Also wirklich!«

Die Luftwert-App zeigt uns nun das Ergebnis an: »Hundertzwanzig! Heute ist ein guter Tag«, meint Oliver, »wahrscheinlich ist es windig. Der Wind ist auch Bestandteil meines Wettertests: Nach meiner Fernsichtdiagnose folgt nämlich der Plausibilitätscheck mit einem Blick in den Garten auf die sich mehr oder weniger stark bewegenden Blätter von Büschen und Bäumen sowie auf den Rauch aus dem Schornstein des Kraftwerks im Süden. Ein windiger Tag ist immer ein guter Tag. Der Wind reinigt dann nämlich die Luft wie mit einem riesigen Besen. Abgase und Feinstaub werden aus der Stadt herausgetragen, vermutlich nach Osten, Richtung Meer, oder nach Süden in andere Provinzen, wodurch das Problem natürlich nicht wirklich gelöst wird.«

»Die Luftverschmutzung wird durch die Millionen von Autos und die Kohlekraftwerke weiterhin dramatisch zunehmen«, sagt Gerrit.

Die chinesische Regierung hat bereits vor einigen Jahren die Brisanz hinsichtlich ökologischer und Energienachhaltigkeit erkannt. Eine ihrer Maßnahmen besteht in einer Nummernschilderbegrenzung an bestimmten Tagen. Sie ist nicht überall in China gängig, aber in Peking versucht man Einschränkungen des Straßenverkehrs von montags bis freitags durch die letzte Ziffer auf den Nummernschildern zu steuern (an Wochenenden und Feiertagen dürfen alle Autos unterwegs sein). Alle drei Monate ändert sich der Verbotstag für die Endziffern, und wer mit einem nicht erlaubten Nummernschild im Straßenverkehr erwischt wird, muss zweihundert Yuan Strafe bezahlen. Wohlhabende mieten sich an den Tagen, an denen sie ihr eigenes Fahrzeug nicht bewegen dürfen, einfach einen Wagen mit einem erlaubten Kennzeichen oder schaffen sich einen Zweitwagen an. Nach der altbekannten Haltung: »Es muss etwas getan werden, aber einschränken sollen sich doch bitte die anderen.«

Umweltverschmutzung ist eines der großen Themen der letzten Jahre in China, die Medien berichten täglich über die verschiedenen Probleme. Untereinander diskutiert man darüber besonders gern im Netz, ob in einem der zahlreichen Internetforen, Onlineblogs oder mittels der in China sehr beliebten Kommunikations-Apps. Hier kursieren Gerüchte, werden Nachrichten besprochen und Kritik oder Unmut geäußert.

Denn auch wenn es verwundern mag: Das Internet ist trotz einiger Zensurmaßnahmen, die auch große westliche Websites umfassen (manche sind nur eingeschränkt nutzbar oder gesperrt), die beliebteste Kommunikations- und Informationsplattform. Über eine halbe Milliarde Chinesen ist aktuell mobil im Internet unterwegs – eine schier unglaubliche Zahl, die stetig wächst. Es wird unter anderem online eingekauft, gechattet, gespielt, sich informiert und ausgetauscht. So gibt es auch zu beinahe jeder großen westlichen Website ein chinesisches Pendant. Während man sich bei uns eine Welt ohne Facebook kaum noch vorstellen kann, würde einem chinesischen Jugendlichen das Netzwerk Renren zur Kommunikation fehlen. Videos schaut man sich hier auf Youku statt auf YouTube an, anstelle von eBay kauft man über Taobao ein. Entwickelt sich bei uns die 2009 erschienene WhatsApp mit um die vierhundertfünfzig Millionen Nutzern zum neuen Lieblingsmedium, so kann die 2011 veröffentlichte chinesische Entsprechung WeChat bereits sechshundert Millionen User verbuchen.

Wer sich über das Weltgeschehen uneingeschränkt informieren und nicht auf die westlichen Seiten verzichten möchte, kann die chinesische Internetzensur am schnellsten via einer VPN-Verbindung umgehen, einem Internetzugang über das »Virtual Private Network«.

Eines der aktuellsten Umweltthemen in China und besonders in Peking ist tatsächlich die schlechte Luft.

»Was bei dir, Oliver, die App und deine Selbstdiagnose sind«, sagt Gerrit, »ist bei mir eine Rundnachricht der Stadtregierung, die ich hin und wieder von meinem chinesischen Mobilfunkprovider zugesandt bekomme, mit der Aufforderung, besser zu Hause zu bleiben und alle Aktivitäten, die die Luftqualität weiter verschlechtern würden, wie etwa Autofahren, einzustellen. Als ich einmal einen Freund auf diesen Aufruf ansprach und sagte, dass dies doch sehr umsichtig von der Regierung sei, antwortete der: ›Nun ja, dass die Luft momentan nicht gut ist, kann ja wohl jeder sehen. Aber wie wir das Problem lösen können, ist nicht ganz so einfach.‹ Etwas besorgt fügte mein Freund noch hinzu: ›Laut neuester Statistiken hat China derzeit mit fünfundzwanzig Prozent aller weltweit gemeldeten Krebsfälle die höchste Krebsrate der Welt – Tendenz steigend.‹ Daraufhin hat er letztens seine Lunge röntgen lassen. Wisst ihr, was rauskam? Obwohl er nie geraucht hat, wies seine Lunge eine deutlich stärkere Belastung auf als die eines kettenrauchenden Bekannten aus einem Dorf in den nördlichen Provinzen. Das ist doch erschütternd.«

Oliver und ich schweigen. Die gesundheitlichen Schäden durch Umweltverschmutzung steigen in China tatsächlich beständig. Dabei geht die Regierung in den letzten Jahren die zahlreichen Umweltprobleme konsequent mit einer Vielzahl an Pilotprojekten, Regularien und Kampagnen an. Vor nicht allzu langer Zeit war das noch anders, da spielten Umweltschutz und nachhaltige Energieversorgung in China eine untergeordnete Rolle. Das Wirtschaftswachstum stand im Vordergrund der Entwicklungspolitik – es ging neben der weiteren Entwicklung und Modernisierung von Landwirtschaft und Industrie insbesondere darum, mit der Schaffung möglichst vieler Arbeitsplätze die akuten Beschäftigungsprobleme dieses bevölkerungsreichen Landes mit vormals planwirtschaftlicher Wirtschaftsordnung zu lösen. Natürlich ging es auch um den Erwerb von Devisen und der Erhöhung des Steueraufkommens. Mögliche Umweltprobleme oder nachhaltiges Wirtschaften waren für die Regierung nicht von größter Bedeutung, was nachvollziehbar wird, wenn man sich vor Augen führt, dass die Regierung jedes Jahr zehn Millionen neue Arbeitsplätze schaffen muss, um Schul- und Universitätsabgänger in Lohn und Brot zu bringen.

Nur so konnten soziale Unruhen vermieden werden. Aber nun hat man erkannt, dass ökonomische Weiterentwicklung nicht ohne ökologische Nachhaltigkeit funktioniert. Die Ressourcen stehen für den Fall, dass sie irreversibel geschädigt wären, dann nämlich nicht mehr als Basis für zukünftiges Wachstum zur Verfügung. Und den Ast, auf dem man sitzt, sollte man bekanntlich besser nicht absägen.

Bereits der elfte Fünfjahresplan von 2006 bis 2010 forderte ein ressourcenschonendes Wachstum. Der zwölfte Fünfjahresplan, der noch bis 2015 seine Gültigkeit hat, knüpft hier an und fordert neben einer weiterhin raschen wirtschaftlichen Expansion erhebliche Einsparungen und Effizienzsteigerungen beim Verbrauch ökologischer Ressourcen. Der aktuelle Fünfjahresplan unterlegt die Planung mit strengen Zielvorgaben und sieht Investitionen in den Umweltschutz in Höhe von rund zweiunddreißig Milliarden Euro vor. Zu den Zielen gehören die Senkung der CO_2-Emissionen, eine effizientere Ressourcennutzung und der Ausbau erneuerbarer Energien. Die Luftverschmutzung insbesondere in Peking bedeutet nämlich einen Gesichtsverlust für die Regierung.

Oliver schaut sich um, kann aber wie wir alle nur konstatieren, dass sich das Verkehrschaos um uns herum immer noch nicht aufgelöst hat. Er sagt: »Über eine umfassende Umweltgesetzgebung verfügt China ja bereits. Das

Problem liegt einmal mehr in der schieren Größe des Landes. Die in Peking verabschiedeten Gesetze werden häufig in den Provinzen nicht umgesetzt und greifen so ins Leere.«

Ich nicke. Über Chinas Umweltrecht und Umweltpolitik habe ich einst meine Diplomprüfungen geschrieben. Ich kann mich noch gut an die Diskussionen mit meinen Kommilitonen erinnern, die ich mit ihnen über die vielfältigen Umweltprobleme des Landes sowie die Umsetzungsprobleme in der Praxis führte. Anschließend schrieb ich meine Diplomarbeit über die rechtlichen Rahmenbedingungen und ökonomischen Strukturen der chinesischen Windkraftindustrie: Gab es 2005 noch so gut wie keine installierte Windkraft oder generell kaum erneuerbare Energien neben der Wasserkraft, so war China bereits 2011 Weltmarktführer bei der Herstellung von Windkrafträdern und hatte die höchste weltweite Gesamtleistung an produzierter Windenergie vorzuweisen. Es ist kaum zu glauben, wenn man sich das vor Augen führt.

Es lässt sich festhalten: China hat auch die Bedeutung der Förderung erneuerbarer Energien längst erkannt. Sie dienen nicht nur dem Umweltschutz, sondern auch der dringend benötigten, nachhaltigen Energiesicherheit des Landes, selbst wenn auch der vermehrte Einsatz alternativer Energien nicht ausreicht, um dem ungeheuren Energiebedarf des Landes Rechnung zu tragen. Der immer weiter steigende Energiebedarf wird auch zukünftig zum großen Teil durch die Verwendung fossiler Brennstoffe (circa siebzig Prozent Kohle) gedeckt werden, und auch die Ausweitung der Nutzung von Atomenergie steht für China außer Frage. Zwar ist China wie jedes Land, das Atomstrom produziert, mit dem Problem der Endlagerung von atomarem Müll konfrontiert, aber die Verschmutzung der Luft in den großen Städten durch Kohleverstromung zwingt die Entscheider zu praktischem Denken.

In China wurde durch die Zielsetzung von einem Anteil alternativer Energien am Energiemix von fünfzehn Prozent im Jahr 2020 zudem intensiv mit dem massiven Ausbau der Erschließung weiterer alternativer Energiequellen wie Wasser, Wind und Sonne begonnen, über die China allesamt im Überfluss verfügt – und das Ziel wird sicherlich übererfüllt werden.

So sind in den Wüsten Nordwestchinas, in den Provinzen Xinjiang und Gansu Solarstromanlagen keine Seltenheit mehr. Auch die Windenergie wurde insbesondere in den letzten Jahren stark vorangetrieben. Nicht nur an windigen Küstenabschnitten wie in Shandong oder am »Windkanal« Zentralasiens, in dem auch Teile Nordchinas liegen, wurden zahlreiche Windparks errichtet, sondern bereits auch Off-Shore-Anlagen in Betrieb genommen. Die günstigen natürlichen Voraussetzungen des westlichen Landesteils für die Förderung alternativer Energien fordern ihren Tribut: Der so erzeugte Strom muss Tausende Kilometer über Umspannanlagen in die industriellen Zentren transportiert werden. Bedingt durch Schwächen im nationalen Hochspannungsnetzwerksystem – unter anderem veraltete Leitungen, eine nur langsam fortschreitende Modernisierung und diverse Probleme beim Ausbau der Hochspannungsnetze – kann ein großer Teil der produzierten Elektrizität nicht in die Zielorte transportiert werden.

Zudem wird immer wieder am Bedarf vorbeigebaut. Regelmäßig trifft man auf Anlagen, die keinen Strom erzeugen und womöglich auch nie erzeugen werden. Solche Anlagen wurden entweder ohne Genehmigung gebaut oder liegen geografisch so ungünstig, dass sie einfach nicht ans Netz angeschlossen werden können.

Ich schrecke auf. Dem Fahrer scheint langweilig geworden zu sein, denn nun telefoniert er laut. Nach chinesischer Manier brüllt er ins Telefon, als ob er seinen Gesprächspartner live und nicht über das Telefon erreichen wollte. Ich schaue mich abermals um, um zu sehen, ob sich in Sachen Autofahrt etwas tut. Aber noch immer scheint sich nichts zu bewegen.

»Mal sehen, wie lange wir hier noch ausharren müssen«, seufze ich.

Die chinesische Umweltdebatte ist für mich längst nicht beendet. »Vor allem das Umweltbewusstsein des Einzelnen ist hier noch nicht ausgeprägt«, führe ich unsere Debatte fort. Schon im Jahr 2004 konnte ich mir während eines meiner Praktika bei der Bayer AG in China ein Bild davon machen, wie chinesisches Umweltbewusstsein aussieht. Eine Woche lang reiste ich in China als Umweltbotschafterin für das Unternehmen umher und gab Schülern und Studenten Tipps für einen sparsamen Umgang mit Ressourcen: »Putzt euch die Zähne nicht bei laufendem Wasser, macht das Licht aus, wenn ihr aus der Tür geht, stellt die Heizung ab!« Mit Mülltrennung fing ich gar nicht erst an, die ist ja noch nicht einmal in allen Industrieländern angekommen.

Ein Blick auf die in dieser kleinen Nebenstraße am Rande der Häuser verteilten Müllhaufen verrät mir, dass es, neben den zumeist erstaunlich sauberen größeren Straßen, mit dem persönlichen Beitrag zum Umweltschutz noch nicht weit her ist.

Vielleicht lässt sich das schlicht damit erklären, dass viele Chinesen die Natur, wie wir sie begreifen, gar nicht kennen. Ich erinnere mich da an ein Erlebnis mit Joey auf unserer Yunnan-Reise. Ich überredete sie, einen Tag mit mir im Wald zu verbringen, wobei mich schon ihre skeptische Frage »Und was kann man da machen?« hätte stutzig machen sollen. Wir nahmen uns ein Taxi, das uns zu einem guten Ausgangspunkt für eine Wanderung fahren sollte. Der Fahrer hielt an einem Berg, der alles andere als unbewohnt aussah. Als wir aus dem Wagen stiegen, standen wir vor einer Kulisse, die eher nach einer städtischen Mülldeponie als nach unberührter Natur aussah. Joey schien das allerdings nicht weiter zu irritieren. An einem langen Pfahl waren außerdem Pferde angebunden, die man für einen Ausritt leihen konnte.

Ich hoffte, zu Pferd schneller diesen trostlosen Ort verlassen zu können, also schlossen Joey und ich uns der nächsten Reitgruppe an, die weiter in die Berge ziehen wollte. In der Ferne sah ich verheißungsvolle Landschaften, und ich freute mich schon auf das Grün und die frische Luft.

Als wir den Unrat des Vororts hinter uns gelassen hatten, kamen wir auf einen breiten Betonweg, der immer weiter den Berg hinaufführte. Langsam wurde ich ungeduldig, und ich erkundigte mich, wann denn endlich der angekündigte Naturpfad beginnen würde. Der Führer antwortete mir etwas erstaunt, dass diese betonierte Straße extra für die Pferde und die Reittouren gebaut worden sei. Das wäre doch angenehmer, wenn man etwas mehr Platz hat. Ich drehte mich zu Joey um und erklärte ungeduldig, dass ich lieber richtig in die Natur wolle. »Aber wir sind doch in der Natur, hier sind doch Bäume, sieh nur!«, entgegnete sie und deutete auf die Büsche und Bäume am Wegesrand.

Joeys Erklärung hatte mich schon überrascht. Als wir dann oben auf dem Berg angekommen waren, empfing uns die nächste »Müllkippe«, so jedenfalls sah die Wiese aus, auf der die Pferde einen kurzen Halt einlegten und wir es uns gemütlich machen sollten. Ich fragte Joey, ob sie es denn gar nicht störe, dass hier so viel Müll herumliege. Sie antwortete, mittlerweile etwas genervt von meiner Nörgelei, dass man bestimmt abends alles sauber machen würde. Sie fügte hinzu, vielleicht um mich versöhnlicher zu stimmen, dass sie sehr wohl bemerke, dass es hier dreckiger sei als in Deutschland und sie das auch dort zu schätzen wisse. Natürlich würde sie gern auch hier eine sauberere Umwelt haben. Aber was Ausländer immer vergessen würden, sei die Tatsache, dass die meisten Chinesen noch nie außerhalb der Landes- und manchmal noch nicht einmal außerhalb der Stadtgrenzen gewesen seien und überhaupt nicht bemerken würden, wie schmutzig es ist. Hier in der Natur sei es aber schon mal deutlich sauberer als in den Städten. Von daher sei es für die meisten chinesischen Touristen hier sauber! Dann schlappte sie in ihren Flip-Flops zu einer Verkäuferin, die Pferdefutter anbot.

Gerrit lacht, als ich ihm und Oliver jetzt die Geschichte erzähle, dann berichtet er von einer ähnlichen Erfahrung: »Einmal habe ich mit einem deutschen Freund eine Rucksackreise durch Westchina gemacht. Während einer längeren Fahrt durch die Steppenlandschaft der Provinz Gansu haben wir mit einer gebildeten jungen Chinesin im Auto gesessen und uns angeregt mit ihr unterhalten, als sie nach dem letzten Schluck aus ihrer Wasserflasche den elektronischen Fensterheber bediente und diese dann mit elegantem Schwung hinauswarf. Daraufhin verstummte ich mitten im Gespräch, ich konnte gar nicht glauben, was ich da gerade gesehen hatte. Als ich sie auf ihr Verhalten ansprach, verstand meine Sitznachbarin zunächst überhaupt nicht, was sie damit falsch gemacht haben könnte. ›Die Flasche war doch leer‹, meinte sie. Als ich ihr in einem missionarischen Anfall erläuterte, Plastik verschmutze die Umwelt, schämte sie sich so sehr, dass sie darauf bestand, zu wenden und zum ›Tatort‹ zurückzufahren, um die Flasche aufzuheben.«

»Das war ihr wohl wirklich unangenehm. Aber es stimmt«, sagt Oliver, »das Bewusstsein für eine saubere Umwelt ist in den Köpfen der meisten Chinesen bisher noch nicht so ausgeprägt. Deshalb kann man ihnen auch nicht unbedingt böse Absichten unterstellen.«

»Ich bin mir aber sicher, dass sich das langsam ändern wird«, bemerkt mein Bruder. »Im Internet wird überall gebloggt und User beschweren sich über die Umweltprobleme. Selbst im Fernsehen oder auch auf Plakaten wird für mehr Umweltbewusstsein geworben. Ein Motiv ist ein Arzt, der sein Stethoskop an die Erdkugel hält und dabei besorgt die Worte spricht: ›Es gibt *nur eine* Erde.‹ Viele Chinesen hatten vor fünfzehn Jahren ja noch gar nichts mit Müll und Industrie überhaupt zu tun gehabt, da dauert so eine Umwelterziehung ihre Zeit!« Und nachdenklich schiebt Gerrit hinterher: »Um das Bewusstsein von Menschen zu verändern, bedarf es mehrerer Generationen.«

»Manchmal helfen schon kleine Schritte«, fügt Oliver hinzu. »Einer meiner Mitarbeiter hat den Einwegstäbchen den Krieg erklärt und bringt jeden Mittag seine eigenen Metallstäbchen mit, die sich elegant zusammenschrauben und gut verstauen lassen! Immerhin, ein Anfang.«

»Ein solcher Anfang ist auch«, erkläre ich, »dass bei unserer Fahrt in Yunnan das Befahren des Nationalparks nur in E-Bussen mit vierzig anderen Gästen möglich war und dass man bei den Spaziergängen einzig auf bestimmten Wegen gehen durfte. Alle paar Meter wurde darauf aufmerksam gemacht, dass das Verlassen des Pfades nicht erlaubt sei. Und alle zehn Meter stand ein Mülleimer.«

»Wahrscheinlich waren das aber moderne Mülleimer, richtig?«, fragt Oliver. Auf mein Nicken hin spricht er kopfschüttelnd weiter: »Diese Mülleimer aus den Neunzigern vergesse ich nie. Damals gab es in öffentlichen Anlagen nämlich noch Abfalleimer mit unbegrenztem Fassungsvermögen. Das Prinzip: Sie waren unten offen! Drohte eine Überfüllung, wurde der Müll durch ein Loch, das sich am Boden des Behälters befand, herausgedrückt. Da lag das Weggeschmissene dann auf der Erde, aber der Eimer konnte weiter benutzt werden.«

Damit ist es aber vorbei. Heute stehen in den meisten Parks die Mülleimer sogar paarweise nebeneinander, so kann Recyclingfähiges und nicht Recyclingfähiges voneinander getrennt werden. Flaschensammler tun ihr Übriges, denn sie durchkämmen alles nach Plastikflaschen. Jede bringt an der Müllsammelstelle immerhin – umgerechnet – ein paar Cent.

Bei all dem muss man sich auch vor Augen führen, dass die erste Umweltkonferenz der Vereinten Nationen überhaupt erst 1972 in Stockholm stattfand, unter deutscher wie unter chinesischer Beteiligung. Daraufhin traten in unserer Heimat die ersten Umweltgesetzgebungen in Kraft. Das Bundesministerium für Umwelt, Naturschutz und Reaktorsicherheit wurde im Juni 1986 gegründet. China zog zwölf Jahre später mit dem Vorläufer des jetzigen Ministeriums für Umweltschutz nach.

Der erste große Meilenstein beim internationalen Klimaschutz wurde dann 1997 in Form des Kyoto-Protokolls gelegt, mit Emissionsreduktion und dem Emissionsrechtehandel als Schlüsselinstrumenten. Die USA, eine der größten Industrienationen der Welt, haben dieses bis heute nicht ratifiziert. Dass jetzt das gerade erst aufstrebende China mit seinen vielschichtigen Problemen in so global wichtigen Fragen wie der Förderung erneuerbarer Energien, der nachhaltigen Energiepolitik und CO_2-Reduktionsbemühungen eine so große Rolle spielt, finde ich bemerkenswert.

Endlich löst sich das Knäuel der Wagen um uns herum auf, und nach einem letzten Schluck Tee steuert unser Taxifahrer das Auto schließlich über eine kleine Brücke. Ein Blick aus dem Fenster gibt Aussicht auf einen kleinen Kanal, der hinter Abfällen und einer Böschung liegt. Das Wasser ist dunkelbraun, Plastikabfälle und Dosen schwimmen darin herum, den modrigen Geruch dazu kann ich mir gut vorstellen. Die Wasserversorgung wird noch ein großes Problem für das Land werden. Da ist einerseits das verschmutzte Grundwasser sowie das dreckige Wasser von Flüssen, andererseits leiden schon jetzt fünfzig Prozent der Städte unter Trinkwassermangel, besonders im trockenen Norden Chinas. Im Zuge der wirtschaftlichen Entwicklung stieg der Wasserverbrauch nicht nur im Industriesektor, sondern durch geändertes Konsumverhalten auch im alltäglichen Leben. Häufiges Haarewaschen, die Bewässerung von Golfplätzen, die Benutzung von Autowaschanlagen oder Waschmaschinen geht automatisch mit wachsendem Wohlstandsniveau einer Gesellschaft einher.

Oliver, der meinem Blick gefolgt ist und offensichtlich meine Gedanken erraten hat, sagt: »Es gibt eine Reihe von Großprojekten, mit denen man gegen die Wasserproblematik ankämpft. Eines habe ich selbst erleben können. Die Asienspiele 2010 fanden ja in der Metropole Kanton statt, und im Vorfeld unternahm die Stadtregierung erhebliche Anstrengungen, um Kanton ein würdiges Erscheinungsbild zu verschaffen. Ich besuchte die nach einem Jahr Bauzeit fertiggestellte Kläranlage mit einer Kapazität von 100 000 Tonnen pro Tag. Auf einem Gelände von 1,8 Hektar wurden hier die Abwässer von gut 150 000 Anwohnern geklärt, nahezu unsichtbar und vor allem, ohne es zu riechen – die Anlage liegt nämlich größtenteils unterirdisch.«

»Wahnsinn«, bemerken Gerrit und ich fast gleichzeitig.

»So ist es«, sagt Oliver. »Die Menschen, die direkt an der Kläranlage wohnen, sehen, wenn sie aus den Fenstern ihrer Häuser schauen, lediglich einen kleinen Park mit Bäumen, Blumen, einem See und chinesischen Pavillons. Darunter befindet sich die Anlage zur Prozessteuerung. Im zweiten Untergeschoss wird das Abwasser zur Aufbereitung eingeleitet, und nach dem vollautomatisierten Reinigungsprozess wird das Wasser über eine Pipeline, die in einem elegant angelegten künstlichen Wasserfall endet, wieder in einem Nebenarm des Perlflusses eingeleitet. Gesteuert wird all das mit Anlagen eines deutschen Traditionsunternehmens.«

Was alles so machbar ist!, denke ich bewundernd.

Gerrit spricht mit dem Taxifahrer, und es entspinnt sich der »Musterdialog«, den wir hier in China ständig führen und den der Fahrer mit der Frage »Seid ihr Amerikaner?« eröffnet. Gerrit entgegnet, dass wir Deutsche seien. Der Fahrer nickt wohlwollend und erläutert, dass Deutschland ein tolles Land sei und die besten Autos der Welt baue. Die Deutschen seien sehr verlässlich und hätten fantastische Fußballspieler. China dagegen habe eine sehr lange Geschichte, eine großartige Kultur und natürlich eine zu große Bevölkerung.

Gerrit bringt, nachdem der Taxifahrer ihm nach dem dritten Satz exzellente Sprachkenntnisse bescheinigt, auch seinen immer wieder erfolgreichen Witz zum Besten: »Ihr Chinesisch ist aber auch hervorragend!« Die Antwort war bisher immer und ist auch dieses Mal dieselbe: »Aber ich *bin* doch Chinese«, gefolgt von einem lauten Lachen.

Erheitert schaue ich aus dem Fenster.

7
Im Olymp der Fußmassage

Goldmedaille in meiner zweiten Heimat Peking – Die Macht der Symbole – Wan shou: das Konzept der Langlebigkeit – Von Lichthupen und Rückspiegeln – Marktwirtschaft im Labor

Die Sonne ist bereits untergegangen, doch die Stadt wird von unzähligen Lichtern erhellt. Überall sind Menschen unterwegs. Auf einem Platz sehe ich eine größere Menge tanzender Menschen. Der Wind trägt uns durch das jetzt geöffnete Fenster des Taxis die klassische chinesische Melodie herüber, zu der sich die Tanzenden bewegen. Dies ist ein allabendlich überall in China zu beobachtendes Ritual besonders der älteren Herrschaften: Nach dem Essen trifft man sich an einem öffentlichen Ort, legt eine CD oder Kassette in den mitgebrachten Rekorder ein und folgt den Bewegungen einer vortanzenden Person.

»Schaut mal, eigentlich müssten wir auch eine Runde mittanzen, wo wir uns schon den Verdauungsspaziergang gespart haben«, witzele ich und ernte ein müdes Lächeln von meinen beiden Begleitern. Ich werde sie sicherlich nicht zum Tanzen bewegen können, aber ganz abwegig ist dieser Gedanke trotzdem nicht. Niemand wird bei solchen Tanzabenden ausgeschlossen, man kann sich einfach dazustellen und mitmachen.

Gerade erreichen wir die Ringstraße und biegen rechts

ab, als ich noch einen kurzen Blick auf das Kempinski Hotel erhasche, in dem das »Deutsche Haus« des Deutschen Olympischen Sportbundes, also die »Sammelstätte« für deutsche Athleten, der Treffpunkt, um Interviews abzuhalten, sich auszutauschen und nette Abende miteinander zu erleben, seinen Sitz vor und während der Olympischen Spiele in Peking hatte. Ja, das war was! Die Olympischen Spiele in Peking.

Als Peking 2001 den Zuschlag für die Ausrichtung dieses Großereignisses im Jahr 2008 bekam, konnte ich mein Glück kaum fassen! Im besten Fechtalter von fünfundzwanzig Jahren würde ich die Möglichkeit haben, in meiner, wie die Medien später oft schrieben, »zweiten Heimat Peking« in dem für einen Sportler größten internationalen Wettkampf an den Start zu gehen.

Es scheint mir auch jetzt noch manchmal unwirklich, dass ich mich dann in der Olympiaqualifikation als Weltranglistenerste für Peking qualifizierte. Das Projekt Peking 2008 endete an einem heißen Augusttag in der Fechthalle des Olympiaparks tatsächlich mit einer Goldmedaille für mich – und bis zum heutigen Tag staune ich selbst immer wieder darüber, dass dieser Traum in Erfüllung gegangen ist!

Es wäre schön, mal wieder in dem Hotel vorbeizuschauen und Erinnerungen aufleben zu lassen, denke ich mir jetzt. Außerdem befindet sich in der Nähe des Hotels ein guter Spa, in dem ich die ein oder andere fantastische Fußmassage genossen habe.

Nach dem leckeren Essen sind wir alle zufrieden, aber auch etwas träge, und so unterbreite ich meine Idee von der Fußmassage meinen Begleitern, was auf Begeisterung bei Gerrit stößt und auf wenig Euphorie bei Oliver, der so gut wie nie zur Fußmassage geht. »Ich bin kitzelig an den

Füßen.« Ich stelle auf Durchzug und bitte den Taxifahrer kurzum, die Zieladresse zu ändern und zum Hotel Kempinski zu fahren. Der Name dieses Hotels – auf Chinesisch: *Kaibinsiji* – ist tatsächlich allen Taxifahrern in Peking geläufig, sodass der Fahrer, gekonnt und zufrieden, dass er dieses Mal das Ziel kennt, das Lenkrad herumreißt und die Fahrtrichtung ändert. Seit seinem Small Talk mit Gerrit ist er auch deutlich besser gelaunt. Der verbissen grimmige Blick ist sogar gänzlich verflogen, als wir vor dem Hotel halten.

Nachdem wir aus dem Taxi gestiegen sind und den Fahrer kumpelhaft verabschiedet haben, gehen wir durch die Lobby. Wir müssen nur durch den Hintereingang wieder hinausgehen, um zum Spa zu gelangen, aber jetzt bleibe ich erst einmal in der großzügigen Eingangshalle mit ihren hohen Glasdecken stehen.

Nicht umsonst suchte sich 2008 der Deutsche Olympische Sportbund diese Örtlichkeit als Ankerstation für die Deutsche Olympiamannschaft aus: Dieses Hotel ist eine Instanz des deutschen Expat-Lebens in Peking.

Der Gebäudekomplex »Beijing Lufthansa Center« umfasst neben dem Kempinski Hotel ein Paulaner Bräuhaus, ein Einkaufszentrum, diverse Restaurants und eine kleine Klinik. Auf der anderen Straßenseite, schräg gegenüber vom Haupteingang, befindet sich die Deutsche Botschaftsschule. In dieser Gegend rund um das Hotel trifft man sehr häufig auf Lufthanseaten, deutsche Touristen oder Expats, die sich bei Kaffee und Schwarzwälder Kirschtorte entspannen oder sich auf der Hotelterrasse einen schmackhaften Brunch gönnen.

In diesem Augenblick allerdings achte ich nicht auf die anderen Gäste, sondern lasse mich von einer Welle der Erinnerungen mitreißen. Nach einem atemberaubenden Wettkampf fünf Tage nach der Eröffnung der Spiele und einer sich endlos hinziehenden Dopingkontrolle fuhr ich spätabends im Shuttle vom Wettkampfort hierher und fühlte mich in der plötzliche Stille im Auto zunächst wie unter einer Käseglocke. Als ich dann eine halbe Stunde später im Kempinski eintraf und in die hell erleuchtete Lobby trat, wurde ich mit tosendem Applaus empfangen. Den Rest der Olympiazeit verfolgte ich wie im Traum – kein Wunder, hatten die Spiele doch schon traumhaft begonnen.

Am 8. 8. 2008 wurden sie im Pekinger Olympiastadion, dem »Vogelnest«, abends um 8:08 Uhr eröffnet. Diese Überstrapazierung der Acht liegt daran, dass sie Chinas Glückszahl Nummer eins ist! Weil ich vor und nach der Eröffnungsfeier Fernsehinterviews gab, lief ich nicht mit den anderen Athleten ins Stadion ein, sondern hatte einen Sitzplatz auf der Tribüne, von der ich alles genau beobachten konnte. Ich kann mich noch sehr gut an die Gänsehaut erinnern, die ich bekam, als die Feier begann, ausgelöst durch den Auftritt der 2008 Trommler. Als sie zu trommeln begannen, erbebte das ganze Stadion. Eine klare Botschaft wurde ausgesendet: Eine Weltmacht meldet sich zurück! Trotz der Hitze im Stadion wurde mir kalt.

Als einzige Chinesisch sprechende deutsche Athletin stand ich nicht nur im Vorfeld der Spiele im Blickpunkt der deutschen Medien. Neben einer zeitintensiven und anstrengenden Vorbereitung auf den Olympischen Wettbewerb gab ich zahlreiche Interviews rund um das Thema China. Auf der einen Seite freute ich mich über dieses große Interesse an dem Land, auch wenn viele der Fragen eher kritischer Natur waren, die Berichterstattung einseitig. Häufig konnte man ihnen allerdings aufgrund ihrer Komplexität nicht mit wenigen kurzen Sätzen entgegnen, was aber leider aus Zeitgründen – speziell bei Fernsehinterviews – dennoch nicht anders möglich war. Manchmal hätte ich mir etwas mehr Muße zur differenzierteren Darstellung der Wirklichkeiten des Landes und besonders seiner Bevölkerung gewünscht. Einige Beiträge fand ich schlichtweg ungerecht. So wurde häufiger behauptet, die Chinesen seien nicht ehrlich begeistert und herzlich, sondern allesamt zu guter Stimmung gezwungen.

Dabei waren gerade der Enthusiasmus der Hauptstädter und ihr Stolz, sich der Welt zu präsentieren, überall zu spüren: Die Metropole war im Olympiafieber! Überall auf Pekings Straßen gab es freundliche und hilfsbereite Volunteers, und selbst die Taxifahrer, die mittels Kassetten einige Worte Englisch gelernt hatten, begrüßten ausländische Fahrgäste mit einem lang gezogenen »Hellooooouuu!«, wobei sie dann ansteckend über sich selbst lachten. Die Menschen stürzten sich voller Elan in die Unterstützung ihrer Athleten, selbst wenn häufig genug das sportspezifische Fachwissen fehlte. So feuerten mit Wimpeln und Fahnen ausgestattete chinesische Fans, darunter auch ganze Schulklassen, die in die Stadien entsandt wurden, etwa beim Tennis die chinesischen Spieler mitten im Aufschlag an, wie Oliver später von einem seiner Stadienbesuche erzählte. Mangelnde Fröhlichkeit konnte man den Zuschauern wirklich nicht vorwerfen. Auch wenn es über China viel zu diskutieren gibt – dem ganzen Volk seine Begeisterung abzusprechen wird den Menschen sicherlich nicht gerecht.

In dieser turbulenten und aufregenden Zeit fand ich jedenfalls meinen Rückzugsort im Olympischen Dorf, das mit liebevoll gestalteten Details, seinen vielen kleinen Pavillons, Bächlein und den liebenswerten chinesischen Volunteers ein warmes Ambiente aufwies. Hier fühlte ich mich sehr wohl. Nicht selten habe ich nach meinem Olympiasieg vor dem Teamhaus auf einer der Bänke gesessen, gelesen, telefoniert oder über den unglaublichen Wettkampftag sinniert.

Kurz schüttle ich den Kopf, um mich wieder in der Gegenwart zurechtzufinden, danach folge ich Gerrit und Oliver. Durch die Fenster der Lobby schaue ich in den großen Garten des Hotels. Dort war das Außenlager des »Deutschen Hauses« aufgeschlagen. Mit kitschig bunten Lichtern, einem kleinen Teich in der Mitte und einem verwunschenen Pavillon hätte die Atmosphäre nicht schöner sein können. Hier wurde ich nach meinem Sieg empfangen: Deutsche wie chinesische Gäste beglückwünschten mich, nachdem ich vorher, ein Stockwerk höher, im ARD-Studio bei »Waldi und Harry« gesessen und von diesem unglaublichen Wettkampftag berichtet hatte.

Dabei hätte es so schnell vorbei sein können mit der Olympischen Goldmedaille, denke ich, während wir weitergehen und am Paulaner Bräuhaus das Gebäude wieder verlassen, den kleinen Fluss überqueren, um die restlichen Meter zum Spa zurückzulegen. Meine starke chinesische Halbfinalgegnerin Li Na, gegen die ich nur knapp gewann, kannte ich bereits seit meinem Schulaufenthalt in Peking 1998. Über die Jahre hatte sich zwischen uns eine enge Freundschaft entwickelt.

Gemeinsam hatte ich während des Schulaufenthalts mit der chinesischen Nationalmannschaft trainieren dürfen. Das chinesische Sportsystem ist eng mit dem Bildungssystem verwoben, denn Schulen und Universitäten decken als organisierte Institutionen ganz China ab. Die Bedeutung des Sports innerhalb dieser Bildungseinrichtungen ist hoch. Nicht nur Schüler der Mittelschulen haben mehrfach die Woche Sportunterricht, sondern auch die Hochschulstudenten müssen unabhängig von ihrem Studienschwerpunkt an einem Pflichtsportprogramm teilnehmen. Während Ersteres auch in Deutschland praktiziert wird, überrascht letztere Regelung hierzulande sicherlich.

In der chinesischen Mittelschule konnte ich auch erleben, dass meine sportlich begabten Mitschüler eine individuelle Behandlung erfuhren – wie verwundert war ich, wenn meine Sitznachbarin mal wieder nicht am Unterricht teilnahm, sondern auf dem Schulhof Basketball spielte. Freistellungen vom Unterricht oder auch individuelle Stundenpläne zählen zu den Mitteln, mit denen man die Vereinbarkeit von Schule und Leistungssport erreichen möchte.

Die zahlreichen erfolgreichen Spitzensportler Chinas sind Ergebnis eines pyramidenförmigen Nachwuchsfördersystems, das auf ein umfassendes Netz von Sportschulen auf Ebene der Städte und Provinzen basiert. Besonders talentierten Nachwuchs schickt man auf diese Sportschulen, und rund ein Zehntel der jungen Talente schafft schließlich den weiteren Aufstieg in die Provinzmannschaften und damit zum Profisport. Aus den Provinzmannschaften werden dann die besten Athleten in die Nationalmannschaften berufen, die – je nach Sportart – in einem Leistungszentrum untergebracht werden und dort trainieren. Mit Erfolg, denn durch dieses System ist seit den achtziger Jahren die Zahl chinesischer olympischer Medaillengewinner explodiert – bei den Spielen in Peking führte China als einsamer Spitzenreiter den Medaillenspiegel an.

Das Leistungszentrum der chinesischen Fechtnationalmannschaft liegt in der Nähe der U-Bahn-Station Laoshan im Westen Pekings. Als ich das erste Mal von meinem Gastvater mit dem Auto dorthin gefahren wurde, um mein Training fortzusetzen, war ich ziemlich aufgeregt. Obwohl ich noch jung war, spürte ich, dass ich nun mit dem offiziellen China konfrontiert werden würde. Und so war es auch. An diesem Nachmittag füllte ich zunächst eine Anzahl an Papieren aus, um auf das Gelände zu gelangen. Zudem musste ich jede Fechtstunde einzeln bezahlen, da ich mir zum damaligen Zeitpunkt noch keinen Namen als Fechterin gemacht hatte. Aber auch die Degenfechterinnen der chinesischen Nationalmannschaft befanden sich noch nicht – anders als heute – auf dem international höchsten Level. Li Na und ich haben uns beinahe parallel entwickelt – heute sind wir beide Olympiasiegerinnen. Sie gewann bei den Olympischen Spielen in London 2012 Mannschafts-Gold.

Nach Beendigung der Formalitäten brachte mich mein Gastvater in eine Halle, in der das Training stattfinden würde.

Als ich in die Halle trat, war ich verblüfft. Es war kurz vor der vollen Stunde, zu der das Training beginnen sollte – und die Halle war leer! Ich hatte zwar noch nicht viel über China erfahren, aber eines wusste ich bereits: Disziplin gehört hier mit dazu. Aber offensichtlich wollte niemand auch nur eine Minute zu früh sein, und so kamen alle Fechter erst eine Minute vor Beginn des Trainings an – gleichzeitig.

Die erste Begegnung mit dem chinesischen Team war dann wirklich nett. Nachdem sich alle in der Reihe aufgestellt hatten, wurde ich nach vorn zum Trainer gerufen, der mich mit meinem chinesischen Namen vorstellte. Daraufhin begrüßten mich alle artig mit »Kleiner Mond«. Ich war unheimlich nervös, doch die neugierigen Blicke und hier und da ein vereinzeltes schüchternes Lächeln ließen mich entspannen. Als dann die chinesischen Fechterinnen ausnahmslos gegen mich fechten und sich mit mir unterhalten wollten, war sofort jede Sorge vergessen.

In den verbleibenden Monaten meines Aufenthalts fuhr ich nach dieser Stunde zweimal die Woche zum Training, und zwar fortan allein. Nach anderthalb Stunden Fahrt mit der U-Bahn kam ich in der Regel verschwitzt mit meinem fünfzehn Kilogramm schweren Fechtsack an der Station Laoshan an. Von dort musste ich ungefähr noch dreißig Minuten zu Fuß erst durch eine lange, etwas heruntergekommene Allee gehen, die beiderseits von ärmlichen Häusern gesäumt war. Anschließend überquerte ich einen kleinen Hügel, um zu dem etwas abseits gelegenen Trainingszentrum zu gelangen.

In der Halle gab es damals keine Klimaanlage, die Toiletten waren weder funktionstüchtig noch sauber. Das tat dem disziplinierten Trainingsablauf jedoch keinen Abbruch. Das Aufwärmtraining bestand aus den gleichen, an Turnvater Jahn erinnernden Übungen, die ich auch aus dem Schulunterricht kannte. Trainiert wurde damals wie heute zweimal täglich – meist war ich nur für eine Trainingseinheit im Leistungszentrum, doch ab und zu habe ich dort den ganzen Tag verbracht und zu Mittag gegessen. So bekam ich einen spannenden Einblick in das Leben eines chinesischen Spitzensportlers.

Häufig werde ich gefragt, ob chinesische Athleten auch außerhalb ihres Sportlerlebens eine Karriere planen – aus deutscher Sicht mit unserem dualen Sportfördersystem, welches die akademische Ausbildung neben der Sportkarriere fördert, eine durchaus nachvollziehbare Frage. Chinesische Universitäten zeigen ein großes Entgegenkommen gegenüber den Spitzenathleten hinsichtlich der Vereinbarkeit von Studium und Hochleistungssport und vereinfachen für diese unter anderem den Zugang zum Studium und reduzieren die Anforderungen. Aufgrund solcher Erleichterungen sind die meisten meiner chinesischen Fechtkolleginnen an Pekinger Universitäten eingeschrieben.

Li Na kommt mir wieder in den Sinn. Meine chinesische Fechtfreundin ist in dieser Talentschmiede im äußersten Westen Pekings groß geworden. Vielleicht sollte ich dort mal wieder vorbeischauen, überlege ich, als wir uns vor dem unscheinbaren Eingang des Spa befinden.

Voller Vorfreude betrete ich den Eingangsbereich der Wellnessoase. Fußreflexzonen- oder traditionelle chinesische Massagen werden in China an jeder Ecke angeboten und sind nicht nur günstig und sehr erholsam, sondern im Vergleich zu Wellnessorten in Deutschland oder Europa sehr servicefreundlich und beinahe luxuriös. So kann man sich hier gut vom stressigen Alltag erholen – und so mancher Entspannungssuchende, unabhängig vom Geldbeutel, geht mehrmals im Monat zur Massage.

Wie so häufig werden wir etwas verschüchtert begrüßt und auf die Angebotsliste verwiesen, die auf einem Klappbrett neben der Rezeption steht. Auf Chinesisch fragen wir nach dem Preis einer Fußmassage. Daraufhin versucht die junge Frau hinter der Theke uns diesen auf Englisch mitzuteilen. Schließlich zeige ich mit dem Finger auf das Angebot, das wir in Anspruch nehmen wollen.

Von der Empfangsdame werden wir entlang eines modern gestalteten Flurs mit gedimmtem Licht in ein Separee mit drei Sesseln geführt. Danach bringt sie Hosen und Hemden, die wir je nach Laune und Bedarf anziehen können. Ich entscheide mich dagegen, kremple nur meine Hosenbeine hoch und setze mich in einen der beiden äußeren, lilafarbenen Sessel. Während Gerrit in der Mitte Platz nimmt und mit der Fernbedienung den an der Wand hängenden Flachbildfernseher einschaltet, werfe ich einen

Blick in die Karte. Ein weiteres Detail, das mir an chinesischen Spas gefällt: Snacks und Getränke sind in der Regel im Preis mit inbegriffen. So bestelle ich mir einen grünen Tee und eine Schale Erdnüsse.

Drei Masseurinnen kommen nun mit großen Wasserkübeln herein, stellen diese vor unsere Sessel und fordern uns in der typischen Abfolge einer chinesischen Fußmassage auf, unsere Füße in das heiße Wasser zu stellen.

»Könnten Sie bitte noch etwas kälteres Wasser dazuschütten?«, höre ich Oliver neben mir auf Chinesisch sagen.

Seine Masseurin schaut ihn etwas verwundert an – Chinesen lassen Höflichkeitsfloskeln gegenüber Servicepersonal zumeist weg.

Da unsere drei Masseurinnen durch Olivers Frage wissen, dass wir Chinesisch sprechen, geht der übliche Small Talk los. Ich halte mich zurück und schließe die Augen. Noch müde vom Flug, würde ich die Fußreflexzonenmassage am liebsten in Stille genießen. Mir schwant jedoch, dass daraus nichts werden wird. Nicht nur ertönt aus dem Fernseher ein gefühlsintensiver Dialog einer der zahlreichen und in China sehr beliebten Soaps, zudem sind Gerrit und Oliver sehr redefreudig, es muss an ihrem freien Tag liegen.

»Wo kommt ihr her?«, fragt die Spa-Mitarbeiterin, die Gerrits Füße massiert.

Gerrit antwortet, dass wir aus *Deguo* seien, aus Deutschland, »dem Land der Tugend«, wie die Chinesen unsere Heimat nennen.

Die Masseurin schaut ihn interessiert an und fragt noch einmal nach, ob wir tatsächlich aus Russland stammen würden (*Eguo*). Eines der typischen Wortmissverständnisse! »Wo liegt Deutschland noch mal – in Europa oder Amerika?«, möchte die neugierige junge Dame nun in Erfahrung bringen, nachdem Gerrit unsere Herkunft richtiggestellt hat. Auch diese Frage ist uns vertraut. Viele Angestellte in den Massagesalons oder in anderen Einrichtungen haben zwar von Deutschland, deutschen Autos und deutschem Bier gehört – *wo* Deutschland liegt, wissen sie allerdings häufig nicht.

Das liegt nicht zuletzt daran, dass viele Servicekräfte in den Großstädten aus ärmeren Inlandsprovinzen stammen, einen in der Regel weniger umfangreichen Bildungsgrad haben sowie einen aufgrund fehlender internationaler Berührungspunkte geringeren Wissenshorizont. Zumeist wohnen die Angestellten zusammen in einem Anbau oder in den Hinterzimmern der Massageläden beziehungsweise Restaurants. Den Großteil des Geldes, das sie verdienen, schicken sie den Familien, die in den Heimatstädten verblieben sind.

Gerrits Masseurin, deren Familie in der waldreichen, südöstlichen Provinz Jiangxi lebt, will wissen, mit Blick auf seinen Ringfinger, ob er denn schon verheiratet sei. Er antwortet mit Ja und dass er sogar eine chinesische Frau habe. Die Angestellte kommt aus dem Staunen nicht mehr heraus und fragt ihn nach Kindern.

Gerrit verneint. »Und wie sieht es bei Ihnen aus?« Persönliche Fragen wie die nach der Familienplanung und dem Körpergewicht werden in China ungeniert beantwortet und diskutiert.

Sie lacht auf. Ja, sie würde gern Kinder haben, aber das müsse man gut planen.

In meinem Jetlag-Zustand frage ich mich, wieso man das wohl planen müsse, als Oliver einwirft, dass nächstes Jahr das »Jahr des Schafes« anstehe. Und wer in solch einem Jahr im Winter Kinder bekomme, der würde dem Schaf das Gras verwehren, das im Winter ja nun mal nicht wächst.

»Ich verstehe nur Bahnhof«, sage ich. »Das musst du mir jetzt aber erklären.«

»Mit dem Ende des Kaiserreichs und der Einführung der Republik China 1912«, erzählt er sofort bereitwillig, »wurde der chinesische oder kaiserliche Kalender abgeschafft und der gregorianische eingeführt. Seit Beginn der Volksrepublik China, also seit 1949, wird der westliche Kalender mit christlicher Zeitrechnung angewandt. Der chinesische Kalender wird aber nach wie vor für die Berechnung traditioneller Feste wie dem Neujahrsfest hinzugezogen, und auch die im Zwölfjahreszyklus wiederkehrenden Tierkreiszeichen, die jeweils ein chinesisches Jahr begleiten, erfreuen sich noch immer großer Beliebtheit. Und da die Chinesen ziemlich abergläubisch sind, sind sie davon überzeugt, dass eine Geburt im Winter des Schaf-Jahres ein schlechtes Omen für den Lebensweg des Neugeborenen ist. Nicht umsonst werden – statistisch nachvollziehbar – verhältnismäßig mehr Kinder im ›Jahr des Drachen‹ geboren, dessen Zeichen besonders wertvoll ist.«

Oliver fragt mich nach meinem chinesischen Tierkreiszeichen. Ich gehe in mich und überlege. Ich bin nicht besonders bewandert in Sachen Sterndeutung und Sternzeichen, da ich an die eigene Kraft glaube und an die Stärke des Willens und der Disziplin. Allerdings weiß ich als Athletin, dass gewisse Rituale ein Ergebnis durchaus verbessern können, da die dadurch gewonnene Sicherheit die mentale Leistungsfähigkeit erhöhen kann. Besonders in Stresssituationen kann man dem Druck besser standhalten, wenn man das Gefühl hat, dass man sich auf sicherem Terrain bewegt.

»Mein chinesisches Tierkreiszeichen ist ›Hund‹.« Plötzlich ist es mir wieder eingefallen.

Oliver nickt anerkennend mit dem Kopf. Anfänglich war ich nicht so begeistert gewesen, einen Hund zu repräsentieren. Allerdings änderte sich das schnell, als ich die in der chinesischen Mythologie den »Hunden« zugesprochenen Eigenschaften erfuhr. Menschen, die im Jahr des Hundes geboren sind, besitzen der Legende nach viele Eigenschaften, die in China als besonders positiv angesehen werden. Neben einer eher konservativen und kritischen Ader verkörpern sie zum Beispiel Loyalität, Ehrlichkeit, Freundlichkeit und Zuverlässigkeit. Das behauptet man doch gern von sich, ob nun Asiate oder Europäer.

Ich frage meine beiden Begleiter nach ihren Tierkreiszeichen und muss ob ihrer Antwort grinsen: Gerrit ist »Ratte« und Oliver »Affe«. Ratten gelten als intelligent und perfektionistisch. Sie gehen optimistisch durchs Leben und arbeiten hart für das Erreichen ihrer Ziele. Das trifft auf meinen Bruder mehr als zu. Auch Menschen, die im Jahr des Affen geboren sind, werden für schlau gehalten. Sie sind sehr wissbegierig, schieben bevorstehende Aufgaben nicht auf die lange Bank, sondern packen sie – wenn möglich – sofort an. Deshalb sind sie meist auch sehr erfolgreiche Menschen. Allerdings führt dies dazu, dass sie manchmal zur Überheblichkeit neigen.

»Na, Oliver, erkennst du dich in dem wieder, was man über die im Jahr des Affen Geborenen behauptet?«, frage ich.

»Was Intelligenz, Zielstrebigkeit und Erfolg betrifft – ja. Aber von der Überheblichkeit habe ich nun wirklich gar nichts abbekommen«, sagt Oliver, ohne eine Miene zu verziehen.

Seine selbstironische Art bringt mich immer wieder zum Lachen.

Während sich mein ganzer Körper durch die Fußmassage immer mehr entspannt, denke ich daran, dass man China als ein säkularisiertes Land bezeichnen kann, als ein Land, das nicht stark an eine Religion und ihre Rituale gebunden ist – und dennoch sind die Menschen überraschend abergläubisch. Dazu gehört auch, dass in China allerlei Symbole eine so wichtige Bedeutung einnehmen, sogar in der Politik.

Glücks- und Unglückszahlen, Farbensymbolik oder auch die Verwendung von Glücksbringern und Talismanen werden insbesondere in den ländlichen Regionen sehr ernst genommen.

Die Acht (Aussprache *ba*) ist in China die bedeutendste Glückszahl, weil die ähnliche, kantonesische Aussprache *fa* Reichtum und Glück bedeutet. So begegnet man der Acht überall, nicht nur auf wichtigen Eröffnungsveranstaltungen wie den Olympischen Spielen, sondern auch auf Nummernschildern von Autos oder bei Telefonnummern. Die Unglückszahl Vier wiederum sieht man so gut wie nie und wird, wie schon gesagt, sogar bei Etagenzahlen weggelassen. Negativ getoppt werden kann die Vier nur noch in einer besonders ungünstigen Zahlenkombination wie der »514«. Auf Chinesisch etwas missverständlich ausgesprochen: »*Wo yao si*«, also: »Ich will sterben.«

Die Bedeutung verschiedener Farben basiert auf den Traditionen der Kaiserzeit. Bereits in der ersten Kaiserdynastie vor über zweitausend Jahren gab es strenge Vorgaben für die Verwendung von Farben, so wurden Verbindungen zwischen Farben und den chinesischen klassischen Grundelementen wie Feuer, Wasser oder Erde festgelegt. Die chinesischen Kaiser selbst wurden als »Gelbe Kaiser« bezeichnet, wodurch man die Farbe Gelb mit kaiserlicher Würde gleichsetzte. Hohe Beamte jener Zeit trugen rote Kleidung, bis heute ist Rot die Farbe des Wohlstands und des Glücks. Auf traditionellen Hochzeiten ist die Braut ganz in Rot gekleidet, und chinesische Glücksbringer weisen immer die Farben Gelb und Rot auf. Rot und Gelb sind in China also noch immer die symbolträchtigsten Farben. Anders sieht es mit dem schlichten Weiß des einfachen Volkes aus. Weiß ist ein Zeichen von Unglück und Trauer. So trägt man bis heute weiße Kleidung auf Beerdigungen.

Nach der Öffnung Chinas seit 1978 gelangten aber auch viele kulturelle Einflüsse aus dem Westen ins Reich der Mitte. So hat es sich eben mittlerweile etabliert, in Weiß zu heiraten, auch wenn dies im absoluten Gegensatz zur ursprünglichen Bedeutung der Farbe steht. Joey trug bei der Hochzeit mit Gerrit auf eigenen Wunsch ein wunderschönes weißes Kleid.

Gerrit, dessen gutes Gespür im Umgang mit Chinesen ich immer wieder bewundere, lächelt seiner Therapeutin noch einmal nett zu, bevor er sich an mich wendet und plötzlich ein wenig sentimental wird.

»In diesem Spa waren wir vor unserem spannenden Fernsehauftritt nach deinem Olympiasieg«, meint er. »Kannst du dich noch daran erinnern?«

Und ob! Meinen Live-Auftritt in der chinesischen Version des *aktuellen sportstudios* zwei Tage nach meinem Olympiasieg werde ich nie vergessen: Zwar wurde ich im Olympischen Dorf pünktlich zur Fahrt ins Fernsehstudio abgeholt, danach lief jedoch alles nach chinesischem Muster ab. Gemeinsam saß ich mit Gerrit, der mir die gesamte Zeit der Olympischen Spiele über in Peking vor Ort den Rücken gestärkt hatte und mich auch an diesem Abend begleitete, im Backstage-Bereich. Ich wusste nichts über den Programmablauf, also weder wie lange mein Auftritt sein würde noch was ich überhaupt dort machen oder wann es losgehen sollte. Auf unsere diesbezüglichen Fragen erhielten wir keine konkreten Antworten.

Dann, nach ziemlich viel Aufregung und einigen spontanen Interviews, wurde ich plötzlich gebeten, im Laufschritt in Richtung Bühne zu kommen. Mein Bruder war mit Shorts und T-Shirt bekleidet, und wir hatten beschlossen, dass er sich am besten in die erste Reihe der Zuschauer an den Rand setzen sollte, um die Show hautnah mitverfolgen zu können.

Dann befanden wir uns direkt hinter der Bühne, und ich wartete auf meine Anmoderation. Nach meinen Schätzungen reichte mein Chinesisch für fünfzehn Minuten Interview, und da ich keine Ahnung hatte, was mir bevorstand, war ich verdammt aufgeregt. Als sich schließlich der Vorhang öffnete, ging ich einfach los – und sah auf einmal Gerrit neben mir herlaufen. Hätte er nicht die Richtung zum Zuschauerbereich einschlagen sollen? Wie auch immer, jetzt befand er sich mit mir auf dem Weg zum Moderator. Die Redakteure der Sendung hatten ihn spontan zur Bühne geschubst, nachdem er sich mit ihnen auf Chinesisch unterhalten hatte, wie er mir später erzählte. Unglaublich! Und so saßen wir dann – schnell wurde ein Extrastuhl gebracht – als Geschwisterpaar zusammen für ein fünfundvierzigminütiges Live-Interview auf Chinesisch vor einem Hundertzwanzig-Millionen-Publikum!

Jedes Mal wenn ich an diesen Auftritt zurückdenke, der am Ende ein großer Erfolg war und ohne Probleme verlief, denke ich auch an die vielen Nerven, die er mich und sicherlich auch Gerrit gekostet hatte. Und ich wundere mich immer wieder von Neuem, wie die chinesischen Redakteure es in all der Hektik schafften, den Überblick und die Ruhe zu bewahren. Aber es klappte hervorragend und zeigte mir, dass kurzfristige Planänderungen durchaus nicht verrückt sein müssen, nur weil dies unseren eigenen Denk- und Handlungsmustern widerspricht. Oft könnte uns Deutschen diese chinesische Flexibilität unnötige oder umständliche Prozeduren ersparen. Jedenfalls war dieses Erlebnis mit den chinesischen Medien für mich eines der eindrucksvollsten während der Olympischen Spiele.

Ich schreie auf. Meine Masseurin lächelt mich triumphierend an und fragt mich, ob ich Kopfschmerzen hätte. Noch überrascht über die gerade gemachte schmerzhafte Erfahrung der punktuellen und intensiven Fußreflexzonenmassage, murmle ich irgendetwas Zustimmendes.

Solche Diagnosen sind üblich, das Massagepersonal erkennt häufig – und das zumeist ziemlich treffsicher – Hals-, Kopf- oder Rückenschmerzen. Was damit zu tun hat, dass die behandelten Reflexzonen nach chinesischem Verständnis alle Körperorgane und Muskelgruppen widerspiegeln. Als ich bei meiner Gastfamilie wohnte, wurde mir schnell der Unterschied zwischen der die Symptome bekämpfenden, auf Pharmazie setzenden westlichen Medizin und der zum großen Teil auf Hausmitteln beruhenden chinesischen Medizin bewusst. Eines Abends, ich hatte einen Schnupfen, fragte ich meinen älteren Gastbruder, der Arzt war, nach Nasenspray. Sofort sprang er auf, kramte in einem Schränkchen und drückte mir Tigerbalsam in die Hand, das in winzigen, mit Tigern verzierten Döschen aufbewahrt wird. Er empfahl mir, alle paar Stunden daran zu riechen, damit die Schleimhäute frei würden. Ich wusste überhaupt nicht, wie mir geschah. Natürlich hatte ich eher an vierundzwanzig Stunden wirkende, aggressive Nasentropfen gedacht, mit denen ich die Nacht ruhig durchschlafen könnte, und sagte dies auch meinem Gastbruder. Der lachte, schüttelte den Kopf und erwiderte, so etwas gäbe es in China nicht. Und wenn, dann könne es zumindest nicht gesund sein!

Auch wenn die Chinesen als fleißige, disziplinierte Arbeiter bekannt sind: *Wan shou*, das Konzept der Langlebigkeit und der dafür erforderliche richtige Umgang mit Körper und Geist stehen an erster Stelle. Neben den unumstößlichen Essenspausen gehört es dazu, den Körper ausgewogen zu behandeln – Bewegung, das erzählte ich schon, ist dabei sehr wichtig.

Gemäß der traditionellen chinesischen Medizin kann ein gesundes und langes Leben nur durch die richtige Balance erreicht werden – sie verfolgt damit einen ganzheitlichen Ansatz. In China geht man dabei von einem Konzept aus, das *bagang* genannt wird. Dazu gehören »acht Leitkriterien«, darunter die Begriffspaare »Yin und Yang«, »Kälte und Hitze« oder »Leere und Fülle«. Alle weisen letztlich darauf hin, ob zu viel oder zu wenig Energie im Körper ist und ob Körper und Geist miteinander im Einklang stehen. Dahinter steht ein Weltverständnis, nach dem sich alles gegenseitig bedingt. Das drückt sich vor allem in der Vorstellung aus, wie man Kranke behandeln beziehungsweise Krankheiten vorbeugen soll. Starke Medikamente, wie sie im Westen üblich sind, zählen nicht zu diesem Ansatz, auch wenn man im China des 19. Jahrhunderts sehr viele Krankheiten durch den Genuss von Opium zu kurieren hoffte. Um gesundheitliche Beschwerden zu kurieren, wird häufig Bezug auf die Ernährung genommen. Nicht selten bekommt man bei Arztbesuchen Ernährungsratschläge mit auf den Weg, und auch für bestimmte Jahreszeiten werden besonders yin- oder yanghaltige Gerichte empfohlen. Immer mal wieder findet man zudem auf chinesischen Speisekarten Hinweise darauf, welcher Körperregion oder welchen Organen das jeweilige Gericht besonders zuträglich ist.

»Ich finde«, sagt Gerrit, womöglich als Reaktion auf meinen Aufschrei, »wir haben heute schon genug für unsere Gesundheit getan. Erst ein gesundes Essen und jetzt eine ebenfalls gesundheitsfördernde Massage.«

Ich nicke zustimmend. In diesem Moment wünsche ich mir, ich könnte zwischendurch auch mal häufiger eine Pause einlegen, und ich nehme mir ein weiteres Mal vor, mir ein Beispiel an der chinesischen Mentalität zu nehmen. Die richtige Balance, davon bin ich überzeugt, ist tatsächlich entscheidend für ein hohes Leistungsvermögen und ein ausgeglichenes, glückliches Leben.

Die Massage ist beendet. Gern würde ich im Spa bleiben, mich hinlegen und schlafen, und unsere Masseurinnen ermuntern uns sogar, noch etwas auszuruhen, und bieten uns eine weitere Tasse Tee an, doch wir haben – typisch deutsch – nicht genug Muße dafür. Wir ziehen unsere Socken und Schuhe an, schließlich haben wir heute Abend noch etwas vor. Als wir hinausgehen, streckt sich Oliver ausgiebig und verkündet, die chinesische Fußmassage sei doch nicht so schlimm, und er könne sich schon vorstellen, noch einmal wiederzukommen.

Es ist gegen neun, um diese Uhrzeit ist es kein Problem mehr, ein Taxi zu bekommen, doch gerade als wir nach einem Ausschau halten wollen, ruft Joey an. Sie ist sicherlich gerade erst mit ihrem letzten Arbeitsauftrag fertig geworden, mutmaße ich. Als Gerrit ihr sagt, dass wir noch die Bar in meinem Hotel aufsuchen wollen, erklärt sie sich bereit, uns dorthin zu fahren, wie ich Gerrits freudiger Reaktion entnehmen kann. Sie möchte uns wohl ihre Fahrkünste präsentieren – erst vor kurzem nämlich hat sie ihren Führerschein gemacht. Mittlerweile ziehen viele, wie Joey, das eigene Auto den öffentlichen Verkehrsmitteln vor. Neben dem Statussymbol liegt ihnen am individuellen Komfort, den das eigene Auto bietet.

Die Szene, die sich nun abspielt, könnte typischer nicht sein. Gerrit hält weiterhin sein Telefon am Ohr und lotst Joey zu unserem Standort. Als wir die Lichter ihres Autos erkennen können, winkt Gerrit sie in chinesischer Manier zu uns heran. Dabei bedient er sich einer Geste, die unserer Wegscheuchgeste ähnelt – also Wedelbewegungen, bei der der Handrücken nach oben zeigt. Wischt man nicht von unten nach oben, was jemanden davon abhalten soll, sich zu nähern, sondern von oben nach unten, dann merkt man schnell, dass es die umkehrende Bedeutung bekommt. Eine unterschiedliche Zeichensprache kann in China öfter mal zur Verwirrung zwischen den Kulturen führen. Lustig ist zum Beispiel, dass unser Handzeichen für »zwei« (Daumen und Zeigefinger) in China für »acht« steht. So kann es passieren, dass der europäische Tourist beim ersten Chinabesuch bei einer Bestellung von vermeintlich zwei Bieren ungläubige Blicke zugeworfen und die vierfache Menge an Bier serviert bekommt.

Nachdem ich mein Fechtteam bei unserem ersten Weltcupturnier in China vor ein paar Jahren über diesen Unterschied aufklärte, machte sich unser Trainer im Restaurant einen Spaß daraus, beim Bestellen von Bier die chinesische Zeichensprache für acht zu verwenden. Er freute sich diebisch, als sich kurz darauf tatsächlich der Tisch mit Bierflaschen füllte. Wer nur zwei Dinge bestellen möchte, der muss Zeige- und Mittelfinger ausstrecken, was das korrekte Handzeichen dafür ist.

Mittlerweile hat Joey direkt vor uns angehalten, und Gerrit ist sichtbar erleichtert. Er hatte befürchtet, seine Frau könne diese kleine Seitenstraße nicht finden. Als wir einsteigen, Gerrit und ich hinten, Oliver, da er so lang ist, vorn, weist uns Joey allerdings auf das Navigationsgerät hin, das man zwar nie in Taxis, dafür aber fast immer in Privatautos findet. Sie lächelt uns stolz an und fragt, was wir denn von ihren Fahrkünsten halten.

»Dann fahr doch erst mal los«, sage ich mit einem Zwinkern vom Rücksitz.

Noch lache ich über Joeys süße Nachfrage – und höre erst ein paar Sekunden später damit auf, als ich mit dem Kopf an das Fenster stoße, weil der Wagen ruckartig nach hinten gesprungen ist. Ein langwieriges Drehmanöver folgt, woraufhin Oliver beginnt, uns von seinen eigenen Fahrerfahrungen in China zu erzählen. Auch wenn er wie viele Expats von seinem Unternehmen mit einem Dienstauto und einem Fahrer versorgt wurde und er damit zu Geschäftsterminen gebracht wird, so legt er doch Wert darauf, in seiner Freizeit selbst zu fahren. Wer als Ausländer in China hinter dem Steuer sitzen möchte, der braucht nicht nur einen internationalen Führerschein, sondern muss zusätzlich eine spezielle, theoretische Fahrprüfung für den chinesischen Straßenverkehr ablegen. Nicht selten berichtet er, so wie jetzt, von Beinaheunfällen, in die er verwickelt war. Ich mache es mir in meinem Sitz, der mit Teddybärfell überzogen ist, gemütlich und höre zu.

»Nach elf Jahren auf Chinas Straßen schlage ich mich eigentlich ganz gekonnt durch den Verkehr. Behaupte ich jetzt zumindest. Letztens hatte ich aber mal wieder ein wirklich unglaubliches Erlebnis. Mit hundertzwanzig Stundenkilometern fuhr ich auf der Flughafenautobahn, als ich plötzlich ein quer stehendes Auto sah. Der Fahrer hatte die Ausfahrt verpasst und setzte nun zum Wenden an – wohl um als Geisterfahrer die wenigen hundert Meter zur Ausfahrt zurückzufahren! Ich ging voll in die Eisen und kam zwanzig Zentimeter vor dem anderen Wagen zum Stehen.« Seinem Ton ist anzumerken, dass er immer noch empört ist. Zu Recht, es hätte anders enden können.

Olivers Worte haben mich dazu gebracht, über Führerscheinprüfungen und Fahrstunden in China nachzudenken. Nachdem man die komplette Summe für den Führerschein bezahlt hat, muss man zunächst eine theoretische Prüfung bestehen, bevor man sich danach an die praktischen Fahrstunden begibt. Dafür gibt es extra Fahrübungsplätze, auf denen man das Einparken, Anfahren, Bremsen und so weiter lernt. Nur wer diese Hürden genommen hat, darf sich im umliegenden Straßenverkehr versuchen, also außerhalb des Übungsplatzes. Dennoch sind auch diese Areale extra als Fahranfängerbereiche ausgewiesen, und normalerweise werden sie von Fahrern mit bereits erworbenem Führerschein gemieden oder mit großer Vorsicht befahren.

Joey hat all die Tests gerade erst bestanden, und anfangs war es ihr nicht ganz geheuer gewesen, nach dem Fahrtraining in abgelegenen Stadtbezirken plötzlich unvorbereitet im Pekinger Hauptstadtverkehr zu stecken. Auch wenn es ihr zunächst Schwierigkeiten bereitete, sich im »echten« Straßenverkehr zurechtzufinden – jetzt scheint sie sich sicher genug zu fühlen, um energisch das Gaspedal durchzutreten und ein heranrasendes Auto unter intensiver Betätigung der Hupe auszubremsen. Hut ab!

Oliver, der sich gern über chinesische Fahrqualitäten aufregt, hält sich auch nicht zurück, als wir in die trotz fortgeschrittener Uhrzeit noch immer stark befahrene dritte Ringstraße abbiegen.

»Und jetzt aufgepasst! Hier eröffnen sich dem deutschen Besucher ganz neue Fahrsitten«, kommentiert er das Durcheinander vor uns: Auf der rechten Spur ist es relativ voll, und man muss auf den Verkehr an Ausfahrten und auf sehr langsam fahrende oder parkende (!) Autos achten. Um diese Hürden zu umgehen, kreuzt Joey, ohne nach links oder rechts zu schauen, die rechte und mittlere Spur, um sich links hinter einem langsamen Kleinlaster einzuordnen. In chinesischen Fahrschulen wird zwar die Bedeutung von Spiegeln und toten Winkeln vermittelt, aber offenbar noch nicht mit dem nötigen Nachdruck.

Dass Joey die mittlere Spur direkt überquert hat, hat seinen Grund. Diese Fahrbahn ist die anspruchsvollste und hektischste. Jede sich ergebende Lücke wird von Fahrern der rechten oder linken Spur genutzt. Dies bedeutet, in der Mitte wird richtig gearbeitet. Da die meisten Chinesen ohnehin ungern die Innen- und Außenspiegel benutzen oder den Schulterblick beherzigen, erhöht sich auf der mittleren Fahrbahn auch die Unfallgefahr. Deshalb fährt es sich hier, auf der linken Spur, am bequemsten, auch wenn sie ursprünglich als Überholspur gedacht war.

Mein Blick fällt auf die auf unserer Spur alle paar hundert Meter aufgemalten olympischen Ringe.

»Seht mal«, rufe ich, »wir fahren auf der Olympic Lane!« Diese Sonderfahrbahn, die man in allen chinesischen Olympiastädten findet, durfte während der Spiele nur von Autos mit Sondergenehmigung oder von offiziellen Transportbussen befahren werden. »Olympia in Peking war einfach toll«, fasse ich zusammen und seufze wehmütig.

»Olympia 2008 war neben dem Beginn der Wirtschaftsreformen 1978 *das* Ereignis seit Entstehung der Volksrepublik China«, fügt Oliver hinzu. »Es war viel mehr als nur ein Sportfest! China hat die Welt nach Peking eingeladen und sich als ausgezeichneter Gastgeber eines perfekt organisierten und durchgeführten Großereignisses präsentiert, der nur die Unhöflichkeit besaß, als Krönung fast alle Medaillen im Lande zu halten. Aber China hat der Welt gezeigt, dass es mehr kann, als nur billig zu produzieren, es hat seinen Platz im Konzert der Großmächte eingenommen.«

Als wir nun auf dem dritten östlichen Stadtring Richtung Süden fahren, kommen wir am architektonisch herausragenden CCTV-Tower vorbei, der zu den Olympischen Spielen von Rem Kohlhaas und Ole Scheeren, einem niederländischen und einem deutschen Stararchitekten entworfen wurde. Beim Anblick dieses spektakulären Hochhauses in Form einer merkwürdigen eckigen Schleife stellt Oliver fest: »Wenn ich diesen luftigen Block, dieses Statussymbol des fortschrittlichen Chinas sehe, erinnere ich mich an einen beeindruckenden Aufenthalt in der südchinesischen Wirtschaftssonderzone Shenzhen. Sie hatte eine große Bedeutung für die Entwicklung der Volksrepublik China. Ohne Shenzhen gäbe es kein neues China, und es hätte auch nie diese bombastischen Spiele gegeben.«

Nach einem letzten Blick auf den Tower fährt Oliver fort: »Die Metamorphose von einem winzigen Fischerdorf mit zwanzigtausend Einwohnern zu einer Metropole mit über vierzehn Millionen Einwohnern in nur dreißig Jahren ist einmalig – die Erhöhung der Einwohnerzahl um den Faktor siebenhundert in dieser Zeitspanne wäre in Europa und Nordamerika nicht ansatzweise vorstellbar. Wenn man sich die unglaubliche Geschichte dieser Stadt einmal vor Augen führt und die ungeheuren Dimensionen nachvollzieht, in denen sich Shenzhen und ganz China seit 1978 entwickelten, dann wird die Rolle dieser Stadt, die zum Labor des größten und erfolgreichsten wirtschaftlichen Experiments aller Zeiten wurde, deutlich.«

Das stimmt, denke ich. Die im tiefen Süden des Landes unmittelbar an der Grenze zu Hongkong gelegene Stadt legte zusammen mit drei weiteren Wirtschaftssonderzonen den Grundstein dafür, dass durch eine mutige Reformpolitik der Regierung in den letzten fünfunddreißig Jahren rund vierhundert Millionen Menschen aus absoluter Armut heraus auf ein bescheidenes Wohlstandsniveau geführt werden konnten. Im modernen China reihen sich die Megacitys heute wie Perlen an einer Schnur die Ost- und Südküste des Landes entlang, und auch der Aufschwung der Hauptstädte in den Inlandsprovinzen spiegelt sich in zahlreichen glitzernden und attraktiven Bauten wie eben dem CCTV-Tower wider, für die Shenzhen einst Modell stand.

Im Dezember des Jahres 1978 wurde auf dem 3. Plenum des XI. Zentralkomitees eine weitreichende Entscheidung getroffen: Land und Wirtschaft Chinas sollten modernisiert werden, damit China im Wettstreit mit anderen Staaten nicht noch weiter zurückfällt. Gleichzeitig sollten Politik und Klassenkampf nicht mehr im Vordergrund stehen.

Das Konzept sah vor, vier Wirtschaftssonderzonen einzurichten, die geografisch an strategisch wichtigen Punkten liegen sollten. Xiamen und Shantou befanden sich auf dem chinesischen Festland gegenüber von Taiwan, Zhuhai grenzte an die portugiesische Kolonie Macao und Shenzhen an die britische Kronkolonie Hongkong. In räumlich sehr klar umrissenen Gebieten sollte – gleich einer wissenschaftlichen Versuchsanordnung – Marktwirtschaft erlaubt sein. Sollte sich dieses Konzept bewähren, so war man sich einig, könnte das Modell auch außerhalb des »Labors« auf andere Gebiete ausgedehnt werden. Sollte es fehlschlagen, wäre es möglich, die Experimente wieder einzustellen, ohne dass größere Teile des Landes in Mitleidenschaft gezogen worden wären.

Die vier Zonen sollten Investoren aus den benachbarten Territorien anziehen. Die Grenzen nach Hongkong waren für die Einwohner Shenzhens ohne größere Mühen zu überschreiten, während die Stadt hermetisch abgeriegelt war, was das Hinterland betraf. Nach und nach entwickelte sich ein lebhafter Grenzhandel, und wer immer die Grenze über dem kleinen Fluss nach Hongkong überschritt, marschierte geradezu ins Marlboro Country, denn mit dieser Werbetafel wurden täglich Zehntausende bei ihrer Einreise am Grenzort LoWu begrüßt.

Das Marlboro-Schild ist heute seit Langem Geschichte, aber eines blieb: der kleine Fluss, der bis heute die Grenze zwischen Hongkong und China markiert und den auch wir damals bei unserer ersten Chinareise überschritten.

Das Shenzhener Konzept war ein durchschlagender Erfolg. In Windeseile schossen Fabriken und Dienstleistungsbetriebe wie Pilze aus dem Boden, Hotels und Wohnungen wurden gebaut, Ferienanlagen, Golfplätze und Safariparks. Natürlich entstand hier auch das erste McDonald's-Restaurant Chinas, das im Oktober 1990 eröffnet wurde und das wir bei unserer Reise 1997 auch getestet hatten. Es hat dort wie überall auf der Welt geschmeckt – also Test bestanden.

Die Stadt war in vieler Hinsicht Trendsetter. Hier wurde die erste Börse Chinas aufgebaut, es wurden die ersten Veräußerungen von Staatsbetrieben über die Börse getestet, und es wurde die Infrastruktur der Stadt an das Wachstum angepasst. Zu Beginn der neunziger Jahre verfügte die Stadt kurzzeitig über den größten Bahnhof Chinas und den modernsten Flughafen. Oliver war im November 1991 einer der wenigen Passagiere auf dem Jungfernflug vom Flughafen von Shenzhen nach Peking.

Die Vorzüge des Kapitalismus à la Shenzhen traten aber keineswegs ohne negative Begleiterscheinungen auf: Die Prostitution nahm zu, ebenso Straftaten wie Mord, Diebstahl, Überfälle und Entführungen. Dennoch, andere Fakten sprachen für Shenzhen: Es war weltweit die einzige Stadt, deren Wirtschaftsleistung in den achtziger Jahren durchschnittlich mit über fünfzig Prozent pro Jahr gewachsen ist. Deng Xiaoping kam daher zu dem Resultat, dass man »das Fenster nicht wieder schließen solle, nur weil mit dem frischen Wind ein paar Moskitos ins Zimmer geflogen sind« – und gab den Startschuss für die Ausweitung dieses hier erprobten Konzepts auf weitere Landesteile.

Im Zuge des Aufschwungs in ganz Ostchina verblasste die spektakuläre Erfolgsstory von Shenzhen zwar neben dem Gesamtaufstieg Chinas zur neuen Hegemonialmacht in Ostasien. Dennoch hat die Stadt zweifellos Geschichte geschrieben und wird auch in Zukunft als die Wiege des größten ökonomischen Wagnisses aller Zeiten gelten.

»Was wohl passiert wäre, wenn damals die Wirtschaftsreformen nicht gegriffen hätten?«, fragt Gerrit. »Die rasante Entwicklung der Küstenregionen wäre wohl nicht möglich gewesen, und auch ein Großereignis wie Olympia wäre sicherlich nicht in Frage gekommen.«

Oliver dreht sich zu uns um und meint, dass es leicht zu einem Abbruch der Öffnung hätte kommen können.

Infolge der Krise nach den Ereignissen im Mai und Juni des Jahres 1989 auf dem Platz des Himmlischen Friedens in Peking geriet der Reformkurs der Partei unter Deng Xiaoping und damit das Schicksal Shenzhens kurzfristig in Gefahr. In solchen Momenten greift die Politik Chinas häufig auf symbolträchtige Zeichen aus der Kaiserzeit zurück, die der schon erwähnten alten chinesischen Vorstellung folgen, dass der Kaiser der Bevölkerung den Segen des Himmels bringt, wenn er sich unter das Volk begibt. So auch damals: Das Symbol, das für die Unumkehrbarkeit des Kurses der wirtschaftlichen Modernisierung stand, war Dengs berühmte Südreise trotz seines hohen Alters im Januar 1992 nach Shenzhen.

Zu diesem Zeitpunkt gab es Bestrebungen des konservativen Flügels innerhalb der Partei, die Reformen wieder zurückzudrehen. Der Tian'anmen-Zwischenfall hatte

Dengs Machtbasis geschwächt. Deng wollte mit dieser Reise alle Zweifel an der Richtigkeit und Wichtigkeit der Reformen beseitigen. Er hatte während der Reise mit einflussreichen Generälen der Volksbefreiungsarmee gesprochen, um seine Macht zu demonstrieren. Gleichzeitig hatte er durch den Besuch in Shenzhen das »Modell Shenzhen« gelobt – Sprüche wie »Reich werden ist ehrenvoll« und »Linke Elemente sind in der chinesischen Gesellschaft gefährlicher als rechte«, die er in die chinesische Presse lancieren ließ, haben dies untermauert.

Die wirklich großen Gesten und Symbole werden in China gern von anderen wiederholt. Mao Zedong machte sich als Schwimmer im Jangtse einen Namen – das hatte deshalb eine so große Strahlkraft, weil viele Chinesen (bis heute) nicht schwimmen können. Einer von Maos Nachfolgern, Präsident Jiang Zemin, eiferte ihm in den Neunzigern nach und schwamm ebenfalls in Chinas größtem Fluss.

Und so fand auch die Reise von Deng Xiaoping in den Süden des Landes einen Nachahmer. Kein Geringerer als der im November 2012 zum Generalsekretär der Partei und zum Staatspräsidenten Chinas bestellte Xi Jinping machte sich kurz nach der Machtübernahme, noch im Dezember 2012, ebenso auf den Weg nach Shenzhen, um, über dreißig Jahre nach Beginn der Reformen, abermals ein Ausrufezeichen hinter Chinas Wirtschaftsreformen zu setzen. Die Botschaft war eindeutig, und sie wurde von allen Chinabeobachtern im In- und Ausland verstanden: China wird weiterhin seinen Weg der wirtschaftlichen Öffnung gehen.

Joey zieht unter Benutzung von Hupe und Lichthupe kurz vor der Ausfahrt, die wir nehmen müssen, quer über die Spuren und fährt gekonnt ab. Trotz zahlreicher Verbotsschilder gehört die Dauerbenutzung der Hupe zum guten Ton. Dasselbe gilt für die Benutzung der Lichthupe beziehungsweise die dauerhafte Benutzung des Fernlichts nach dem Motto: »Hauptsache, *ich* kann gut sehen.« Das macht sich unser Hintermann, der unmittelbar nach uns abgefahren ist, zunutze. Das Licht ist so hell, dass selbst ich auf dem Rücksitz das Gefühl habe, geblendet zu werden.

Die übermäßige Benutzung von Hupe und Lichthupe wird übrigens von der Polizei nicht geahndet. Auf der Autobahn gehört der Dauereinsatz der Lichthupe zu den normalen Aktivitäten des Fahrers. Die Wirkung ist jedoch praktisch null, da die Spiegel nicht benutzt werden und somit der Effekt verpufft. Beim Abbiegen sehe ich auf der rechten Spur gerade noch ein Auto, dessen Warnblinker permanent leuchten. Ein Hinweis absoluter Unsicherheit – wahrscheinlich ein Fahranfänger, was der Aufkleber *shixi* auf seiner Rückscheibe letztlich auch bestätigt.

»Was Shenzhen in den achtziger Jahren war, das war in den Neunzigern Shanghai«, nimmt Gerrit den Faden wieder auf, als wir nach erfolgreicher Passage der Ausfahrt erneut auf einer geraden Strecke fahren. Recht hat er. Nach dem Anfangserfolg der Wirtschaftssonderzonen entwickelte sich besonders Shanghai sehr stark, und das nicht nur äußerlich, also was das Stadtbild betrifft. Wer vor der Jahrtausendwende in Shanghai war, kann sich vielleicht an den weiten Blick und die flachen Bauten östlich des Huangpu-Flusses erinnern. Heute übertrumpfen sich die futuristischen Hochhäuser gegenseitig – Shanghai ist längst weltbekannt für seine atemberaubende Skyline von Pudong, die locker mit Hongkong oder New York mithalten kann.

»So ist es. Auch die Entwicklung des Finanzwesens nahm hier Fahrt auf. Shanghai, insbesondere die Gegend im Herzen von Pudong, ist jetzt Chinas Finanzzentrum Nummer eins. Jede Bank der Welt, die etwas auf sich hält, ist hier mit einer Repräsentanz, einer Filiale oder gleich einer eigenen Tochtergesellschaft vertreten«, pflichtet Oliver Gerrit bei.

Mein Bruder fährt fort: »Einen neuen Reformschub erhoffen sich Regierung und Investoren von der im Herbst 2013 ins Leben gerufenen ›Freihandelszone Shanghai‹.«

Noch gibt es keine konkreten Durchführungsverordnungen, aber die Hoffnungen sind groß. Entsteht hier ein zweites Shenzhen, das China abermals einen riesigen Schub geben wird? Überhaupt: Im globalen Geschäft ist China inzwischen bestens aufgestellt – mittlerweile befinden sich viele chinesische Großkonzerne auf den vorderen Plätzen der *Forbes*-Ranglisten. Mitte 2014 führten die chinesischen Banken ICBC, CCB und ABC sogar die Liste der weltweit größten Unternehmen an. Unter den Top Zwanzig waren fünf chinesische Firmen. Das größte deutsche Unternehmen war übrigens der Volkswagenkonzern auf Platz neunzehn.

Kurz holt mein Bruder Luft, aber er ist nicht zu bremsen: »Die chinesische Regierung rief ja in Ergänzung der Öffnungspolitik der letzten fünfunddreißig Jahre 1999 die ›Go-out‹-Strategie aus. Das war eine Aufforderung nach Internationalisierung unter dem Stichwort *›Zou chu qu‹* – ›Schwärmt aus‹, die unter anderem auf staatlich unterstützte Investitionen chinesischer Firmen im Ausland abzielt. Letztlich bedeutete die Strategie nicht nur den Aufkauf etwa der Hardwaresparte von IBM, die von Lenovo übernommen wurde, dem größten chinesischen Personal-Computer-Produzenten, oder in Deutschland die Übernahme von Putzmeister, ehemaliger Weltmarktführer von Betonpumpen, durch Sany, Chinas größtem Baumaschinenhersteller. Sie verhilft zudem chinesischen Marken zu einem globalen Aufstieg. Ein Beispiel wäre da der Telekommunikationsriese Huawei.«

Während in den EU-Staaten vor allem in hoch technologische Industrien investiert wird, fließt in afrikanischen und lateinamerikanischen Ländern ein großer Anteil der Investitionen in den Rohstoffsektor. Nicht nur die langfristige Energie-, sondern auch die nachhaltige Ernährungssicherheit spielt für China eine große Rolle.

Oliver nickt zustimmend: »Richtig. Nicht zu vergessen: China hat einen erheblichen Teil seiner Währungsreserven in US-Dollar und in Euro angelegt. Von daher besteht ein Interesse am Erhalt der Eurozone. Auf der anderen Seite war China nicht bereit, Anleihen des EFSF zu kaufen, als die Bundesregierung Werbung für diese Anlageform betrieb. China kauft lieber Infrastruktur in Europa, bezahlt diese mit den Währungsreserven und erwirbt so echte Vermögensgegenstände. Ein kluger Schachzug.«

»Jedenfalls ist China wieder vorn mit dabei«, resümiere ich über die mittlerweile zweitgrößte Volkswirtschaft der Welt. Das moderne China zeigt sich auch darin, dass es nicht mehr nur die Werkbank der Welt ist. In den letzten Jahren wurde neben starkem Technologietransfer immer stärker auf eigenständige Innovation und Verbesserung der Qualität gesetzt. In beinahe keinem anderen Punkt klaffen Wahrnehmung und Realität so weit auseinander: China exportiert schon jetzt gut ein Viertel der weltweiten Exporte von Spitzentechnik. Trotzdem ist die Annahme weit verbreitet, chinesische Unternehmen würden ausschließlich Massenprodukte schlechter Qualität herstellen und vom Westen kopieren.

Längst haben auch chinesische Großkonzerne begonnen, ihre Marken besser vor Produktpiraterie und Kopien zu schützen – die Wirtschaftsführer wissen genau, wie gut ihre Landsleute bei der Nachahmung von Produkten sind. So existiert bereits ein modernes und umfangreiches Markenrecht, dessen Anwendung chinesische Unternehmen selbst am häufigsten in Anspruch nehmen. China ist zudem das Land mit den meisten Patentanmeldungen weltweit. Der Schutz des Geistigen Eigentums spielt also auch in der chinesischen Wirtschaft eine immer größere Rolle.

Während Joey in rasantem Tempo die letzten Meter zum Hotel steuert, klingelt Gerrits Telefon. Ein Geschäftsgespräch. Wochenenden und Abende sind in China nicht heilig. So findet es der Geschäftspartner am anderen Ende der Leitung völlig normal, Gerrit ohne viel Aufhebens dazu aufzufordern, bis Mitternacht noch schnell ein paar Fragen zu einem gerade geschlossenen Vertrag zu beantworten.

Da wir in der Bar des Hotels, in dem ich wohne, unsere Mojitos trinken wollen und Gerrits Arbeitsplatz nicht weit entfernt ist, verabschiedet sich mein Bruder mit den Worten, er sei gleich wieder da. Danach eilt er in Richtung Büro.

Währenddessen frage ich Joey, die noch immer hinter dem Steuer sitzt, ob sie uns auf einen Drink begleiten möchte.

»Gern«, stimmt sie sofort freudig zu. »Ich parke nur schnell den Wagen.«

»Du bist eine klasse Fahrerin!«, rufe ich ihr hinterher. »Du hast mich doch vorhin danach gefragt.«

Ich sehe, wie sie strahlt.

8
Auf die Freundschaft!

Mohiwas oder Mojitos? – Mit Jogi Löw und seinem Team in Shanghai – Geschäftemachen mit einer gehörigen Portion Emotionalität – André Rieu und seine chinesischen Fans – Wohlfühlen zwischen Welten

Nachdem Joey in einem langwierigen Manöver ihren Wagen unter lautstarker und gestenreicher Einweisung durch einen Hotelangestellten und unter Olivers und meinen aufmerksamen Blicken auf einem der Parkplätze neben dem Hoteleingang geparkt hat, gehen wir gemeinsam ins Hotel. Direkt links neben dem Eingang befindet sich die großräumige Bar, in der wir uns zwischen den Tischreihen entlangschlängeln. Es ist ohrenbetäubend laut. So wie immer eben.

Wir setzen uns an einen der freien Tische und bestellen bei dem schmächtigen Kellner im viel zu großen weißen Hemd einen alkoholfreien Maracujadrink für Joey und drei Mojitos.

»Mohiwas?«, fragt der Kellner mit verwirrtem Gesichtsausdruck.

Wir »Chinaexperten« sitzen da und sind für einen kurzen Moment konsterniert – wir sind in einer ausgewiesenen Cocktailbar – und finden uns einmal mehr selbst *»lost in translation«*. Nach ein paar Sekunden habe ich mich wieder im Griff und lache.

Im Restaurant habe ich noch gedacht, wie spannend die

Situationen sind, in denen Chinesen und Ausländer aufeinanderprallen. Jetzt, nur wenige Stunden später, befinde ich mich selbst mittendrin!

Während Joey dem Kellner ausführlich erklärt, was wir trinken möchten, sage ich zu Oliver, dass es immer wieder interessant ist, wie sich unterschiedliche Wissenshorizonte herauskristallisieren, die man als selbstverständlich hinnimmt und in der Regel nicht weiter hinterfragt. So erwarten wir von einem jungen chinesischen Kellner, der höchstwahrscheinlich aus einer abgelegenen Provinz stammt und neben Bier höchstens noch den chinesischen Moutai kennt, dass er die Namen aller im Westen bekannter Cocktails beherrscht – weil sie für uns selbstverständlich sind. Aber wer von uns ist in der Lage, das korrekte Prozedere einer Teezeremonie durchzuführen oder kann die verschiedenen Schnäpse des Landes benennen?

Diese als selbstverständlich angenommenen Wissenshorizonte ziehen sich durch alle Bereiche: Wem ist Aaron Kwok geläufig? In den westlichen Breitengraden vermutlich kaum irgendjemandem. In China, überhaupt in Asien, das heißt bei einem Drittel der Menschheit, ist der in Hongkong geborene Sänger und Schauspieler ein Superstar!

Dabei hat er sich, wie der chinesische Schauspieler Jackie Chan, der übrigens im richtigen Leben Cheng Long heißt, schon für den westlichen Markt und seinen Gepflogenheiten angepasst und entgegen eigener Sitte den englischen Vornamen dem Nachnamen vorangestellt. Übrigens: Es kommt öfter vor, dass mich neue chinesische Bekannte mit Heidemann ansprechen, da sie fälschlicherweise annehmen, das sei mein Vorname.

Die eigene Lebensrealität bestimmt auch über unsere Gesprächsthemen. Anstehende Reiseziele, über die wir uns stundenlang auslassen können, sind in China weniger üblich, da noch weniger international gereist wird und die freien Tage des Jahres häufig im Familienkreis verbracht werden. »Wohin geht deine nächste Reise?« – Eine solche Frage könnte einen chinesischen Freund in Verlegenheit bringen. So sind die Malediven, bei uns Inbegriff einer Luxusreise in die Sonne, den meisten Chinesen unbekannt, selbst wenn sie inzwischen ein beliebtes Urlaubsziel der reichen Eliten sind. Viele Deutsche wiederum kennen in China zumeist nur Peking, Shanghai und Hongkong, der Rest des riesigen Landes und die Hotspots des chinesischen Binnentourismus sind für sie ein weißer Fleck. Dabei existieren hier weit über hundert Millionenstädte.

Joeys Mutter wiederum hat, als sie zu Gerrits und Joeys Hochzeit nach Köln reiste, gefragt, welchem *hukou*, also welchem Wohnmelderegister, wir denn angehören würden. Sie war noch nie zuvor im Ausland gewesen und konnte sich eine Welt ohne *hukou* gar nicht vorstellen – woher auch?

»Wie hast du eigentlich Deutschland empfunden, als du das erste Mal am Frankfurter Flughafen angekommen und mit der Bahn zu uns nach Köln gefahren bist? Vieles war doch sicherlich sehr fremd«, frage ich Joey daraufhin.

»Ich war absolut neugierig auf das, was mich erwarten würde! In den letzten Jahren habe ich so viel mit Deutschen gearbeitet, dass ich unbedingt wissen wollte, wie es in ihrem Heimatland aussieht«, meint Joey.

Als sie erstmals durch die Ausläufer des Kölner Stadtwalds spazierte, habe sich ihr Eindruck von der Bahnfahrt bestätigt: »Es war friedlich, ruhig, der Himmel war blau. Die deutschen Landschaften sind wie einer Postkarte entsprungen.« Sie lacht. »Es ist wunderschön bei euch.«

Auch wenn man es für eine höfliche Übertreibung halten könnte, weiß ich, dass sie es absolut ernst meint. Jedes

Mal, wenn sie bei uns ist, genießt sie den Anblick der Wälder, Wiesen und Flüsse sehr.

Nach chinesischem Verständnis sind die Straßen in Deutschland fast menschenleer. Wenn man sich die Bevölkerung von China anschaut und sich vor Augen hält, dass in diesem Land das Leben viel mehr in der Gemeinschaft und außerhalb der privaten Wohnung stattfindet, die Menschen gern in Gruppen zusammensitzen und sich ständig miteinander austauschen, kann man sich gut vorstellen, dass sich chinesische Besucher in Europa häufig vorkommen, als würden sie durch nahezu verlassene Städte wandern. Ihre Empfindung von Privatsphäre oder was den Gemeinschaftssinn betrifft, sind uns eher fremd: Viele Reisende aus China lassen in Hotels nicht nur gern die Zimmertüren offen stehen, sie gehen auch zumeist alle miteinander essen. Gemeinsames Kochen, Teetrinken und Essen sind zweifellos die Highlights des chinesischen Gemeinschaftslebens.

»Und was für Unterschiede sind dir in deutschen Städten besonders aufgefallen?«, forsche ich weiter nach.

»In Deutschland sind die Menschen viel selbstständiger als in China«, erzählt Joey. »Als ich das erste Mal mit der Straßenbahn fuhr, habe ich mich sehr darüber gewundert, dass die Fahrgäste dort selbst für den Kauf ihrer Fahrkarte zuständig sind und die Kartenkontrollen nur stichprobenartig durchgeführt werden.« Während sie über so viel Eigenverantwortlichkeit begeistert ist und vermutet, dass dieses System in China wahrscheinlich nicht funktionieren würde, behalte ich lieber für mich, dass auch bei uns leider nicht alle dieser Verantwortung nachkommen.

»Außerdem werden eure Parkplatzanlagen nur durch Schranken und Automaten verwaltet. In China gibt es für alles Personal. Das ist nicht nur günstiger, sondern so finden auch viele ungelernte Arbeiter aus den umliegenden Provinzen, die sonst kaum eine Chance hätten, in der Stadt eine Stelle.«

Prallen die deutsche und die chinesische Kultur aufeinander, betrifft das aber auch völlig verschiedene Arbeitsweisen. Eine geradezu stereotype Situation erlebte Gerrit, als er für seine Wohnung in Peking ein IKEA-Wandregal kaufte. IKEA, oder *yijia*, was wörtlich übersetzt »passendes Zuhause« bedeutet, ist eine der absoluten Erfolgsgeschichten westlicher Unternehmen in China. Wer sich einmal an einem Samstagnachmittag durch die Pekinger IKEA-Filiale an der Siyuan-Brücke am Nördlichen Vierten Ring von Peking gedrängt hat, der kann das geradezu körperlich fühlen. Großfamilien schlendern durch die Ausstellungsräume, es ist laut und voll – es herrscht somit eine von vielen chinesischen Kunden als »Wohlfühlatmosphäre« wahrgenommene Betriebstemperatur. Nicht selten kann man beobachten, wie sich einzelne Kunden in die Ausstellungsbetten legen und ein kleines Nickerchen halten. Der »IKEA-Schlaf« hat sich im Pekinger Sprachgebrauch längst als ein geflügeltes Wort durchgesetzt, und von den chinesischen Kunden wird der Besuch in diesem Einrichtungshaus daher als ein ganzheitliches Freizeiterlebnis für die Familie wahrgenommen – Shopping inklusive.

Das schwedische Unternehmen ist hier deshalb so profitabel, weil es auf die konkreten Kundenbedürfnisse eingegangen ist. So hat IKEA beispielsweise sein Do-it-yourself-Konzept, das in westlichen Ländern häufig als ein wichtiger Markenkern wahrgenommen wird, in China um einen äußerst beliebten und günstigen Bring- und Installationsservice erweitert.

Auch Gerrit griff beim Kauf des Wandregals auf diesen Service zurück. Tags darauf wurden die einzelnen Teile in großen Paketen angeliefert, und schnell und routiniert machten sich die zwei Montagearbeiter an den Aufbau des frei hängenden Regals. Als es dann an die Wand gedübelt werden sollte, machten diese sich ohne langes Zögern und ohne Begutachtung der vorliegenden Dübelgröße an die Bohrung.

Leicht beunruhigt wies Gerrit die Arbeiter darauf hin, bitte den entsprechenden Bohreraufsatz zu wählen. Gut gelaunt ertönte ein *»Mei wenti!«*, also »Kein Problem!«, und schon verschwand der Bohrer in der Wand. Zehn Sekunden später hörte Gerrit ein lang gezogenes »Aaah?!«. Das Loch war viel zu groß für den Dübel. Gerade wollte sich Gerrit darüber aufregen, da klang ein weiteres *»Mei wenti!«* durch den Raum: Mit einer ungeahnten Fingerfertigkeit begann einer der Männer damit, ein kleines Holzstückchen neben den Dübel zu klemmen, um ihn so zu fixieren. Es sah zwar nicht optimal aus, aber irgendwie schien der Dübel in dem Loch zu »sitzen«.

Erfreut über den Erfolg, wechselte der andere Arbeiter den Bohraufsatz und begann mit der Bohrung des zweiten Lochs. Das Ergebnis diesmal: Das Loch war viel zu klein für den Dübel. Genervt verdrehte Gerrit die Augen. Für den chinesischen Montagearbeiter war die Situation allerdings mal wieder *»Mei wenti!«* – gekonnt rührte er so lange mit dem Bohrer in dem Loch herum, bis der Dübel in das Loch passte. Als das Regal, das aus zwei Teilen bestand, schließlich an der Wand festgeschraubt war, hing es bombenfest und war erstaunlicherweise auch noch gerade. Mein Bruder staunte nur noch. Probleme werden in China häufig erst dann gelöst, wenn sie akut sind – auch im Geschäftsleben.

Joey sagt nun, als hätte sie meine Gedanken erahnt: »Die Deutschen sind beinahe pedantisch. Sie planen gern alles haarklein im Vorfeld. Aber ehrlich gesagt, ich weiß das zu schätzen.« Mit zufriedenem Blick schlägt sie die Beine übereinander.

Dass sie, die täglich mit Deutschen zusammenarbeitet, aufgrund ihrer in China ziemlich untypischen Direktheit gut mit unserer Mentalität klarkommt, kann ich mir sofort vorstellen. Mir fällt aber auch ein Gegenbeispiel ein, bei dem es ein generelles Unverständnis der aus chinesischer Sicht manchmal überkorrekten deutschen Art gab. Im Herbst 2009 war ich mit der Deutschen Männer-Fußballnationalmannschaft in Shanghai. Eine Woche lang begleitete ich Jogi Löw und sein Team, nahm an der offiziellen Pressekonferenz vor dem Spiel China – Deutschland teil und trat bei der Vertragszeremonie zwischen dem Deutschen Fußball-Bund (DFB), der Deutschen Fußball Liga (DFL) und dem chinesischen Staatsfernsehen CCTV 5 auf. Außerdem sollte ich dem Team Shanghai zeigen.

Am Abend des Länderspiels stand ich am Spielfeldrand und schaute der Mannschaft bei den Vorbereitungen zu, als der betreuende Sportmediziner der Nationalmannschaft, Dr. Hans-Wilhelm Müller-Wohlfahrt, auf mich zurannte. Oje, da ist etwas passiert, dachte ich und fragte ihn sorgenvoll, was denn los sei. Ich solle schnell mitkommen, meinte er aufgeregt, und joggte wieder davon. So lief ich hinterher, wappnete mich schon für den Notfall und versuchte, mein mageres medizinisches Vokabular im Kopf durchzugehen.

Als Dr. Müller-Wohlfahrt stoppte, blieb ich verwirrt stehen. Nirgendwo ein Verletzter, kein Geschrei, wir standen einfach in einer leeren Stadioneinfahrt. Hinter dem Gittertor konnte ich zwar einen Krankenwagen sehen, dort schien allerdings gerade niemand beschäftigt zu sein. Ich drehte mich zum Mannschaftsarzt um und fragte ihn nach dem Problem. Da erfuhr ich, dass der obligatorische Krankenwagen eben nicht *außerhalb* des Stadions stehen sollte, sondern innerhalb, damit er im Ernstfall sofort zur Stelle wäre. Die chinesischen Ärzte hingegen wunderten sich und wollten wiederum von mir erfahren, was denn die Schwierigkeit sei, der Krankenwagen stehe doch bereit, wenn auch hinter dem Tor. In einer zehnminütigen Diskussion versuchten wir der chinesischen Seite zu vermitteln, dass aus unserer Sicht der Krankenwagen im Ernstfall schneller zur Verfügung stehen müsse, als das in der jetzigen Ausgangsposition möglich sei. Schließlich einigten wir uns darauf, dass der Krankenwagen an seinem Standort stehen bleiben dürfe, dafür würde man das Tor öffnen. Das Spiel endete übrigens mit einem für die chinesische Mannschaft bravourösen 1:1, und zum Glück kam der Krankenwagen nicht zum Einsatz.

In diesem Moment stößt Gerrit wieder zu uns. Stöhnend lässt er sich in den noch freien braunen Ledersessel zwischen Oliver und mir fallen.

»Habt ihr mir schon einen Mojito mitbestellt?«, fragt er und seufzt. »Ich kann jetzt wirklich einen Drink gebrauchen.«

»Natürlich!«, erwidere ich. »Und wie ist das Gespräch gelaufen?«

»Ganz gut, aber ich habe immer noch dieses lang gezogene *Haideman, xiansheeeeeeeng, ni haaaoooooooo!* meines Geschäftspartners im Ohr. ›Hallooooooo, Herr Heidemaaaaaann!‹ Im Augenblick bin ich nur erleichtert, dass jetzt alles geklärt ist und die Vertragsverhandlungen mit diesem Partner endgültig abgeschlossen sind.«

Bevor mein Bruder weiterberichten kann, kommen unsere Drinks. Der Kellner bringt tatsächlich etwas, das wie Mojitos aussieht.

»Prost!«, stoßen wir an, schieben noch ein verschwörerisches *»Ganbei!«* hinterher und probieren vorsichtig unser Getränk. Es schmeckt.

»Das war mal wieder eine verrückte Geschichte«, sagt Gerrit dann und nimmt einen weiteren tiefen Schluck. Für meinen Bruder gehören Vertragsverhandlungen zu den spannendsten seiner Tätigkeiten als Berater in China. Seit Jahren berät und begleitet er deutsche Unternehmen, die sich auf dem chinesischen Markt behaupten wollen. Hierbei ist Fingerspitzengefühl genauso gefragt wie der wohlüberlegte Aufbau strategischer Netzwerke. Verträge zwischen Unternehmen entfalten in China nämlich nicht dieselbe bindende Kraft wie bei uns in Deutschland, was unter anderem auch daran liegt, dass die Rechtsprechung in China keine vergleichbare Unabhängigkeit besitzt, insbesondere abseits der großen Städte wie Peking oder Shanghai. Gerichte sind häufig in die örtlichen Beziehungsnetzwerke, also die *guanxi,* eingespannt – für ausländische Firmen ohne Beziehungen ist die Durchsetzung des eigenen Rechts in diesem Umfeld häufig nur schwer möglich.

Nicht selten agieren chinesische Geschäftspartner bei Vertragsgesprächen mit allerhärtesten Bandagen. Wie trickreich gekämpft wird, bekommt Gerrit immer wieder mit. Offensichtlich auch bei dieser Verhandlung, von der er jetzt erzählt.

»Das wird mir sicherlich noch lange in Erinnerung bleiben«, beginnt er. »Es ging um einen großvolumigen Beratungsauftrag, wobei die offizielle Zeremonie zur Vertragsunterzeichnung in Anwesenheit des Parteisekretärs und des Bürgermeisters der Stadt stattfand. Eine solche Zeremonie ist normal, und natürlich liegt es auch im Interesse aller Beteiligten, frühzeitig die Unterstützung der lokalen Regierung für die Projekte sicherzustellen.

Im Vorfeld wurde ich mit der Ausarbeitung eines konkreten Beratungsvertrags betraut. Gewissenhaft machte ich mich an die Umsetzung und schickte dem zukünftigen chinesischen Partnerunternehmen einen Entwurf zu. Beinahe sieben Wochen habe ich auf eine Rückmeldung gewartet – bei jeder Nachfrage wurde ich mit einer anderen Begründung vertröstet.« Gerrit nippt an seinem Cocktail, bevor er fortfährt: »Kurz vor der Zeremonie erhielt ich dann einen Anruf vom chinesischen Partner, der sich zunächst überschwänglich für die tolle Ausarbeitung des Vertrags bedankte und mir dann versprach, mir diesen mit ein paar kleineren Änderungsvorschlägen noch am selben Tag per E-Mail zukommen zu lassen. Was er allerdings schickte, war vielmehr eine komplett neue Vertragsversion, die mit meinem ausgearbeiteten Entwurf nichts mehr zu tun hatte. Natürlich habe ich dem nicht zugestimmt. Und da schlug die Stimmung postwendend um.

Bei unserem nächsten Gespräch wurde ich beleidigt angefahren, man sagte mir, ich würde mich ›in keinster Weise kooperativ‹ zeigen. Sollte die Zusammenarbeit meinetwegen nicht zustande kommen, wäre das ein großer Gesichtsverlust des Unternehmens vor der Lokalregierung. Danach legte der Geschäftspartner einfach auf.« Gerrit schüttelt über diesen durchschaubaren Versuch, ihn mit dem Verweis auf die Gesichtswahrung zu manipulieren, den Kopf, muss dann aber schmunzeln. Emotionale Ausbrüche, ein Unter-Druck-Setzen oder auch Hinauszögern gehören zur gängigen Taktik chinesischer Geschäftsleute, ebenso nächtliche Telefonanrufe. »Mitten in der Nacht vor der Vertragsunterzeichnung bekam ich einen Anruf, bei dem ich mich mit einem schreienden Geschäftspartner auseinanderzusetzen hatte«, berichtet Gerrit dann auch weiter.

»Es war schon verrückt, ohne abgestimmte Version zur

Zeremonie zu fliegen. Vor Ort wurden dann jegliche Versuche, über den Vertrag zu sprechen, mit irgendwelchen vorgeschobenen Gründen abgeblockt. Das Zeitfenster bis zur Unterzeichnung wurde immer enger. Kurz vor der Zeremonie machten wir dem Geschäftspartner nachdrücklich und energisch klar, eine Unterzeichnung sei nur auf Grundlage unserer Version möglich.«

»Und wie ging es dann weiter?«, fragt Joey interessiert.

»Plötzlich war meine Variante überhaupt kein Problem mehr«, sagt Gerrit. »Das war filmreif! Der Chef des chinesischen Unternehmens, der einen Tag zuvor noch über seinen Projektmanager intensiven Druck hatte ausüben lassen, schüttelte mir lächelnd die Hand und erklärte, wie sehr er sich auf die Zusammenarbeit freue. Auch der Projektmanager, der Zeter und Mordio geschrien hatte, schlug mir freundschaftlich auf die Schulter.«

»Solche Geschichten kenne ich auch«, sagt Oliver. »Es ist üblich, über Zeitdruck oder die personelle Zusammensetzung einer Runde wohlorchestriert dem Geschäftspartner in sprichwörtlich letzter Sekunde Konzessionen abzuringen. Und über eine große Palette von Gefühlsreaktionen.«

»Gerade Letzteres. Mein chinesischer Gegenspieler hatte mich während der Gespräche mit allen Gemütslagen konfrontiert, angefangen mit freundschaftlicher Kumpanei über tiefstes Beleidigtsein bis hin zu Wutausbrüchen.«

Während das »offizielle China« sehr beherrscht und stets darauf bedacht ist, diplomatisch und gesichtswahrend vorzugehen, steckt in chinesischen Geschäftsleuten zumeist eine gehörige Portion Emotionalität. Die bricht sich immer dann Bahn, wenn es vermeintlich keine Hierarchiebarrieren gibt, die es einem verbieten, mit einer anderen Person einen bestimmten Tonfall anzuschlagen. Gerrits Gesprächspartner betrachtete meinen Bruder wohl als gleichberechtigt, weshalb er versucht hatte, alle emotionalen Tricks durchzuspielen, die ihm zur Verfügung standen.

»Dass die Chinesen vordergründig immer höflich sind, ist eines der Klischees, das jeder, der nur einmal in China war, sofort widerlegen würde«, meint Oliver.

Ausnahmen bilden die Chefetagen – hier wahrt man Contenance. Interessant ist auch, dass die Chinesen wiederum die Deutschen als besonders höflich einschätzen.

Streitigkeiten, die aus deutscher Perspektive auf vermeintlich persönlicher Ebene ausgetragen werden, sind aus chinesischer Sicht gar nicht so gemeint. Die in Deutschland existierende klare Grenze zwischen geschäftlicher Sphäre, in der man sich höflich und zurückhaltend zu begegnen hat, und persönlicher Sphäre, in der man sich emotional auch mal gehen lassen darf, ist chinesischen Managern unbekannt und zugleich auch unverständlich. Grundvoraussetzung ist für sie eine enge persönliche Beziehung abseits des Verhandlungstisches, sonst kommt ein Geschäftsabschluss erst gar nicht zustande.

»Die Kommunikation läuft hier grundsätzlich anders ab, auch was die Planung von Tagesabläufen und Programmen angeht«, werfe ich ein. »Ein Beispiel: Vor kurzem war ich bei einem chinesischen Unternehmen für eine Moderationsreihe vorgesehen. Allerdings wusste ich weder, wann genau mein erster Einsatz stattfinden sollte, noch, was inhaltlich genau von mir erwartet wurde oder wie lange ich vor Ort bleiben sollte. Über mehrere Tage entspann sich daraus ein Dialog: So wurde mir zu verstehen gegeben, dass der Ablaufplan und die dazugehörigen Inhalte erst kurzfristig erstellt werden könnten, doch ich sollte schon einmal angeben, wann ich anreisen würde. Ich erwiderte, dass ich das entscheiden würde, sobald der Zeitplan stünde. Daraufhin wurde ich mehrfach telefonisch und per E-Mail gebeten, meine Reisetermine durchzugeben, da man planen müsse – mein Einsatztag würde allerdings noch nicht feststehen. So ging es ein paarmal hin und her. Am Ende bin ich mit dem Auto gefahren, um flexibler zu sein, und die Geschichte ging natürlich so aus, dass trotz der Von-Tag-zu-Tag-Planung alles ohne Probleme klappte.«

Das unvorhersehbare Verhalten chinesischer Geschäftspartner ist aus europäischer Sicht nicht immer leicht nachzuvollziehen, folgt aber einem durchaus pragmatischen Ansatz.

»Wir legen uns nur ungern fest«, bekräftigt Joey meine Erfahrung. »Man weiß nie, welche Möglichkeiten sich noch spontan ergeben. Dann muss man ja reagieren können. Das ist für Deutsche, die gern im Voraus planen, sicher nicht einfach. Aber ich habe mich anfangs auch häufiger gefragt, wieso ihr immer einen minutiösen Zeitplan haben wollt. Wenn sich die Umstände ändern, muss man doch sowieso alles umwerfen.«

In Sachen Flexibilität sind die Chinesen Meister. Auf politischer Ebene und im Bereich der Staatswirtschaft ist das Protokoll minutiös geplant, nicht so in der Privatwirtschaft und im persönlichen Umfeld. Da ist man lieber spontan und geht die Probleme pragmatisch an.

Aber so spät Chinesen Vorschläge schmieden, so sicher wollen sie doch gehen, dass man einmal besprochene Verabredungen auch einhält. Denn auch wenn viele Chinesen, was das Alltagsleben betrifft, häufig bedingt durch die vielen Staus und unzuverlässigen öffentlichen Verkehrsmittel, nicht besonders pünktlich sind: Bei geschäftlichen Angelegenheiten ist man gern überpünktlich.

»Aber gleichzeitig haben Chinesen Angst, dass man zu spät kommen könnte. Einmal war ich anlässlich einer meiner Geschäftsreisen um acht Uhr zu einem offiziellen Frühstück verabredet. Ab sieben Uhr klingelte mein Handy, danach wurde auf meinem Zimmer angerufen, und ein paar Minuten später klopfte es an meiner Hoteltür«, erzähle ich. »Verwirrt öffnete ich die Tür und fragte, was denn los sei. Da bekam ich die Antwort, dass ich um acht Uhr verabredet sei und dass man mir das noch einmal mitteilen wolle. Joey, was hältst du davon?«

»Das hört sich wirklich sehr chinesisch an!«, kichert sie. »Man will sichergehen, dass der Geschäftspartner den Termin nicht vergisst und dass er das Gefühl hat, man kümmert sich um ihn. Ein reger telefonischer Austausch, täglich mehrere Text- oder Voicemail-Nachrichten oder auch vermehrte persönliche Treffen sind ein gängiges Mittel, um mit dem Kunden, Gast oder Geschäftspartner zu kommunizieren. Auch dass man, ob als privater Gast oder als Geschäftspartner, von morgens bis abends ein volles Programm geboten bekommt, entspricht dem chinesischen Verständnis von guter Kontaktpflege und gutem Gastgeberverhalten.«

»Abgesehen von den Eigenheiten der jeweiligen Kultur gibt es aber auch viele Gemeinsamkeiten«, bemerkt nun Oliver. »So arbeiten zum Beispiel Deutsche und Chinesen auf geschäftlicher Ebene sehr gut miteinander. Denn wenn es am Ende um eine präzise und fehlerfreie Umsetzung beziehungsweise um das Erreichen eines Ziels geht, sind sich die beiden Länder sehr ähnlich.«

Joey stimmt dem zu: »Beide Seiten können sich auf die Umsetzung verlassen, selbst wenn die Vorgehensweise teilweise sehr unterschiedlich ist.«

»Ja, und Deutsche wie auch Chinesen sind sehr motiviert und fleißig, was die Arbeit betrifft. Da spricht man die gleiche Sprache«, werfe ich ein.

Ich schaue auf die Uhr, es ist gleich Mitternacht. Wir

bestellen die nächste Runde. Immer größeren Spaß macht es, unsere Erfahrungen auszutauschen. Der Kellner weiß inzwischen, was wir trinken wollen.

Nach einer Weile schlägt Oliver, bestens gelaunt, den Besuch einer Karaoke-Bar vor. Joey ist Feuer und Flamme, denn wie die meisten Chinesen kann sie sehr gut singen. Ich nehme an, dass dies der jahrelangen Karaoke-Erfahrung geschuldet ist, die man in China automatisch sammelt. Überall im Land gibt es Karaoke-Bars.

Gern würde ich ihr zuhören, wie sie eine melancholische Volksweise anstimmt, doch nach meinen bisherigen Erfahrungen mit Gerrit und seinen Gesangsqualitäten versuche ich Oliver diesen Plan wieder auszureden. In einer Bar in Südchina erlebte ich einmal ein Duett von meinem Bruder und einem Freund zu später Stunde. Ihr »Gesang« hatte dafür gesorgt, dass sich auch die verbliebenen Gäste lieber auf den Weg nach Hause machten, als sich das weiter anzutun. Das muss ich heute wirklich nicht mehr haben.

Herzhaft gähne ich, um zu demonstrieren, dass ich bald ins Bett muss. Schließlich steht morgen Abend die Eröffnung eines Showrooms von einem deutschen Unternehmen an, die ich moderieren werde. Dabei weiß ich, dass die Veranstaltung sicherlich wieder anders verlaufen wird, als ich es aus Deutschland kenne. Das fängt schon damit an, dass sich das chinesische Publikum während einer Moderation gern lautstark weiter unterhält.

Zum ersten Mal fiel mir das bei einem Besuch im Chinesischen Nationaltheater in Peking auf, bei dem ich mir gemeinsam mit einer chinesischen Freundin Shakespeares *Romeo und Julia* angeschaut habe. Nur wenige Zuschauer schienen sich auf das Schauspiel zu konzentrieren. Schräg hinter mir telefonierte einer der Zuschauer ungeniert und ohne sich an meinem empörten Blick über die Schulter zu stören, neben mir packte ein Mädchen geräuschvoll eine Süßigkeit aus, ohne dass ihre Eltern das kommentiert hätten. Auch wenn es natürlich einen Liebhaberkreis gibt, der sich Konzerte und Auftritte durchaus höchst aufmerksam anschaut oder anhört, so wurde es bei jener Vorstellung im Nationaltheater akzeptiert, dass das Bühnengeschehen nicht zwangsläufig immer im Mittelpunkt der Aufmerksamkeit stand.

Im April 2014 konnte ich erneut diese Erfahrung machen, als ich den Starviolinisten André Rieu auf seiner ersten Chinatournee begleitete. Nachdem wir uns in einer Talkshow in Deutschland kennengelernt hatten, in der ich von meinen Chinaaktivitäten berichtete, lud André mich ein, seine Show zu übersetzen und zu moderieren. In Shanghai, gleich nach Beginn des Konzerts, merkte ich, dass er nicht ganz glücklich war. In der Pause sprach ich ihn darauf an, und er meinte, er verstehe nicht, warum die Zuschauer in den ersten Reihen miteinander redeten, statt zuzuhören, einige hätten sogar telefoniert oder würden umherlaufen. Ich musste daraufhin lachen und beruhigte ihn, dass das normal sei und dass die Zuschauer restlos begeistert seien. So war es dann auch, die Rückmeldung des chinesischen Publikums war umwerfend: In der zweiten Hälfte wurde sogar während einer der Auftritte der Sängerinnen spontan applaudiert, und gegen Ende des Konzerts standen alle vergnügt auf, tanzten und klatschten gelöst. Es war ein voller Erfolg!

Der Applaus während einer Gesangs- oder Musikpassage, die dem Publikum besonders gut gefällt, ist genauso normal wie das frenetische Klatschen, das abrupt abbricht, wenn noch eine weitere Darbietung folgt. Insgesamt entpuppt sich hier eines der Hauptvorurteile gegenüber Chinesen, dass ihr Gesicht immer einer Maske gleiche, als grundfalsch: Das gemeinschaftliche Bewegen und miteinander Spaßhaben kennen die meisten Chinesen von Kindesbeinen an. So lachten und hüpften, tanzten und klatschten die chinesischen Zuschauer ganz ungeniert. Das »Pokerface« wird in China allerdings tatsächlich gern aufgesetzt, und zwar bei Geschäftsverhandlungen oder dann, wenn jemand eine Standpauke über sich ergehen lassen muss.

Aber nicht nur die Zuschauergewohnheiten sind anders. Westliche Geschäfts- und Abendevents können bis in die frühen Morgenstunden dauern, da man sich im Anschluss an den offiziellen Teil häufig mit Netzwerken beschäftigt oder sich amüsiert. In China wird nur noch kurz zusammen gegessen, danach geht man sofort nach Hause. Einundzwanzig Uhr ist gelegentlich gleichbedeutend mit »Chinese Midnight«. Es ist schon verwunderlich, wie schnell dann mit einem Mal alle Gäste fort sind. Das hat allerdings nichts mit der Wertigkeit oder der Wertschätzung der Veranstaltung zu tun.

Der Mojito schmeckt wirklich gut, aber so langsam kann ich nicht mehr ruhig sitzen. Mir ist kalt, und ich frage mich einmal mehr, wieso in China wie in vielen anderen Ländern der Welt im Sommer die Temperatur in den Innenräumen regelmäßig auf gefühlte fünfzehn Grad heruntergekühlt wird. Fröstelnd stehe ich auf. Es scheint mir sowieso der richtige Moment zu sein, um mich zu verabschieden, bevor es doch noch zur Karaoke-Bar geht.

Ich umarme meine Schwägerin, die mich herzlich drückt. Danach verabschiede ich mich von Gerrit und Oliver. »Das war wirklich ein schöner Tag mit euch«, sage ich. »Ein Spaziergang, der wieder so viele Facetten Chinas offenbart hat.«

»Stimmt, darüber müssten wir mal ein Buch schreiben«, antworten die beiden.

Gute Idee, denke ich und nicke der Empfangsdame am Eingang zu, die mich mit einem respektvollen *»Ni hao!«* grüßt.

Joey, Oliver und Gerrit winken mir noch zu, während ich durch die Lobby zum Fahrstuhl gehe. Die zahlreichen Eindrücke des heutigen Tages sowie unsere Gespräche schwirren mir durch den Kopf. Nun war ich schon so oft in diesem Land, und noch immer fasziniert es mich. Aber in all den vielen kleinen Alltäglichkeiten zeigen sich die Hintergründe einer reichen Kultur. Sie vermitteln ein Gefühl der Nähe gegenüber den Menschen des anderen Landes – und erweitern den eigenen Horizont.

Noch wissen wir viel zu wenig voneinander, noch sind unsere Bilder voneinander von zu vielen Klischees geprägt. Um diese abzubauen, wünsche ich mir eine Berichterstattung über China, die auf Vielschichtigkeit und Proportionen achtet. Da ich es selbst erlebt habe, weiß ich zudem den Kulturaustausch im jungen Alter sehr zu schätzen und halte ihn für die beste Vorbereitung auf die zukünftige globale Berufswelt. Vor allem vermehrte Schulaustauschprogramme und Sprachunterricht könnten die Annäherung junger Menschen an die jeweils andere Kultur fördern.

Aber auch Austauschinitiativen anderer Art, etwa im beruflichen oder kulturellen Bereich, können dazu beitragen. Nichts lässt Nähe besser entstehen als die persönliche Begegnung. Denn das, was Klischees abbauen lässt, ist das eigene Erleben!

Jeder schafft sich dabei sein eigenes Bild und entwickelt dabei seine eigene kaleidoskopische Perspektive auf China. Und wer dem Reich der Mitte und seinen Menschen mit geschärften Sinnen, Neugier, ein bisschen Mut und der Bereitschaft, sich unbekannten Dingen zu stellen und gewohnte Standpunkte zu hinterfragen, begegnet, wird mit Sicherheit bereichernde Erfahrungen machen.

Ich warte auf den Aufzug und lausche der leisen Musik. Es ist die gleiche Melodie wie heute Mittag. Neben den Aufzügen befindet sich ein Fenster, und die beleuchtete Skyline Pekings zieht mich in ihren Bann. Ich nähere mich der Glasscheibe bis auf wenige Zentimeter und lasse noch einmal den Blick über diese faszinierende Stadt schweifen. In der Ferne sehe ich die weißen Sicherheitslichter eines Flugzeugs im Landeanflug rhythmisch aufblinken. Wahrscheinlich kommen mit dieser Maschine die nächsten Touristen, die sich auf das Abenteuer China einlassen.

»Ding!« Die Fahrstuhltür öffnet sich. Ich betrete die Kabine und beginne sofort, energisch auf die Schließen-Taste zu drücken. Als ich mich dabei erwische, muss ich lächeln. Ich fühle mich wohl zwischen den Welten.

Dank

Wir bedanken uns recht herzlich bei allen, die sich in den letzten Monaten für den Erfolg unseres Buches eingesetzt haben.

Vielen Dank an unsere chinesischen Freunde, die uns einen Einblick in ihre Gefühle, Ansichten und Träume gewährt haben, uns einmal mehr die chinesische Seele erläutert und uns viele Hintergrunddetails zur chinesischen Geschichte und Kultur gegeben haben.

Danke auch an alle chinesischen wie deutschen Freunde und Chinaexperten, die uns mit zahlreichen amüsanten und interessanten Alltagsgeschichten versorgt und mit uns über die verschiedenen Aspekte des Landes sowie die unterschiedlichen Verhaltensweisen diskutiert haben. Speziell bedanken wir uns bei denjenigen, die sich die Zeit genommen und die Mühe gemacht haben, unser Skript kritisch durchzulesen und die uns gute Denkanstöße für die weitere Ausarbeitung gegeben haben.

Unser besonderer Dank gilt Joey, die sich bereit erklärt hat, als unsere chinesische Stimme im Buch aufzutreten und die zahlreiche Fragestunden mit stoischer Ruhe über sich ergehen ließ.